건축으로 만나는 1000년 로마

일러두기

1 영어식으로 굳어진 고유명사는 가급적 로마제국 초기의 라틴어 발음에 따라 표기했다.

(예)

원어	영어식 발음 및 표기	라틴어 발음
Troia	트로이(Troy)	트로이아
Venus	비너스	베누스
Forum	포럼	포룸
Iulius Caesar	줄리어스 시저(Julius Caesar)	율리우스 카이사르
Euphrates	유프라테스	에우프라테스
Iupiter	주피터(Jupiter)	유피테르
Britannia	브리타니아	브리탄니아

2 이탈리아어 발음의 한글 표기는 가급적 현지발음에 가깝게 표기했다.

(예) Circo Massimo 치르코 맛시모, Palazzo 팔랏쪼, Mussolini 뭇솔리니

3 콜로세움(Colosseum)은 현지에서 이탈리아어로 바꾸어 콜로세오(Colosseo)라고 하지만 이 책에서는 대중에게 굳어진 대로 콜로세움으로 표기했다. 포로 로마노(Foro romano)는 콜로세움처럼 고대의 명칭 포룸 로마눔(Forum romanum)으로 표기했다.

건축으로 만나는 1000년 로마

이탈리아 공인건축사 정태남의 로마 역사 기행

글 · 사진 정태남

21세기북스

1000년 로마 건축 이야기

이탈리아의 수도 로마는 자그마치 2800년이라는 장구한 역사를 지닌 도시입니다. 이러한 고도(古都) 로마에서 시가지 풍경의 구심점을 이루는 건축물은 단연 로마제국의 영광을 증언해 주는 '콜로세움'입니다. 우리는 고대 로마의 건축이라고 하면 으레 이런 콜로세움과 같은 웅대한 건축물을 언급합니다만, 로마에는 콜로세움 외에도 크고 작은 건축물들의 흔적이 곳곳에 산재해 있습니다. 사실 로마의 거리에서는 아무렇게나 버려진 듯한 돌덩어리 하나에도 나름대로 깊은 사연이 담겨 있습니다. 그래서 로마를 알면 알수록 다른 건축물과 그에 얽힌 이야기에도 점점 더 깊은 관심을 갖게 됩니다.

'이야기'를 이탈리아어로 스토리아(storia)라고 합니다. 이 말은 '역사'라는 뜻도 담고 있습니다. '로마 역사'라고 하면 우리는 먼저 로마제국을 떠올리게 됩니다. 로마제국은 기원전 27년부터 시작하는데, 그 이전에 두 개의 또 다른 시대가 있었습니다. 즉, 기원전 753년부터 약 250년간 지속된 왕정시대와 기원전 509년부터 약 480년 동안 지속된 공화정 시대입니다.

이 책은 기원전 8세기 중반 로마의 건국 이야기가 깃든 팔라티노 언덕의 로물루스의 집으로부터 시작하여 기원후 4세기 초반 로마제국의 수도가 비잔티움으로 이전하기 직전에 콜로세움 바로 옆에 세워지는 콘스탄티누스 개선문까지 약 1000년 동안 이어지는 고대 로마 역사의 현장을 연대순으로 소개합니다.

나는 로마와 관련하여 그동안 많은 강연을 해왔으며, 저서도 여러 권 펴냈습니다. 이 책은 기존의 내용을 다시 정리하면서, 고대 로마 건축에 얽힌 이야기를 통해 로마 역사의 전체적인 흐름을 쉽게 파악할 수 있도록 했습니다. 또 현장을 담은 생생한 사진으로 시각적으로도 로마 건축에 담긴 이야기를 쉽게 기억할 수 있도록 했습니다. 그리고 이 책에서는 고대 로마의 건축이나 예술이나 역사를 학문적으로 논하는 것이 아니기 때문에 전문용어는 가급적 줄였습니다.

나는 로마에 흩어져 있는 고대 로마 건축의 유적들을 가급적 있는 그대로 독자 여러분들에게 보여주고 싶고, 또 그것을 통해서 '앎의 기쁨'을 함께 나누려고 합니다. 로마를 아는 것은 서양을 이해하는 데 큰 도움이 됩니다. 나는 이 책이 서양 문명의 모태가 된 '영원의 도시' 로마로 여행하는 분들에게 — 실제의 여행이든, 마음속의 여행이든 - 친절한 길잡이 역할을 해줄 것으로 기대합니다. 이제 여러분들 눈앞에 '고대 세계'라는 '새로운 세계'가 또 다른 모습으로 펼쳐질 것입니다.

2013년 9월 로마에서

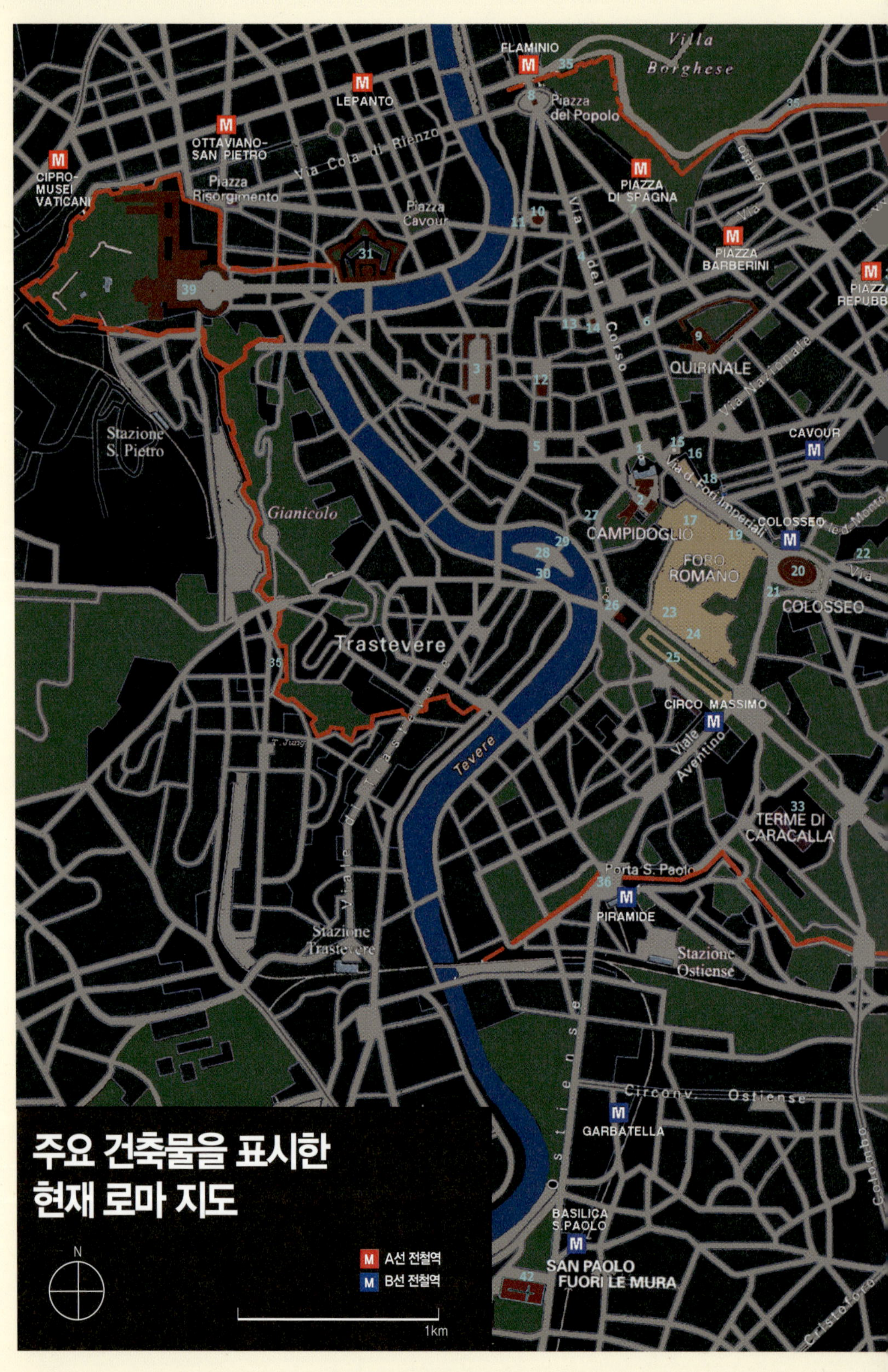

주요 건축물을 표시한
현재 로마 지도

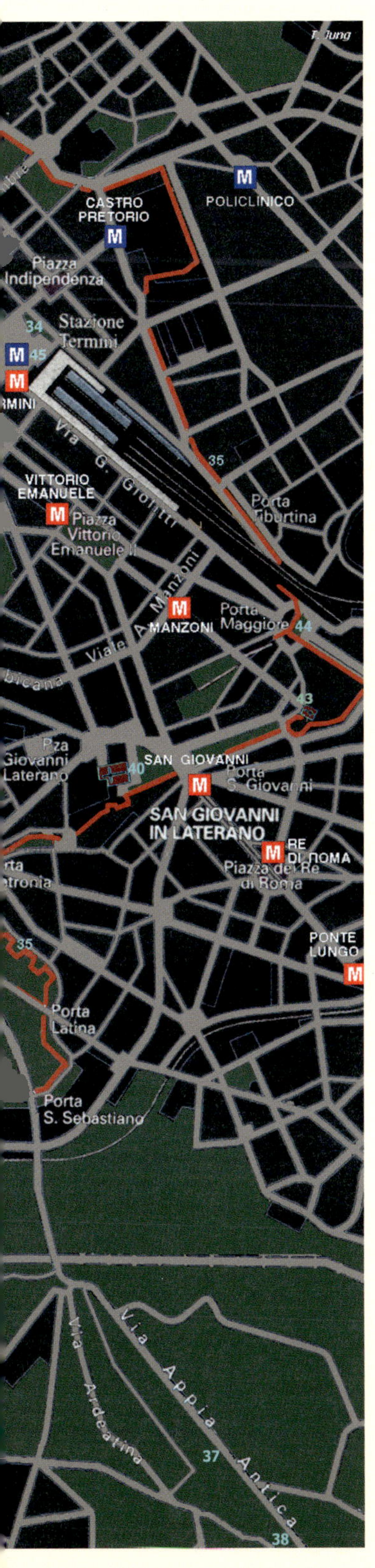

01 베네치아 광장 및 빗토리오 에마누엘레 2세 기념관

02 캄피돌리오 광장

03 나보나 광장

04 비아 델 코르소 (비아 플라미니아 첫 구간)

05 라르고 아르젠티나 (율리우스 카이사르가 암살당한 곳)

06 트레비 분수

07 스페인 광장

08 포폴로 광장

09 퀴리날레 궁 – 이탈리아 대통령 궁

10 아우구스투스 영묘

11 아라 파치스 – 평화의 제단

12 판테온

13 몬테치토리오의 오벨리스크

14 마르쿠스 아우렐리우스 원기둥

15 트라야누스 포룸과 원기둥

16 트라야누스 시장

17 포룸 로마눔 (포로 로마노)

18 아우구스투스 포룸

19 막센티우스 바실리카

20 콜로세움

21 콘스탄티누스 개선문

22 도무스 아우레아 – 네로 황제 황금 궁전

23 로물루스의 집 (팔라티노 언덕)

24 도미티아누스 황제 궁전 (팔라티노 언덕)

25 키르쿠스 막시무스 (치르코 맛시모)

26 포룸 보아리움 (포로 보아리오)

27 마르켈루스 극장 (테아트로 마르첼로)

28 이졸라 티베리나 (테베레 강의 섬)

29 파브리키우스 다리

30 케스티우스 다리

31 하드리아누스 황제 영묘 (현재 거룩한 천사의 성)

32 레푸블리카 광장 및 디오클레티아누스 황제 목욕장 (현재 순교자와 천사의 성모 마리아 성당)

33 카라칼라 목욕장

34 세르비우스 성벽

35 아우렐리아누스 성벽

36 피라미드 묘소

37 비아 아피아

38 카타콤베

39 성 베드로 대성당

40 산 죠반니(성 요한) 대성당

41 산타 마리아 마죠레 대성당

42 성벽 밖의 산 파올로(성 바울) 대성당

43 예루살렘의 성 십자가 성당

44 포르타 마죠레

45 테르미니 역

목차

4. 로마제국 전성기 | 대제국의 건설

5. 로마제국 후기 | 종말과 새로운 시대를 향하여

로마 역사의 흐름

로마왕정 시대	로마공화정 시대	로마제국 시대
기원전 753 ~ 기원전 509	기원전 509 ~ 기원전 27	기원전 27 ~ 기원후 476

건축으로

만나는

1000년 로마

로마왕정 시대
(기원전 753–기원전 509)

늑대 젖을 먹고 자랐다고 하는 로물루스에 의해 기원전 753년 테베레 강변의 팔라티노 언덕 위에 건국된 로마는 전설적인 4명의 라틴계 왕과 3명의 에트루리아계 왕이 통치하게 된다. 에트루리아계 왕 치하에서는 선진국 에트루리아의 앞선 문화가 대거 유입되어 로마는 짧은 기간 안에 '세련되고 강한 나라'로 발전하게 되었다.

로마공화정 시대
(기원전 509–기원전 27)

기원전 509년 왕정이 무너지고, 로마의 정치체제는 왕 대신 매년 선출되는 두 명의 집정관에 의해 통치되는 공화정으로 바뀌었다. 이때 로마는 왕정 시대와는 달리 국력이 극도로 쇠약해졌고 설상가상으로 기원전 390년에는 켈트족의 침입으로 완전히 초토화되고 말았다. 하지만 로마는 다시 일어섰으며, 귀족과 평민 간의 갈등을 해소하고 사회를 안정시킨 다음부터 서서히 강력한 나라로 떠오르기 시작했다. 이후 주변의 작은 나라들과 부딪히게 되었는데 기원전 4세기 말에는 남부의 산악민족인 삼니움족과 격돌했지만 쓰라린 패배를 경험했다. 그러나 로마는 자신의 결점을 보완하고 상대방의 장점을 역이용하여 삼니움을 결국 정복했고 삼니움 전쟁에서 터득한 전쟁기술을 바탕으로 마침내는 이탈리아 반도 전체를 손아귀에 넣게 되었다.

그다음에는 바다로 눈을 돌려 당시 지중해 해상강국이던 카르타고와 격돌하여 심한 패배를 맛보았으나 결국에는 승리했고, 그 여세를 몰아 그리스를 비롯한 동방도 모두 지배하게 되었다. 이리하여 지중해는 로마의 내해가 되었다.

이처럼 거대한 나라를 건설한 로마였지만, 강력한 실력자들 간의 내전으로 공화정의 의미가 날로 퇴색되어 갔다. 이때 정적들을 모두 제거한 율리우스 카이사르(Julius Caesar, 기원전 100~기원전 44)는 종신독재관이 되어 왕과 다름없는 최고 권력자로 부상하여 로마의 정치체제를 공화정에서 제정(帝政)으로 바꾸는 기틀을 잡았고, 그가 암살당한 다음에는 그의 양자 옥타비아누스가 다시 기선을 잡고 내전을 완전히 종식시켰다.

로마제국 시대
(기원전 27-기원후 476)

기원전 27년 옥타비아누스가 원로원으로부터 '아우구스투스(Augustus)' 칭호를 받은 다음부터 로마에는 공화정이 막을 내리고 제국 시대가 본격적으로 도래했다.

로마제국은 아우구스투스(기원전 27~기원후 14년)에 의해 완전한 기틀이 잡혔고, 티베리우스 황제(14~37년), 칼리굴라 황제(37~41년), 클라우디우스 황제(41~54년), 네로 황제(54~68년)를 거치면서 발전과 혼란을 거듭했다.

네로 황제가 몰락하고 난 다음 기사계급 출신의 장군 베스파시아누스(69~79년)는 혼란한 정세를 평정하고 황제가 되어 자신의 가문과 로마제국의 영광을 상징하는 거대한 원형극장 콜로세움을 세웠으며, 장남 티투스(79~81년)와 차남 도미티아누스(81~96)가 아버지로부터 제위를 계승했다.

도미티아누스가 암살당한 다음에는 늙은 원로의원 네르바(96~98년)가 황제로 추대되면서 소위 '5현제 시대'가 열리는데 그가 양자로 삼아 후계자로 발탁한 트라야누스 황제(98~117년)는 로마제국의 영토를 최대로 확장했으며, 하드리아누스 황제(117~138년), 안토니누스 피우스 황제(138~161년) 시대에는 사상 최고의 번영기를 누렸다. 하지만 철학자 황제 마르쿠스 아우렐리우스(161~180년) 시대부터는 게르만족을 비롯한 외적의 침입이 빈번해지면서 로마제국의 국운은 서서히 기울어지기 시작했다.

그 후 로마는 오랜 기간 동안 혼란기를 거치게 되는데, 그 사이에 기독교는 여러 번 국가 차원의 박해를 받았으며, 이러한 박해는 디오클레티아누스 황제(284~305년) 때 최고조에 달했다. 디오클레티아누스 사후 후계자 문제로 야기된 내란을 평정하고 로마제국의 제1인자로 등장한 콘스탄티누스 황제(305~337년)는 기독교 세력과 손을 잡았으며 313년에는 밀라노 칙령을 통해 기독교를 공인했다.

로마제국 멸망의 역사는 콘스탄티누스 황제가 330년에 제국의 수도를 비잔티움으로 옮김으로써 급류를 타게 된다. 그 후, 로마제국은 동로마제국과 서로마제국으로 완전히 갈라지기 시작했는데 서로마제국은 1세기도 넘기지 못한 476년 역사의 뒷전으로 완전히 사라져버렸고, 동로마제국은 서로마제국이 멸망한 후에도 거의 1000년 더 존속했다.

전설에서
역사로

Chapter 1

왕정시대

로마가 탄생한 팔라티노 언덕.

로물루스의 집

팔라티노 언덕의 부락에서
세계의 수도로

예수 그리스도가 세상에 오기 753년 전의 일이다. 로물루스는 그를 따라온 무리들과 함께 테베레 강이 굽어보이는 팔라티노 언덕 위에 조그만 부락을 세웠는데, 이들의 자손은 나중에 북유럽을 제외한 전 유럽과 북부 아프리카, 중동 지역에 이르는 대제국을 건설했다. 현재 팔라티노 언덕에는 '로물루스의 집(Casa di Romolo)'이라는 팻말을 붙인 움막터가 있다. 그런데 로물루스의 족보를 따지고 보면, 그는 이탈리아 본토 사람이 아닌 이른바 도래인(到來人)의 후손이다. 그의 족보는 트로이아 전쟁 때로 거슬러 올라간다.

트로이아 전쟁의 난민 아이네아스의 후손들

기원전 1150년경 트로이아의 왕자 파리스가 스파르타의 왕비 헬레네를 납치해가자, 분개한 그리스 연합군은 트로이아 정벌에 나섰다. 이후 10년 동안이나 트로이아 성을 공격을 했지만 아무런 진전이 없었다. 마침내 그리스의 영웅 오디세우스는 특공대 기습작전을 구상했다. 우선 그는 그리스군이 전쟁에 싫증이 나서 퇴각한다는 소문을 퍼뜨린 후, 해변에 거대한 목마를 남겨놓고 그리스로 되돌아가는 척했다. 그러자 트로이아 사람들은 적군이 물러난 줄 알고 승리의 기쁨에 빠졌다. 그러고는 거대한 목마를 아테나 여신에게 바친 제물로 여기고 성 안으로 들여놓았다. 트로이아의 제사장 라오콘은 적의 계략일지도 모른다고 경고했으나 아무도 그의 말을 듣지 않았다. 목마가 성 안에 옮겨진 날 밤, 트로이아 사람들은 술에 취해 완전히 곯아떨어져 있었다. 이때 목마 속에 숨어 있던 그리스 특공대가 몰래 밖으로 나와 성문을 열어젖혔다. 그러자 물러나는 척했던 그리스군이 다시 상륙하여 성안으로 진격해 들어갔다. 난공불락의 트로이아 성은 어이없이 순식간에 불길에 휩싸이고 말았다.

불타는 트로이아를 극적으로 탈출한 사람 중, 미(美)의 여신 베누스와 인간 안키세스 사이에서 태어난 아이네아스(Aeneas)가 있는데, 기원전 1세기의 문호 베르길리우스가 쓴 아이네아스의 일대기에 의하면 그의 행적은 다음과 같다.

아이네아스는 베누스 여신의 보호 아래 늙은 아버지를 업고 어린 아들과 일행을 데리고 불타는 트로이아를 몰래 빠져 나와 지중해로 방랑의 길에 올랐다.

늙은 아버지 안키세스와 아들 아스카니우스를 데리고 탈출하는 아이네아스를 묘사한 고대 조각.

그가 시칠리아에 도착했을 때 아버지는 이미 죽어버렸고, 이탈리아 반도로 건너가려 했으나 배가 풍랑을 만나 북아프리카의 카르타고 해변으로 밀려가고 말았다. 카르타고의 여왕 디도는 아이네아스 일행을 따뜻하게 맞이했다. 그런데 아이네아스와 디도 여왕이 서로 깊은 사랑에 빠지게 되자 이를 보다 못한 유피테르 신은 아이네아스에게 이탈리아 반도로 떠나라고 명했다.

아이네아스는 아쉬움을 남기고 카르타고를 몰래 떠나는데, 이를 알게 된 디도 여왕은 멀리 떠나는 배를 바라보면서 이별의 슬픔을 이기지 못하고 그만 스스로 목숨을 끊었다고 한다.

그런데 역사적으로 보면 카르타고는 기원전 800년대 중반에 세워졌기 때문에 디도 여왕은 아이네아스와 같은 시대가 아닌 적어도 300년 후의 인물이다. 그럼에도 불구하고 베르길리우스는 아이네아스와 디도를 같은 시대의 사람으로 만들었다. 로마와 카르타고 사이의 숙명적인 대립을 암시하기 위해서였을까? 그리고 늙은 아버지 안키세스를 굳이 등장시킨 것은 로마인들이 조상 숭배를 매우 중요시했다는 것을 강조하기 위해서였을까?

이후 아이네아스는 라틴족이 사는 라티움(Latium)의 서해안에 도착했다. 라티움은 이탈리아어로는 라찌오(Lazio)라고 하는데 한반도로 치면 경기도쯤 된다. 아이네아스는 라틴 왕의 딸 라비니아 공주와 결혼하여 새로운 도시를 건설하고 도시 이름을 공주의 이름을 따서 라비니움(Lavinium)이라고 지었으며 그가 데려온 트로이아 사람들과 라티움의 원주민들을 함께 통치했다. 그 후 그의 아들 아스카니우스(Ascanius)는 알바 산 기슭에 알바 롱가(Alba Longa)라는 도시를 세우고 그곳을 라티움의 수도로 삼았다.

쌍둥이 형제를 젖먹여 키운 늑대

대략 200년이 지난 후 아스카니우스의 후손 누미토르와 아물리우스 형제가 라티움을 공동으로 통치했는데, 아물리우스는 권력을 독점하기 위해 형 누미토르를 쫓아내고 그의 딸 레아 실비아를 베스타(Vesta) 여신의 성화(聖火)를 지키는 처녀제관으로 만들어버렸다. 처녀제관은 몸을 항상 정결하게 해야 하는데 만약 불을 꺼뜨리거나 처녀성을 잃는 경우에는

로마를 상징하는 암늑대상.

루벤스의 작품 〈로물루스와 레무스의 발견〉(1617년, 캄피돌리오 미술관). 숲속에서 군신 마르스와 레아 실비아가 관계를 맺는 장면과 로물루스와 레무스가 테베레 강변 무화과나무 아래에서 늑대 젖을 빠는 장면과 양치기 파우스툴루스가 쌍둥이 형제를 발견하는 장면이 모두 한 화면에 표현되어 있다.

가혹한 형벌이 내려졌다.

어느 여름날 강가에서 레아 실비아는 잠이 들었다. 바로 그때 전쟁의 신 마르스가 이곳을 지나다가 그녀를 보고 첫눈에 반해서 그만 그녀를 범하고 말았다. 그리하여 레아 실비아는 쌍둥이를 낳게 되는데, 이 사실을 안 아물리우스 왕은 크게 노하여 아기들을 조그만 뗏목에 실어 강에 띄워 버리도록 했다. 그런데 뗏목이 팔라티노 언덕 근처 강변의 무화과 나뭇가지에 걸려 멈추었다. 이때 아기들의 울음소리를 들은 늑대가 이들을 발견하고 젖을 먹여 키웠고, 다시 파우스툴루스라는 양치기가 이들을 발견하고 데려다 키웠다고 한다. 이러한 연유로 암늑대는 로마의 상징이 되었다.

쌍둥이 형제는 양치기로부터 각각 로물루스(Romulus), 레무스(Remus)란 이름을 얻었고, 성장한 다음 자신들의 출생 비밀을 알게 되자 알바 롱가로 가서 아물리우스 왕을 처단하고 늙은 외할아버지 누미토르를 왕위에 세웠다. 그러고는 추종자들을 데리고 새로운 나라를 세우기 위하여 먼 길을 떠났다.

고대인들의 도시 건설 의식

로마가 건국되기 전 이탈리아 반도 중북부에는 에트루리아라는 엄청난 선진국이 있었다. 그래서 로마 사람들은 새로운 도시를 세울 때 까다롭고 복잡한 에트루리아의 도시 건설 의식을 그대로 따랐다. 이 의식은 대부분 주술적이기는 하지만 부분적으로 과학적인 근거도 있었다. 먼저 신관은 신의 뜻이 어디에 있는지 알기 위해 동서남북의 땅이 아무런 장애물 없이 확실히 보이는 높은 곳에 올라가서 하늘을 관찰하는데, 새가 날아가는 방향을 보고 신의 뜻이 있다고 생각되는 곳에 일정 기간 동안 양을 방목했다. 그러고 나서 양을 제물로 바치면서 양의 간의 상태를 보고 기(氣)가 있는 땅인지를 판정했다. 그리고 소 두 마리가 끄는 쟁기를 이용해 도읍의 경계선을 판 다음에야 비로소 집과 성곽을 세울 수 있었다. 이러한 의식은 로마인들이 다른 곳에서 식민도시를 건설할 때도 수세기 동안 그대로 적용되었다. 특히 기원전 1세기에 『건축론(De Architectura)』을 저술하여 아우구스투스에게 바친 비트루비우스는 새로운 도시나 요새를 건설할 때, 양의 간을 점검하는 의식을 절대로 게을리 해서는 안 된다고 강조했다. 간의 상태가 좋다는 것은 그곳의 초목이 좋다는 뜻이고, 초목이 좋다는 것은 주변 환경이 좋다는 뜻이 아닐까?

로물루스와 레무스는 늑대가 자신들을 발견한 곳에 자리를 잡았다. 이곳에는 언덕이 두 개 있고, 그 사이로 테베레 강으로 흐르는 냇물이 있었다. 이 두 언덕의 이름이 이탈리아어로 팔라티노(Palatino), 아벤티노(Aventino)이다. 로물루

도시 건설 의식을 묘사한 고대의 부조. 왕은 두 마리의 소가 이끄는 쟁기로 직선의 고랑을 파서 도시의 영역을 확정했다.

스는 팔라티노 언덕을, 레무스는 아벤티노 언덕을 새로운 도읍지로 선호했다. 형제간에 뜻이 맞지 않자 그들은 이 두 언덕에서 각각 새를 더 많이 보는 자의 뜻에 따라 도읍지를 정하기로 했는데, 로물루스가 팔라티노 언덕에서 새를 더 많이 봤다. 새는 신의 뜻을 전하는 것으로 여겼기 때문에, 새를 더 많이 봤다는 것은 유피테르 신의 뜻이 더 강하다는 뜻이었다. 로물루스는 양치기들의 수호 여신인 팔레스(Pales)의 축제가 팔라티노 언덕에서 열리는 4월 21일을 로마의 건국일로 잡고, 이 도읍지의 이름은 자기 이름을 따서 로마(Roma)로 정했다고 한다.

로물루스는 팔라티노 언덕 주변에 소가 끄는 쟁기로 직선으로 고랑을 파고 성곽을 쌓았다. 고랑을 파고 성곽을 쌓은 곳의 안쪽은 성역(聖域)이란 뜻이다. 그런데 동생 레무스는 이를 무시하고 로물루스가 쌓은 성벽을 발로 걷어차고 경계선을 넘었다. 그러자 로물루스는 신성한 구역을 무단으로 침입한 동생을 죽이고 만다.

확정된 영역의 경계선을 포메리움(pomerium)이라고 하는데 포메리움은 단순히 정치적 · 군사적 경계만을 의미하는 것은 아니다. 포메리움 안쪽은 성역이기 때문에 그 안에서 일어나는 일은 이미 정해져 있었으며, 어떤 일은 금지되기도 했다. 그 가운데 가장 철저히 금지된 것은 포메리움 영역 안에 사람의 시신을 매장하는 일이었다. 죽은 영혼이 사람이 사는 곳 가까이에 있는 것을 불길하게 생각했기 때문이겠지만, 실제로는 위생문제 때문이 아니었을까? 이러한 포메리움의 개념은 로마제국이 멸망할 때까지 지속되었다.

팔라티노 언덕 위에서 갓 태어난 로마는 주변의 땅을 조금씩 차지해나갔으며 아울러 로마의 포메리움도 넓어졌다. 이렇게 해서 넓혀진 영역을 우릅스(Urbs)라고 불렀는데, 이 말은 결국 로마를 지칭하게 됐고, 나중에 '도시'라는 뜻도 갖게 되었다. 참고로 영어에서 '도시의'라는 뜻의 urban이란 단어는 바로 여기에서 유래한다.

로물루스의 집

로마 건국에 관한 전설은 앞서 얘기한 것 말고도 수없이 많다. 그 가운데 25~30개 정도는 그리스 사람들이 쓴 것인데, 공식적인 로마 건국 이야기와는 판이하게 다르다. 일부 그리스인들은 아이네아스를 로마 창건의 시조로 묘사하기도 한다. 사실 아이네아스의 이야기는 이미 기원전 6세기에 에트루리아에 너무나 잘 알려져 있었고, 로마 가까이 있는 베이이(Veii)나 라비니움(Lavinium)과 같은 남부 에트루리아 도시에서는 아이네아스 숭배의식도 있었다. 로마인들은 이웃 도시의 '인기 있는 인물'을 들여오면서, 그들의 조상 로물루스를 아이네아스의 후손으로 살짝 접목시킨 것으로 보인다.

로물루스와 레무스에 관한 이야기가 로마 지역에 국한된 전설이든지 아니면 후세에 만들어낸 이야기이든지 간에 로마 역사의 첫 장에서 빼놓을 수 없는 부분으로 굳어져 있다. 사실 20세기 초반만 하더라도 독일 학자들과 일부 유

팔라티노 언덕에서 발견된 로물루스의 집터.

명한 이탈리아 학자들은 기존에 쓰인 로마 초기의 역사에 대해 비판적이었다. 그래서 로마왕정 시대와 관련된 전설뿐 아니라 심지어 로마공화정 시대의 역사까지도 무시한 적이 있다. 그러나 최근 40~50년 사이 상황은 바뀌고 있다. 전설이 역사적인 사실이었다는 것을 뒷받침해줄 만한 유적들이 계속 발굴되고 있기 때문이다.

현재 로마의 남서쪽에는 아이네아스의 이야기와 관련된 리도 디 에네아(Lido di Enea, 아이네아스의 해변. 이탈리아 사람들은 아이네아스를 간단히 '에네아'라고 한다)와 라비니오(Lavinio)라는 조그만 휴양도시가 있긴 하지만, 전설에 등장하는 라비니움은 내륙 쪽에 있는 프라티카 델 마레(Pratica del Mare)라는 곳으로 밝혀졌다.

또 팔라티노 언덕에 있는 로마제국 시대의 유적 밑에서 기원전 9세기에서 7세기 사이에 묻혔다고 추정되는 철기 시대의 주거 유적지가 세 군데 발굴되었다. 이것은 움막집을 떠받치고 있던 돌 기초인데, 크기는 각각 4미터×2.5미터 정도가 된다. 그 주변에서는 로마의 건국 전설에서 언급된 고랑과 성곽의 흔적도 발견되었다. 그리고 과학적으로 정밀하게 분석한 결과에 의해 기원전 8세기 중반 경에 이곳에 조그만 부락이 형성되어 있었다는 사실도 밝혀졌는데, 이것은 로마의 건국 연대인 기원전 753년과 거의 일치한다. 이 부락에 로물루스라는 사람이 살았고, 또 이곳을 로마로 불렀다는 역사적인 증거는 아직 없다. 그렇지만 이곳은 당시 팔라티노 언덕 근처에 있었던 여러 부락 가운데 하나였고, 또 이곳을 중심으로 로마가 생성되고 발전된 것은 틀림없는 사실이다.

옛날 사람들이 현재의 우리들보다 고대의 사실에 대해 더 많은 것을 알고 있었다는 것을 수긍하면 전설이란 허무맹랑한 얘기로만 들리지 않는다. 사람들은 팔라티노 언덕의 움막터를 '로물루스의 집(Casa di Romolo)'이라고 부르고 있다. '로물루스의 집'이라는 말 속에는 로물루스가 전설의 인물이 아닌, 실재의 인물로 판명되기를 은근히 바라는 마음도 있는 것 같다.

로마 최고의 번화가였던 포룸 로마눔 유적.

포룸 로마눔(포로 로마노)

진흙탕 위에 세워진
로마 최고의 번화가

'공개토론회'라는 뜻으로 쓰이는 영어 '포럼(Forum)'은 따지고 보면 로마의 특정한 장소에서 유래된 말이다. 먼저 프랑스 파리의 루브르 박물관에 있는, 나폴레옹 시대의 화가 자크 루이 다비드가 그린 〈사비니 여인들(Les Sabines)〉이라는 유명한 그림을 한번 보자. 그림을 보면 어떤 여인들은 서로 싸우려고 대치한 두 군대 사이에 서서 싸움을 말리고 있고, 또 어떤 여인들은 아기를 번쩍 들고 있다. 무슨 일이 일어난 것일까? 사건의 전말은 다음과 같다.

팔라티노 언덕 위에 '로마'라고 하는 나라를 세운 로물루스는 인구가 너무 적은 것이 고민이었다. 그래서 그는 캄피돌리오 언덕 위에 아실룸(Asylum)이라는 성역을 만들어 외부에서 피신해온 도망자들이나 범죄자들을 적극적으로 받아들였지만, 인구를 늘리려면 장기적으로 볼 때 이것만으로는 부족했다. 가장 좋은 방법은 자식을 많이 낳아야 하는 것인데, 문제는 로물루스의 추종자들 중에 여자가 없었다는 것이다. 그는 고민 끝에 기가 막힌 묘수를 생각해냈다.

로물루스는 축제를 열어 로마 주변에 사는 사비니 부족 사람들을 초대하면서 여동생이나 딸들을 꼭 데려오라고 신신당부했다. 사비니족의 왕 타티우스는 로물루스가 베푼 축제에 자기 백성을 데리고 참석했다. 축제가 절정에 이를 때쯤 사비니 사람들은 술에 완전히 곯아떨어졌던 모양이다. 바로 이때 로물루

쟈크 루이 다비드의 그림 〈사비니 여인들〉(1799년, 루브르 박물관)

스의 '작전'대로 로마의 장정들은 사비니 여인들을 모조리 납치해버리고 말았다. 정신을 차린 사비니 남자들은 모두 쫓겨나고, 납치된 사비니 여인들은 거칠기 짝이 없는 로마 장정들에게 강제로 '집단 결혼'을 당하고 말았다. 얼마 후, 사비니 남자들은 완전무장을 하고 납치된 여인들을 구하러 로마로 쳐들어왔다. 로마군과 사비니군이 일전을 벌이려고 서로 대치하자, 이미 로마 장정들의 아내가 되어 자식까지 낳은 사비니 여인들은 어쩔 줄 몰라 했다. 왜냐하면 로마군이 지게 되면 과부가 되고, 사비니군이 지게 되면 고아가 되는 기구한 운명에 처할 것이기 때문이었다. 그래서 여인들은 로마군과 사비니군 사이에 뛰어들어 태어난 아기들을 번쩍 들고 싸움을 말렸다. 로마군과 사비니군은 어쩔 수 없이 서로 손을 잡고 평화적으로 결합하게 되었다고 한다.

이 전설 같은 이야기는 사비니인들이 민족적 자존심을 조장하기 위해 후세에 만들어낸 것일지도 모른다. 더불어 캄피돌리오 언덕의 아실룸 이야기는 타민족에게 로마 시민권을 부여하는 것이 역사적으로 매우 오래된 사실이고, 따라서 로마인들은 관대하다는 것을 강조하기 위해 후세에 만들어낸 이야기일지도 모른다. 또 사비니 왕 타티우스도 전설에만 등장하기 때문에 실존했던 인물인지 알 수 없다. 공화정 때는 왕 대신 두 명의 집정관이 나라를 통치했는데, 왜 집정관이 둘이었는지를 암시하기 위해 만들어낸 인물일 수도 있다. 어쨌든 로마인과 사비니인의 결합만큼은 기정사실이다. 이리하여 로마는 다민족 국가로서 첫걸음을 내딛게 되었으며, 적당한 인구를 확보한 다음부터는 팔라티노 언덕의 조그만 부락에서 강력하고 거대한 나라로 서서히 떠오르게 되었다.

무질서한 부락에서 세련된 도시로

납치당한 여인들을 구하러온 사비니군과 로마군이 대치했던 곳은 팔라티노 언덕과 캄피돌리오 언덕, 그리고 퀴리날레 언덕과 비미날레 언덕이 서로 마주치는 습한 저지대였는데, 이 주변은 로마가 건국되기 이전인 기원전 9세기부터 주변 언덕에 살던 사람들의 묘지로 사용 되고 있었다. 로물루스는 이곳을 흙으로 메워 백성들이 모이는 장소로 만들고 '바깥에 있는 곳'이란 뜻의 '포룸(Forum)'이라고 불렀다. 이곳은 주변 언덕에 사는 사람들이 모여 서로 물물교환을 하거나 종교행사를 함께 치르기에 매우 이상적인 장소였다.

로마는 건국된 후 약 250년 동안 로물루스를 포함하여 일곱 명의 전설적인 왕들이 다스렸는데, 3대 왕까지는 라틴계와 사비니계였으나 4대 왕부터 7대 왕까지는 에트루리아계였다. 당시 최고의 선진국 에트루리아의 도시들은 로마처럼 무질서한 부락이 아니라 방어용 성벽과 포장도로와 하수도망도 갖춘 그야말로 당시의 기준으로는 '초현대식 계획도시'였다. 제5대 왕 타르퀴니우스

남쪽에서 캄피돌리오 언덕 쪽으로 본 포룸 로마눔 유적.

프리스쿠스(Tarquinius Priscus)가 통치하는 로마는 에트루리아의 영향을 받아 도시다운 도시로 발전하게 되고 그들의 앞선 기술과 문화를 별로 힘들이지 않고 습득하여 짧은 시간 안에 '촌놈'에서 '세련된 신사'로 탈바꿈할 수 있었다. 그리고 나중에는 오히려 선진국 에트루리아를 압도할 수 있는 힘도 갖추게 되었다.

국가 경제라고는 농사밖에 모르던 이전의 왕들과 달리, 제5대 왕은 기원전 616년부터 장장 38년 동안 집권하면서 에트루리아에서 건축가, 공학자, 기술자들을 불러들여 대규모 토목공사를 벌였다. 도로와 배수시설과 같은 도시의 인프라를 먼저 구축하고 움막집들이 무질서하게 늘어서 있던 달동네 같은 로마를 정돈된 도시로 바꾸어놓았다. 특히 그는 지대가 낮아 비만 오면 물이 고이고 테베레 강이 넘치면 완전히 물에 잠겨버리는 포룸에 배수시설과 하수시설을 구축하고 돌로 포장하여 널찍한 시장터를 만들었다. 이것이 바로 포룸 로마눔(Forum Romanum) 건설의 시초가 된다. 포룸 로마눔은 이탈리아어로 포로 로마노(Foro Romano)라고 하는데, '로마 공회장(公會場)'쯤으로 번역될 수 있겠다.

포룸 로마눔은 세월이 흐르면서 단순히 열린 시장터가 아니라 도심의 성격을 띠기 시작했다. 제7대 왕 타르퀴니우스 수페르부스(기원전 534~510년)는 클로아카 막시마(Cloaca Maxima)라고 하는 커다란 하수도를 만들었는데, 그 높이와 폭이 짐을 가득 실은 마차가 한 대 지날 수 있을 정도였으며, 2500년이 지난 지금까지도 부분적으로 사용되고 있다. 그 후 공공건물, 이어서 상점과 신전들이 이곳에 세워지면서 로마 중심가로서의 면모가 서서히 잡히기 시작했다. 그리고 기원전 2세기에는 날씨가 나쁠 때를 대비하여 옥외 공간의 기능을 일부 흡수할 수 있고 많은 사람을 수용할 수 있는 거대한 다목적 공공건물 바실리카(basilica)가 군데군데 세워졌다. 그리하여 포룸 로마눔은 로마의 종교, 경제, 정치, 행정, 사법기관이 집중되어 있는 중심가가 되었다.

로마 최고의 번화가

오늘날 대도시의 중심가처럼 항상 사람들로 붐비던 포룸 로마눔은 한마디로 소통의 장(場)이었다. 이곳에서 정치인은 장외연설을 했고, 법관은 법을 집행했으며, 사제는 종교행사에 전념했고, 시민들은 '쇼핑'을 즐기기도 했으며, 또 정가에 떠도는 소문, 새로 제정된 법이나 전투 현황 등에 귀 기울이기도 했으며, 여러 가지 문제를 주제로 공개토론회가 열리기도 했다. 종종 시민들을 위한 축제가 밤늦게까지 열기기도 했는데, 특히 시민들의 눈길을 많이 끌었던 것은 개선행렬, 장례행렬, 종교행렬 등이었다. 이 행렬들은 포룸 로마눔 안에서 동맥과 같은 역할을 하는 길 비아 사크라(Via Sacra, 신성한 길)를 따라 로마의 최고신 유피테르 신전이 있는 캄피돌리오 언덕 위를 향해 지나갔다.

모형으로 본 로마제국 시대 후기의 포룸 로마눔의 모습.

공화정 말기 로마의 인구는 백만 명 정도로 추정된다. 당시 로마를 찾는 외국인들도 수없이 많았는데, 이들은 이 포룸을 보고 로마의 위대함을 피부로 직접 느낄 수 있었을 것이다. 그런데 로마의 국력이 점점 커져가자 기존의 시설만으로는 시민들의 공공생활을 수용하기에 부족했다. 그래서 율리우스 카이사르는 자신의 이름을 딴 포룸 율리움을 따로 세웠고, 아우구스투스를 비롯한 후세의 황제들도 포룸 로마눔 동쪽에 자신의 이름을 붙인 포룸을 따로 건설했다.

로마의 중심지에 새로운 포룸들이 계속 만들어지자 포룸 로마눔의 기능은 서서히 사양길에 접어들었다. 왜냐하면 기존의 정치, 문화, 종교기능이 새로 세워진 포룸으로 옮겨졌기 때문이다. 더구나 서기 80년 콜로세움이 완공된 다음부터는 포룸 로마눔에서 이루어지던 행사도 급격히 줄어들어서, 시민들의 공공생활을 수용하는 도시 공간으로서 별로 사용되는 일이 없었다. 그 후 이곳은 주로 역사적인 일을 기념하는 곳으로만 사용되었다. 후세의 황제들은 자신의 업적을 찬양하는 기념비들을 포룸 로마눔 안에 세우게 했다. 그래서 이미 중요한 건물들이 꽉 들어찬 이곳에 베스파시아누스 신전, 티투스 개선문, 안토니누스 피우스 황제와 황비 파우스티나 신전, 셉티미우스 세베루스 개선문 등이 기존 건물들 사이의 비좁은 틈이나 포룸 로마눔 변방에 세워졌다. 그리고 서기 608년에는 포룸 로마눔에 마침표를 찍듯이 동로마제국 황제 포카스를 기념하는 원기둥이 마지막으로 세워졌다. 물론 이때는 포룸 로마눔의 기능이 내리막길에 들어선 지 많은 세월이 지난 다음이었다.

팔라티노 언덕(왼쪽)과 아벤티노 언덕(오른쪽) 사이에 있는 키르쿠스 막시무스의 흔적

대경기장 키르쿠스 막시무스 (치르코 맛시모)

늪지에 세워진
로마 최대의 전차경기장

영화 〈벤허〉에서 손에 땀을 쥐게 하는 전차경기 장면은 영화를 본 사람이라면 오래도록 기억에 남을 것이다. 이런 전차경기가 열리던 곳이 바로 키르쿠스 막시무스(Circus Maximus)이다. 키르쿠스 막시무스란 문자 그대로 '최대의 경기장'이란 뜻으로 이탈리아 사람들은 치르코 맛시모(Circo Massimo)라고 부른다. 같은 경기장이라도 고대 로마인들은 스피나(spina, 등뼈 즉 중앙분리대)가 있어서 그 주위로 마차가 회전할 수 있으면 키르쿠스(circus)라고 했고 중앙분리대가 없으면 스타디움(stadium)이라 불렀다.

로물루스 시대로 거슬러 올라가보자. 로물루스가 로마를 세울 당시, 팔라티노 언덕과 아벤티노 언덕 사이의 골짜기는 늪지대였다. 로물루스는 바로 이 늪지대 언저리의 평지에서 '콘수알리아'라는 축제를 벌였는데, 그 행사 중에는 말 달리기 경주가 있었다. 로물루스는 바로 이 축제에 사비니인들을 초대해놓고 그 여인들을 납치했던 것이다. 콘수알리아는 콘수스 신에게 바치는 일종의 추수감사축제로, 콘수스는 곡식의 신이자 거둬들인 곡식을 보관하는 창고의 신이었다. 그러고 보니 유엔의 세계식량기구(FAO)가 바로 이 지역에 자리 잡은 것은 우연한 일이 아닌 듯싶다.

에트루리아계의 제5대 왕 타르퀴니우스 프리스쿠스는 이 골짜기에 배수공

유엔의 세계식량기구(FAO) 본부에서 내려다 본 키르쿠스 막시무스 터.

사를 하여 테베레 강으로 물을 뽑아내고 경기장을 만들었는데, 이것이 바로 키르쿠스 막시무스 건설의 시초가 된다. 그는 원로원과 기사계급에 한해 말달리기 경주가 잘 보이게끔 나무로 된 계단을 경기장 주변에 높이 쌓을 수 있도록 했으니, 이때 '관중석'의 개념이 처음으로 등장한 셈이다. 그 후 제7대 왕은 평민들의 노동력을 강제로 동원하여 관중석을 더 많이 만들었다고 한다.

키르쿠스 막시무스가 전차경기장으로서의 면모를 본격적으로 갖추기 시작한 것은 기원전 329년 목조로 된 카르케레스(carceres)가 북쪽면에 세워지고 나서부터이다. 경주에 참가하는 마차들은 바로 이 카르케레스에서 출발했다. 그 후 율리우스 카이사르는 이 경기장을 대대적으로 확장했으며, 아우구스투스는 기원전 10년 이집트의 헬리오폴리스에서 가져온 높이 23.7미터나 되는 람

세스 2세의 오벨리스크를 중앙분리대 위에 세웠다.

이 경기장은 로마제국 번영기에 그 규모가 더 확장되어, 길이와 폭이 각각 600미터, 200미터가 넘었으며, 자그마치 30만 명의 관중을 수용할 수 있었다고 한다. 다른 기록에 의하면 38만 명을 수용할 수 있었다고도 하는데, 이는 다소 과장된 것으로 보이지만 어쨌든 웬만한 도시의 인구를 한꺼번에 모두 수용할 수 있었던 엄청난 규모였음에는 틀림없다.

빵과 키르쿠스

많은 사람들이 모이는 곳이다 보니 이 주변에는 수많은 상점이나 음식점들이 자리 잡고 있었고 점성술소와 매음굴까지 있었다. 한편 경기장 주변에 형성된 커다란 시장에는 불에 타기 쉬운 물질도 많았기 때문에 항상 화재의 위험이 도사리고 있었다. 그리하여 서기 64년 네로가 재위할 때, 바로 이곳에서 발생한 화재가 삽시간에 전 시가지로 번져 로마를 초토화하고 말았다. 경기장도 이 화재 때문에 피해를 많이 본 것으로 추측되는데, 네로 황제가 그리스에서 1년 동안 체류하고 서기 68년 로마로 돌아왔을 때 다시 사용했다고 하니, 상당히 빠른 시일 내에 복구했음을 알 수 있다.

황제들은 키르쿠스 막시무스를 애지중지했는데, 민심을 잡을 수 있는 곳이자 국정에 대한 백성들의 불만을 다른 데로 돌릴 수 있는 곳이기 때문이었다. 2세기 초 작가 수에토니우스는 "빵과 키르쿠스(Panis et Circus)"라는 표현으로 이를 꼬집었는데, 오늘날도 국민들을 축구와 같은 스포츠에 열광하게 하여 국정의 불만을 다른 곳으로 돌리게 하는 나라가 적지 않으니 지금이라고 옛날과 달라진 것은 별로 없는 셈이다.

키르쿠스 막시무스는 9월 4일에서 18일까지 열리던 로마 대제전(Ludi romani)을 비롯한 각종 행사들이 열리는 곳이었다. 이곳에서는 네 마리의 말이 끄는

공터로 남아 있는 키르쿠스 막시무스 터.

전차가 트랙을 일곱 번 빨리 도는 경주가 많이 열렸는데 특히 로마 대제전 기간 동안에 절정을 이루었다고 한다. 당시의 아우리가(auriga, 전차경기 선수)들은 오늘날의 자동차경주 선수나 축구 선수처럼 대단한 인기를 누렸으며 돈도 엄청나게 벌었다. 특히 4세기에는 전차경기의 인기가 엄청나서 참가팀을 백색, 홍색, 녹색, 청색 네 개로 제한했고, 관중들은 각자 자기가 좋아하는 팀이나 돈을 건 팀을 열렬히 응원했다고 한다.

키르쿠스 막시무스는 549년에 동고트의 왕 토틸라가 마지막으로 사용한 이후로는 황폐의 길로 접어들고 현재는 당시의 웅장했던 관중석의 구조물이 남쪽에 조금만 남아 있을 뿐이다. 오늘날 로마 시민들은 이곳에서 개를 데리고 산책하거나 조깅을 하거나 공을 차곤 한다. 그리고 로마 시 축구팀이 우승하는

키르쿠스 막시무스 모형.

날이면 수십만의 열광적인 축구 팬들이 이곳에 모여 온 시가지가 떠나갈 듯이 경적을 울리며 밤이 깊도록 광란의 축제를 벌이기도 한다.

로마의 성화를 보존하던 베스타 신전 유적.

베스타 신전

영원한 로마를 상징하는
성화를 보존하던 성소

로마의 중심 베네치아 광장에는 주변의 분위기를 압도하는 거대한 하얀 대리석 건물이 있다. 이 건물은 이탈리아가 1870년에 통일되고 50년이 지난 다음, 통일의 구심점이 되었던 초대 왕 빗토리오 에마누엘레 2세에게 헌정된 기념관으로 한마디로 말해 '이탈리아 통일기념관'이다. 계단에는 제1차 세계대전 때 산화한 무명용사의 무덤이 있는 '조국의 제단'이 있고 그 앞에는 두 명의 보초가 부동자세로 '영원히 꺼지지 않는 불'을 지키고 있다. 이 성화의 기원은 까마득한 옛날 베스타 숭배의식으로 거슬러 올라간다. 베스타는 '처녀신'으로 고대 로마인들이 섬기던 최고의 12신 가운데 하나였다.

베스타 여신 숭배를 공식화 한 누마 왕

로물루스가 사라진 후, 원로원에 의해 제2대 왕으로 추대된 누마 폼필리우스(Numa Pompilius)는 라틴족이 아닌 사비니족 출신으로 철학자라고 불릴 정도로 교양과 덕망을 갖추고 있었다고 전해진다. 그는 43년 동안 평화롭게 로마를 다스렸는데, 그의 업적은 앞으로 계속 발전하게 될 로마의 밑거름이 되었다.

조국의 제단을 밝히는 '영원히 꺼지지 않는 불'.

그는 대제사장 집무실 레기아 옆에 로마가 영원히 지속되는 것을 상징하는 성화를 모실 베스타 신전을 세우고 이 성화를 지키는 처녀제관을 임명했다고 한다. 베스타는 원래 각 집마다 있는 아궁이를 지키는 여신인데 누마 왕은 베스타 여신 숭배를 국가 차원으로 승화시켰던 것이다. 베스타 신전의 가장 깊숙한 곳에는 성화 외에도 아이네아스가 트로이아로부터 가져왔다고 전해지는 미네르바 여신의 신상을 비롯한 여러 성물(聖物)이 모셔져 있었다고 전해지지만, 정작 주인공인 베스타 여신의 신상만은 없었다. 그것은 베스타 여신의 모습 그 자체가 바로 '불'이기 때문이었다. 불은 만물의 근원을 의미한다.

한편 베스타 신전의 제관들을 모두 처녀들로만 구성되었다.(그러고 보니 로마 전설에서 가장 처음으로 등장하는 베스타 처녀제관은 로물루스와 레무스의 어머니인 레아 실비아인 셈이다.) 처녀제관들은 모두 여섯 명인데, 여섯 살에서 열 살 사이의 소녀들로 30년 동안 순결을 지키며 베스타 여신 숭배의식을 집전했으며 성화를 목숨 걸고 지켰다. 처녀제관 선발은 대제사장에 의해 최종결정이 내려졌는데, 초기에는 귀족가문에서만 선발되다가 나중에는 평민 출신에게도 자격이 주어졌다. 이렇

포룸 로마눔 안에 있는 베스타 신전과 기숙시설 유적(좌). 베스타 신전과 기숙시설 모형(우).

게 엄선된 처녀제관은 매우 신성한 존재로 여겨졌기 때문에 나라로부터 막대한 급여를 받았으며 사회적으로 높은 지위도 누렸다. 일례로 공공행사장에서는 최상석에 앉을 특권이 있었으며, 공화정 시대에는 외출할 때 릭토르(lictor)라고 하는 길라잡이의 호위를 받았는데 최고 권력자인 집정관도 길을 비켜주었을 정도였다. 게다가 만약 사형수가 형장으로 끌려가다가 처녀제관과 조금이라도 마주치기만 하면 즉시 사면될 수도 있었다. 반면에 그들을 조금이라도 유혹하는 남자는 가차 없이 사형이었다. 처녀제관이 만약 성화를 꺼트리거나 순결을 잃는 경우 이에 대한 벌은 성 밖 퀴리날레 언덕 위 '악의 들판'이라고 불리는 곳에 생매장 당하는 것이었다.

베스타 신전 유적은 현재 포룸 로마눔 안에 마치 둥근 케이크를 잘라낸 조각처럼 서 있다. 누마 왕이 세웠던 베스타 신전의 원래 모습이 어떠했는지 알 수 없으나, 현재의 유적은 서기 191년 셉티미우스 세베루스 황제의 황비 율리아 돔나가 복원한 것의 '파편'이다. 이 신전의 형태는 라틴인들이 거주하던 둥근 움막의 형태에서 유래하는데, 신전의 지붕은 연기가 빠져나갈 수 있도록 가운데가 뚫려 있었다. 후세에 세워진 거대한 신전 판테온을 보면 지붕 한가운데가 뚫려 있는데, 그것도 이와 같은 맥락이다.

베스타 신전 바로 옆에는 처녀제관들이 단체로 거주하던 집, 그러니까 일종의 기숙사라고 볼 수 있는 유적이 있다. 어떻게 보면 역사상 가장 오래된 수도원이라고 볼 수도 있겠다. 이 집은 중정을 중심으로 거실과 처녀제관들의 숙소, 관리인실 등이 배치되어 있었고, 위층에는 목욕실과 난방시설을 갖춘 개인용 방이 있었다. 또 부엌, 방앗간, 빵 굽는 화로 등 갖가지 시설의 흔적을 보면 처녀제관들은 이곳에서 자급자족으로 식사를 해결했다. 현재 남아 있는 베스타 처녀제관들의 집은 하드리아누스 황제 때 새로 지어진 것이다.

한편 중정에는 처녀제관들의 공덕을 기념하는 문구와 이름이 새겨진 석상들이 늘어서 있다. 그 중 하나는 이름 첫 글자 C만 조금 남기고 모두 지워져 있는데, 클라우디아(Claudia)라고 하는 처녀제관의 것이라고 한다. 4세기말 기독교 시인 프루덴티우스의 기록에 의하면, 클라우디아가 처녀제관직을 포기하고 기독교로 개종하자 다른 처녀제관들은 그녀가 베스타 여신의 이름을 더럽혔다는 이유로 이름을 지워 버렸다고 한다.

베스타 처녀제관 클라우디아의 석상. 이름이 있는 부분이 지워져 있다.

베스타 여신 숭배의식은 누마 왕 이래로 국가 차원에서 1000년 이상 지속되었지만 기독교라는 강렬한 '불길' 앞에서 더 이상 버티지 못하고 서기

프랑스 파리의 개선문 아래에 있는 무명용사의 무덤에 놓여진 '영원히 꺼지지 않는 불'.

394년에 완전히 폐지되고 말았고, 아울러 '영원히 꺼지지 않는 불'도 재만 남기고 영원히 꺼지고 말았다.

그 후 아주 오랜 세월이 지난 다음에 '영원히 꺼지지 않는 불'의 전통이 서양에서 다시 살아났다. 1500년 만에 처음으로 '영원히 꺼지지 않는 불'이 프랑스 파리의 개선문 아래 놓인, 제1차 세계대전 때 산화한 무명용사의 무덤에 등장한 것이다. 그러자 로마에서도 이 전통을 되살려 1921년 무명용사의 무덤 앞에 '영원히 꺼지지 않는 불'을 다시 타오르게 했다.

한편 1961년 파리 무명용사의 무덤을 참배했던 미국의 케네디 대통령이 1963년에 흉탄에 쓰러지자 영부인 재클린 여사의 요청으로 미국 알링턴 국립묘지에 있는 그의 묘소에도 '영원히 꺼지지 않는 불'이 놓이게 되었다.

캄피돌리오 박물관 내부에 있는 유피테르 신전 기초부분의 유적.

유피테르 신전

로마의 최고 신에게 바쳐진
최초의 대규모 신전

기원전 575년, 제5대 왕 타르퀴니우스 프리스쿠스 때의 일이다. 팔라티노 언덕 바로 북쪽에 보이는 봉우리 위에 유피테르 신전 기초공사를 위해 땅을 파다가 사람 머리가 발견되자 왕과 사제들은 소스라치게 놀랐다. 사제들은 이 언덕이 '카푸트 문디(Caput mundi)', 즉 세계의(mundi) 머리(caput)가 될 징조로 받아들였다. 그리고 발견된 사람의 머리를 전설에 등장하는 영웅 아울루스 비벤나의 유골로 믿고, 이 언덕을 '아울루스의 머리'라는 뜻의 '카푸트 올리(Caput Oli)'라고 불렀다. 언덕 이름 카피톨리움(Capitolium)은 바로 여기서 유래되었다. 영어권에서는 어미를 떼어내고 'Capitol'이라고 하고, 미국에서는 의회의사당을 'the Capitol'이라고 한다. 미국의 의사당도 로마의 카피톨리움처럼 워싱턴 시가지가 내려다보이는 언덕 위에 세워져 있는데, 이 언덕을 'Capitol Hill'이라고 부르니, '세계의 머리'는 2500년 후 대서양 건너 워싱턴의 한 언덕 위로 옮겨진 셈이다.

카피톨리움은 이탈리아어로는 캄피돌리오(Campidoglio) 또는 카피톨리노(Capitolino)라고 한다. 한편 유피테르(Iupiter 또는 Iovis) 신은 로마의 수많은 신들 중에서 최고의 신으로, 그리스의 제우스 신에 해당하는데, 이탈리아 사람들은 죠베(Giove, 영어로는 Jove)라고 한다.

로마에서 가장 신성한 곳으로 여겨졌던 캄피돌리오 언덕의 현재 모습. 유피테르 신전은 언덕 오른쪽에 있었다.

로마 최초의 기념비적인 대규모 건축

해발 46미터의 캄피돌리오 언덕은 로마의 일곱 언덕 가운데 가장 작지만 경사가 가파르기 때문에 로마 초기에는 천연의 요새로 적당했다. 캄피돌리오 언덕에는 북쪽에 아르크스(Arx), 남쪽에 몬스 타르페이우스(Mons Tarpeius)라고 하는 봉우리가 있었는데, 로물루스가 외부로부터 온 도망자나 범죄자들을 받아들이던 아실룸이 바로 이 두 봉우리 사이에 있었다. 현재 이 자리에는 미켈란젤로가 설계한 캄피돌리오 광장이 있다.

한편 캄피돌리오의 남쪽 봉우리의 이탈리아식 이름은 몬테 타르페이오(Monte Tarpeio)이다. 이 이름은 납치된 사비니 여인들을 구하러 로마로 진격해온 사비니 군에게 매수되어 캄피돌리오 성문을 열어준 소녀 타르페아에서 유래한다. 로마인들은 국가의 반역자를 캄피돌리오 언덕 남쪽 절벽 아래로 던져 죽였는데, 이 절벽을 현재 '타르페아의 동산'이란 뜻의 몬테 타르페오(Monte Tarpeo)라고 부른다. 몬테 타르페오 쪽에는 유피테르 신전의 길(Via di Tempio di Giove)이 있다.

유피테르 신전이라고 해서 이 신전은 유피테르 신만을 위한 것은 아니고 유피테르 신과 유피테르의 아내 유노 여신, 딸 미네르바 등 로마의 최고 3신 '일가족'에게 한꺼번에 바쳐진 것이었다. 이 신전에 대한 기록은 비교적 많이 남아 있지만 그 모습은 현재 전혀 볼 수 없고 다만 검누런 색의 투포(tufo)라는 돌로 이루어진 신전의 기초만 군데군데 조금 남아 있을 뿐이다. 로마와 그 주변은 화산지대로 이루어져 있기 때문에 이곳에는 양질의 진흙이 풍부할 뿐 아니라, 화산폭발로 형성된 투포가 많다. 투포는 돌치고는 부드럽기 때문에 마치 각설탕처럼 반듯한 덩어리로 잘라내기가 매우 쉽다. 이 돌은 유피테르 신전에 사용된 이후 다른 건축에도 많이 사용되기 시작했다.

유피테르 신전 모형

왕정의 종말과 공화정의 시작

제5대 왕이 다스리는 로마의 모습은 날로 변해갔다. 그가 착공했던 유피테르 신전은 제7대 왕이 완공하게 되는데 이를 위해 그는 에트루리아의 기술자와 예술가들을 로마로 대거 불러들였다. 그런데 그가 신전을 짓는데 백성들을 강제로 노역에 동원하자 백성들 사이에 불만은 커질 대로 커져가고 있었다. 게다가 원래 민주적 절차를 밟지 않고 왕이 되었기 때문에 아무도 지지하지 않는 정권을 유지하기 위해서 폭력을 쓸 수밖에 없었고, 그러다 보니 결국에는 폭군이 되고 말았다. 그래서 사람들은 그를 5대 왕 타르퀴니우스 프리스쿠스와 구분하기 위하여 '거만한 타르퀴니우스'라는 뜻의 타르퀴니우스 수페르부스(Tarquinius Superbus)라고 불렀다. 그는 성격이 포악하고 공격적이라서 전쟁을 치르는 데에만 골몰했고, 전쟁터에서는 의외로 연전연승했기 때문에 내부의 불만을 밖으로 돌리기에 아주 좋았다. 그가 지휘하는 군대는 이탈리아의 중서부를 완전히 장악하여 로마는 소제국이 되었다. 하지만 그는 결국 로마에서 쫓겨나고 말았다.

기원전 509년, 왕이 없는 로마에서는 왕이 아닌 백성이 뽑은 대표자가 통치하는 공화정이 선포되었다. 공화정을 선포한 기득권층은 과거의 모든 잘못된 정치가 왕정 때문이었으며, 유피테르 신전도 로마 시민들의 노동력을 강제로 동원하여 세워진 것이라며 구정권을 맹렬히 비난하면서도 에트루리아계 왕이 심혈을 기울여 세운 이 신전을 9월 13일에 완성하여 축성식을 올렸다. 캄피돌리오 언덕 위 로마의 최고의 신 '일가족'에게 바쳐진 이 신전은 로마 시민들의 정신적인 구심으로 등장했고, 아울러 캄피돌리오 언덕은 로마에서 가장 신성한 언덕으로 변모했다.

유피테르 신전은 고대 로마 건축사에서 여러모로 많은 기록을 세웠다. 이전에는 신전이라 하면 '템플룸(templum)', 즉 건물이 아니라 담장을 적당히 두른

왕정 말기 및 공화정 시대 초기의 로마의 모습: 1. 팔라티노 언덕, 2. 캄피돌리오 언덕, 3. 포룸 로마눔, 4. 유피테르 신전.

'터'에 불과했지만, 에트루리아계가 로마의 왕이 된 다음부터는 신전의 모습이 '터'에서 '건축'으로 바뀌었다. 현재 남아 있는 유적으로 추정해보건대 이 신전의 터는 세로 62.25미터, 가로 53.30미터나 되니, 당시의 기준으로는 상상할 수도 없는 엄청난 규모의 건축이었다. 또 기록에 의하면 신전의 지붕은 금박으로 입혀져서 멀리 알바 산에서도 보일 정도였다고 한다. 그러니까 유피테르 신전은 로마 역사상 에트루리아계 왕들이 이룩한 '위대한 로마'를 상징하는 최초의 기념비적인 건축이었으며 로마제국 시대 후반에 이를 때까지 로마의 구심점을 이루던 건축이었다.

소강국에서
강대국으로

Chapter 2

공화정 시대

세 개의 기둥만 남은 디오스쿠리 신전의 폐허.

디오스쿠리 신전

로마군을 구한
쌍둥이 형제에게 바쳐진 성소

캄피돌리오 언덕의 입구는 고대 로마 시대에는 포룸 로마눔 쪽을 향하고 있었지만, 로마가 기독교의 수도가 된 후 그리고 미켈란젤로가 설계한 광장이 만들어지고부터는 북서쪽 평지인 캄푸스 마르티우스 지역과 그 너머 바티칸 언덕 쪽을 멀리 바라보는 쪽으로 입구가 열렸다.

광장 한가운데에는 마르쿠스 아우렐리우스 황제의 기마상이 있는데, 이 기마상의 대리석 받침대는 미켈란젤로가 제작한 것이다. 또한 광장 입구 양쪽에는 마치 기마상을 지키는 보초처럼 보이는, 벌거벗은 채 말에서 내려 선 청년들의 석상이 있다. 고대 로마인들은 이 두 청년을 '유피테르 신의 아들'이란 뜻의 '디오스쿠리' 또는 '카스토르와 폴룩스'라 불렀다. 카스토르는 말을 길들이고 키우는 데 뛰어났고, 폴룩스는 권투에 능했다고 전해지며, 그리스가 트로이아와 전쟁을 하러 가기 전에 사라졌다고 한다. 호메로스에 의하면, 디오스쿠리 형제는 죽어서 땅에 묻혔지만 이틀에 한 번씩 살아났으며 신과 같이 여겨졌다고 한다. 디오스쿠리 형제는 인간에게 매우 친근해서 인간이 위기에 처할 때마다 불현듯 나타나 구원해주는 역할을 했다.

디오스쿠리는 스파르타에서 처음으로 숭배된 이래로 그리스의 여러 지역과 멀리 시칠리아 섬과 이탈리아 반도 남부까지 전파되어 귀족계급의 수호신으로

캄피돌리오 언덕 입구 좌우에 세워진 디오스쿠리 형제의 석상.

숭배되었다. 로마의 디오스쿠리 숭배의식은 이탈리아 남부의 타란토에서부터 전래된 것으로 보인다. 포룸 로마눔에는 이 형제에게 바쳐진 신전의 유적이 있는데, 그 기원은 공화정 초기로 거슬러 올라간다.

로마군을 승리로 이끈 디오스쿠리

제7대 왕이 로마에서 쫓겨나간 뒤, 로마에서는 왕 대신에 나랏일을 담당하는 1년 임기의 집정관(consul) 두 명을 선출했고, 이 새로운 정치체제를 레스 푸블리카(Res publica)라 불렀다. 이는 에트루리아에서 유래된 라틴어로, Res는 '것', '사물'이란 뜻이고 publica는 '백성들의'라는 뜻이니, '공화국', '공화정'으로 번역하는 영어 republic의 어원이 된다. 그런데 집정관의 임기는 왕정 시대와는 달리, 단 1년밖에 되지 않았기 때문에 나라가 위기에 처할 때는 6개월 임기의 독재관(dictator)을 새로 선출하여 전권을 위임하는 제도를 만들었다. 그럼에도 불구하고 강력한 통치자가 없는 이 새로운 정치체제 하에서는 나라에서 큰 사업을 벌일 수가 없었고 국력도 현저하게 저하되었다.

국력과 기상이 완전히 바닥에 떨어졌을 때, 로마 주변의 라틴 부족들이 뭉쳐 한때 무섭게 세력 팽창하던 로마를 이 기회에 완전히 분쇄하기 위해 쫓겨난 왕과 손잡고 로마에 싸움을 걸어왔다. 이리하여 기원전 499년 7월 15일, 로마 외곽 레길루스 호수에서 접전이 벌어졌다. 그런데 허약해진 로마가 라틴 군대를 맞아 힘겹게 싸우고 있을 때 눈부신 빛을 발하면서 백마를 탄 쌍둥이 형제가 불현듯 나타나 로마군을 승리로 이끌었다고 한다. 그리고 전투가 끝나자마자 포룸 로마눔의 유투르나 샘에서 신비스런 모습을 한 쌍둥이 청년이 말에게 물을 먹이고 있었는데, 사람들이 다가가 전투 소식을 묻자, 로마군이 승리했다는 말만 남기고는 홀연히 사라져버렸다고 한다. 사람들은 이들이 다름 아닌 바로 유피테르 신의 아들 디오스쿠리 형제라고 믿게 되었다.

그날 독재관 알비누스는 디오스쿠리 형제에게 신전을 지어 바칠 것을 맹세했는데, 실제로 신전이 세워진 것은 15년이 지난 기원전 484년이며, 신전을 세운 사람은 그의 아들이었다. 이 신전은 로마의 심장부에 있다. 로마의 성화를 보존하는 베스타 신전 옆에 외국에서 들여온 신의 성소가 있다는 것은 집권세력인 귀족층이 외국 신 숭배의식을 로마로 들여왔다는 뜻이고, 공화정 초기 귀족층이 정권을 확고히 장악하고 있었다는 것을 의미한다. 또 디오스쿠리는 마그나 그라이키아(Magna Graecia, 이탈리아 반도의 그리스 식민지)에서처럼 로마에서도 기사계급으로 대표되는 귀족들의 수호신이었으니, 귀족들만을 위한 신전이 로마 심장부에 세워졌다는 것은 귀족층과 평민층 간의 갈등을 예고하는 것이 아니었을까? 이 신전의 입구에는 두 형제의 석상이 세워져 있었고, 매년 7월

15일에 열리던 기사계급 축제기간 중 귀족들은 말을 타고 그 앞으로 화려한 행진을 했다고 한다.

복합기능의 신전

디오스쿠리 신전은 그 후 여러 번 복원되었지만, 지금은 기원후 1세기 티베리우스 황제 때 세워진 세 개의 코린토스 양식 원기둥만 남아 있다. 멀리서 보면 이 세 개의 기둥은 흰옷 입은 청초한 여인과 같은 인상을 주지만 가까이 가서 보면 작은 규모가 아니다. 기둥 높이가 자그마치 12.5미터나 되니 4층 건물 높이에 해당한다.

한편 아칸투스 잎 모양의 코린토스 양식의 기둥머리는 잘 보존되어 왔기 때문에 르네상스 시대 이래로 고고학자 및 건축가들의 관심과 연구대상이 되었다. 코린토스 양식의 기둥은 기원전 4세기 중반 경부터 사용되기 시작했는데, 로마에서는 기념비적인 건축에 많이 사용되었던 반면 그리스에서는 별로 쓰이지 않았다. 이 양식은 이오니아 양식을 변형한 것으로, 기둥이 좀 더 가는 반면에 기둥머리는 훨씬 더 화려하다.

이 신전은 가로 20미터, 세로 50미터가 되며, 기단의 높이가 도로면에서 재면 자그마치 7미터나 되니 신전 아랫부분만 해도 이층집 이상의 높이가 된다. 신전 아랫부분 실내 공간은 새로운 법령을 공포하거나 원로원이 국가의 중대사를 의논하거나 또는 엄숙한 예식을 거행하는 홀로 사용되었을 뿐 아니라, 그 안에는 무게, 길이, 부피의 표준을 보관하는 표준 도량형 전담국도 있었으며, 세금을 보관하고 관리하는 곳과 부유한 사람들의 재산을 맡아 보관하던 일종의 신탁은행도 자리하고 있었고, 보석상, 환전상, 음식점, 이발소, 작업장이 딸린 상점 등이 자리 잡고 있었다. 이를테면 이 신전은 신상만 달랑 모시는 것이 아니라, 복합기능을 갖춘 '빌딩'이었던 것이다.

디오스쿠리 신전의 유적. 코린토스 양식의 기둥 3개만 남아 있다.

디오스쿠리 신전 모형.

또 성소(聖所)로 올라가는 계단은 시민들을 모아놓고 장외연설을 하는 곳으로도 사용되었다. 그런데 신전 계단이라고 해서 항상 거룩하고 엄숙한 행사만 있었던 것은 아니었던 것 같다. 이 신전이 세워졌던 공화정 초기에 귀족층과 평민층 간의 마찰을 예고했듯이, 이 계단은 공화정 말기에는 원로원파와 카이사르로 대표되는 민중파 간의 마찰로 기원전 59년에 일어난 '분뇨 투척 사건'의 현장이 되기도 했다. 이 사건은 디오스쿠리 신전 계단에서 원로원파의 집정관 비불루스가 동료 집정관인 율리우스 카이사르의 농지법에 반대하여 그의 연설을 막으려고 하자, 카이사르의 추종자들이 물통에 분뇨를 가득 담아 그에게 덮어씌우고 마구 구타한 사건이다.

벌거벗은 신전

기원후 1세기, 칼리굴라 황제는 디오스쿠리 신전을 자신이 사는 궁전의 입구로 만들어버렸다. 그러니까 신전 입구에 세워져 있던 디오스쿠리 석상이 칼리굴라 황제의 궁전을 지키는 보초처럼 되어버린 셈이다. 그 후 클라우디우스 황제 때 복구되어 원래 모습을 되찾고 장구한 세월 동안 우아하고 늠름한 모습으로 서 있었지만, 1500년대 르네상스의 바람이 한창 불 때 불과 한 달 만에 돌무더기로 변하고 말았다. 로마의 모습을 새로 단장할 건물들을 짓기 위해 '체계적'으로 뜯겨나갔던 것이다. 캄피돌리오 광장 한가운데에 서 있는 마르쿠스 아우렐리우스 황제 기마상 대리석 받침도 바로 이 신전에서 뜯어간 돌로 만든 것이다. 그리고 신전 입구 양쪽에 서 있던 디오스쿠리 석상은 캄피돌리오 언덕 입구로 옮겨져 마르쿠스 아우렐리우스 황제의 '보초 노릇'을 하고 있다. 디오스쿠리 신전은 현재 쓸 만한 돌은 거의 없고 벌거벗은 모습만 보여주고 있다.

로마 테르미니 역 앞에 남아 있는 세르비우스 성벽 유적. 한니발 장군은 이 성벽을 보고 로마 공략을 포기했다는 얘기가 전해진다.

세르비우스 성벽

**외적에게 모욕당한 후에
세운 도시성벽**

1950년대 초에 세워진 로마의 테르미니 역은 당시 유럽에서 가장 혁신적인 역으로, 수백 년이 넘는 건물이 즐비한 로마에서 아주 보기 드문 현대 건축물 가운데 하나로 손꼽힌다. 역 앞 광장 오른쪽에는 길이 약 100미터에 달하는 돌무더기가 늘어서 있는데, 이것이 바로 로마에서 가장 오래된 도시성벽의 일부분이다. 이 성벽은 로마의 6대 왕 세르비우스 툴리우스 왕의 이름을 따서 보통 '무라 세르비아네(Mura serviane)'라고 부르지만, 사실은 공화정 시대인 기원전 378년에 세워진 것이다.

테르미니 역의 정면부는 이 성벽의 유적을 보호하기라도 하듯 병풍처럼 좌우로 길게 펼쳐져 있다. 검누런 회색의 부드러운 투포(tufo)라는 돌을 쌓아서 세운 세르비우스 왕의 성벽이 주는 질감과 하얀 트라베르티노 돌로 치장된 테르미니 역의 표면이 주는 느낌은 2500년이라는 엄청난 시간 차이에도 불구하고 서로 묘한 조화를 이

로마 테르미니 역 지하상가에 보존된 세르비우스 성벽의 일부.

루며 공존하고 있다.

이 성벽은 실은 세르비우스 왕이 세운 성벽 터 위에 다시 세운 것으로, 총 길이는 원래 약 11킬로미터였고, 426헥타르에 해당하는 로마의 일곱 언덕 주변을 모두 둘러쌌다. 이는 로물루스가 확정한 포메리움보다 훨씬 더 넓은 영역이 로마 시에 편입되었다는 것을 의미한다. 이 성벽의 유적은 현재 로마 시내 군데군데 흩어져 있는데 그중 가장 잘 보존된 부분이 바로 테르미니 역 앞이다.

허약한 로마공화정

공화정이 시작된 이후 로마의 국력은 예전 같지 않았으며 귀족과 평민 사이의 갈등으로 국론은 분열될 대로 분열되어 있었다. 드디어 기원전 390년 7월 18일 로마에 엄청난 재앙이 찾아왔다. 로마가 건국된 지 공교롭게도 대략 365년이 되던 때로, 1년을 하루라 치면 '건국 1주년 기념일'이 되던 해였다.

켈트족은 지금의 프랑스 지역을 중심으로 유럽 중원 광대한 지역에 널리 퍼져 살고 있었는데, 거칠고 포악하면서도 용맹스러웠기 때문에 정규 훈련을 받은 이탈리아 반도의 군대들도 이들을 접하면 먼저 겁부터 먹을 정도였다. 그런데 켈트족의 여러 부족들 중 이탈리아 반도 북부에 살던 부족들이 파죽지세로 남하하여 에트루리아를 짓밟고 내려와 테베레 강 북쪽 지류를 수비하던 로마군을 궤멸시킨 후에 로마로 침입해왔던 것이다. 로마는 건국 이래 처음으로 외적이 심장부까지 침입해오는 변을 당한 셈이다.

당시 집이란 집은 모두 불타 없어졌고, 유일하게 캄피돌리오 언덕만큼은 이들의 손길이 미치지 않아서 유피테르 신전이 최후의 보루가 되었다. 하지만 일곱 달에 걸친 공방전 끝에 침략자들은 마침내 최후의 보루까지 쳐들어왔다. 적장 브렌누스가 원로원에 퇴각조건으로 막대한 양의 금을 요구하자 다급해진

로마 테르미니 역 앞의 세르비우스 성벽의 유적. 테르미니 역의 정면과 묘한 대조를 이룬다.

원로원은 시민들로부터 금을 모으기 시작했다. 원로원이 금을 구하러 간 사이, 평민들의 모함으로 망명 갔던 명장 푸리우스 카밀루스가 로마로 올라와 "나라를 구하는 것은 금이 아니라 철이다"라는 유명한 말을 남기고 침략자들을 격퇴했다고 하는데, 여기서 철(ferrum)은 칼을 뜻한다. 이 말은 '적에게 굴복할 것이 아니라 칼을 들고 싸워야 한다'라는 뜻이다. 그런데 이러한 무용담과는 달리, 침략자들은 상당한 전리품을 챙겨 떠났던 것으로 전해진다.

로마는 이들로부터 수모를 당한 후 완전히 파괴되었으며 나라를 방어할 군대도 없었고 로마 주변에 살던 라틴인들과의 동맹도 휴지조각이 되고 말았다. 하지만 로마는 현명한 정치와 애국심을 바탕으로 다시 일어서기 시작했다. 로마는 푸리우스 카밀루스에게 나라를 다시 세우고 군대를 양성하는 임무를 맡겼다. 그를 모함했던 사람들도 그를 제2의 로마 창건자로 불렀다. 외적이 휩쓸고 간 후 완전히 수렁에 빠진 에트루리아나 다른 라틴 동맹의 도시와는 달리,

아벤티노 언덕 주택가에 남아 있는 헐려나간 세르비우스 성벽 일부분.

로마는 그를 중심으로 재기하기 시작했다. 또한 로마 근교의 베이오를 정복한 후 그곳의 채석장에서 가져온 돌로 로마의 방어를 위해 포메리움을 둘러싸는 굳건한 성벽을 세웠다. 현재 테르미니 역 앞 광장에 있는 성벽 유적은 바로 그 당시의 일을 증언해주고 있다.

계획 없이 다시 세운 무질서한 도시

기원전 367년, 절정에 달하던 귀족과 평민 사이의 갈등도 파국 직전에 이르러 평화롭게 끝났다. 계급 간의 격차가 줄어 사회가 안정되어감에 따라 평민들도 국가의 요직을 맡을 수 있게 되어 로마는 모든 역량이 발휘될 수 있는 체제를 갖추어갔다. 그리고 주변의 도시들도 덕망 있는 푸리우스 카밀루스가 지휘하는 로마의 영향권 안으로 다시 들어왔다. 로마는 서서히 자신의 결점을 보완하고 개선하여, 결국에는 이탈리아 반도를 모두 평정하고 더 나아가서는 지중해 세계와 유럽의 상당 부분을 정복했다. 로마를 유린했던 켈트족의 본거지 갈리아 역시 로마의 정복지에 포함시켰다.

로마가 이렇게 정치 · 사회적으로 발전하고 국력도 강해졌지만, 로마라는 도시는 극히 무질서한 상태로 남아 있었다. 사실, 기원전 5세기에서 기원전 4세기 초까지 로마의 도시 짜임새가 어떠했는지는 거의 알 수 없다. 아마 기록할 가치가 없었을지도 모른다. 켈트족이 로마를 약탈했다는 것은 로마가 방어용 도시성벽조차 제대로 갖추고 있지 않았다는 뜻이다. 옛날 세르비우스 왕이 세운 기존의 성벽은 로마의 요충지만 방어하기 위해 세워졌기 때문에 로마 전체를 방어하기에는 역부족이었다. 캄피돌리오 언덕만이 유일한 피신처였고, 이 언덕만이 방어용 성벽을 제대로 갖추고 있었을 뿐이었다.

켈트족이 떠난 다음 로마는 마치 폐허가 된 트로이아처럼 완전히 잿더미로 변해 있었지만, 급속도로 복구되었다. 당시 로마의 인구는 15만에서 35만 명 정도로 추산되는데, 문제는 아무런 도시계획도 없이 너무 급속히 복구했다는 것이다. 당시에는 그저 1년 내에 어떤 건물을 짓는다 하면 어디서나 누구든지 세울 수 있었으며, 석재도 아무 데서나 채취할 수 있었으며, 국가는 누구에게나 건축재를 무상으로 제공했다. 도시계획을 전혀 염두에 두지 않았기 때문에 왕정 때 만들어진 하수도망이 있는 곳과 아무 상관도 없는 곳에 시가지가 조성되었는가 하면, 지형이나 교통을 전혀 고려하지 않고 도로가 아무렇게나 급조되었다. 이리하여 로마는 빠른 시일 안에 다시 일어서기는 했지만, 완전히 무질서한 도시가 되어버리고 말았다. 이런 혼란스런 로마의 모습은 200년 후 율리우스 카이사르가 도시계획법을 제정할 때까지 그대로 지속되었으며, 후세의 황제들이 해결해야 할 숙제로 남아 있었다. 이것은 애국심, 재건, 개발 등과 같은 구호 아래, 이성적인 판단보다는 혈기를 너무 앞세운 결과였던 것이다.

불필요한 성벽

그 후 로마는 세력을 확장하여 북쪽으로는 아르노 강과 루비콘 강까지, 남쪽으로는 이탈리아 반도 남부를 모두 정복했다. 그다음, 바다로 눈을 돌린 로마는 강적 카르타고를 맞아 지중해 패권을 두고 세 차례의 전쟁을 벌이는데, 이것이 포에니 전쟁이다. 새로 세운 성벽은 제2차 포에니 전쟁 기간 중인 기원전 217년, 한니발의 로마 공략에 대비하여 보강되었다. 성벽의 두께는 4~10미터이고 높이는 10미터에 다다랐으며, 성벽 밖의 해자(垓字, 성 밖으로 둘러서 판 못)는 폭 30~40미터, 깊이 17미터에 달했다. 카르타고를 출발하여 히스파니아(스페인)를 거쳐 알프스 산맥을 넘어 파죽지세로 남하하면서 로마를 떨게 하던 한니발 장군은 이 성벽을 보고는 로마 공략을 포기했다는 얘기도 전해진다.

성벽을 세웠다는 것은 외적의 침입이 예상되거나 아니면 침입을 받은 경험

퀴리날레 언덕 입구에 남아 있는 헐려나간 세르비우스 성벽의 파편.

이 있었다는 뜻이다. 로마제국 후기에 세운 아우렐리아누스 성벽은 전자에 해당하고, 세르비우스 성벽은 후자에 해당한다. 그러니까 소도둑 맞고 외양간 고친 격이라고 할 수 있겠다. 그런데 외양간을 나중에라도 고친 덕택에 한니발의 로마 침공을 막을 수 있었던 것이 아닐까?

세르비우스 성벽은 기능을 제대로 발휘할 기회가 없었다. 그것은 로마의 국력이 워낙 강해졌기 때문에 외적의 침입을 걱정할 이유가 없었기 때문이다. 이 성벽은 로마의 행정구역 경계선 정도로만 사용되었는데, 율리우스 카이사르는 도시계획을 하면서 이 성벽을 아예 헐어내기까지 했다. 로마 시민들은 오랜 세월 동안 성벽이란 것이 어디에 필요한 것인지 전혀 모르고 살았던 것이다.

직선으로 뻗은 비아 아피아. 도로변에 세운 거대한 묘소들의 폐허가 보인다.

비아 아피아

로마인의 대망을 엿보게 하는 최초의 '고속도로'

로마가 이탈리아 중부 지역을 석권한 다음 그 세력을 남쪽으로 뻗쳐서 이탈리아 반도 남단의 그리스 식민지 타란토를 공략하려 하자, 타란토는 바다 건너 에피루스의 피로스 왕에게 도움을 요청했다. 이탈리아로 건너온 피로스 왕은 코끼리 부대로 로마군을 두 번이나 격멸했다. 그러나 승자인 피로스 왕도 피해가 막심했기 때문에, 기원전 280년경 로마에 화평을 제의하러 사신 키네아스를 보냈다. 로마 원로원에서 그가 능란한 화술로 입을 열자, 원로의원들은 쥐 죽은 듯 모두 입만 다물고 앉아 있었다. 그때 한쪽에 앉아 있던 한 노인이 자리에서 벌떡 일어나, "뭐, 화평이라고? 피로스가 이탈리아 땅을 밟고 있는 한 로마는 그와 어떠한 협상도, 어떠한 화평도 있을 수 없다!"라고 단호하게 잘라 말했다. 이 노인은 앞을 못 보는 장님이었다. 키네아스는 이 노인의 논리 정연한 언변과 일전도 불사하겠다는 강경한 태도에 오히려 기가 죽어, 피로스 왕에게 돌아가 이탈리아로부터 물러나는 것이 좋겠다고 설득했다고 한다. 이 노인의 이름이 아피우스 클라우디우스인데, 그가 바로 세계 최초의 '고속도로'를 건설한 장본인이다.

로마로 통하는 모든 길

로마는 에트루리아인, 라틴인, 사비니인들이 서로 교류하기에 매우 좋은 테베레 강의 하류에 자리 잡고 있어서, 남쪽과 북쪽지방을 연결할 뿐 아니라 내륙지방과 바다를 연결하는 데 매우 좋은 지점에 위치했기 때문에, 로마를 중심으로 동서남북으로 길이 만들어지기 시작했다. 길의 이름은 기능이나 목적지를 따랐는데, 가령 비아 살라리아(Via Salaria)는 소금을 내륙으로 나르는 길, 비아 티부르티나(Via Tiburtuna)는 티부르(현재의 티볼리)를 연결하는 길, 비아 오스티엔세(Via Ostiense)는 테베레 강 하구의 오스티아 항을 연결하는 길이라는 뜻으로 이름 붙여졌다.

로마는 기원전 4세기부터 새로운 땅을 정복하고 식민지를 건설하면서 새로운 도로망을 건설했는데, 이 도로망은 무엇보다도 먼저 군사용으로 최상의 기능을 발휘했으며, 그다음에는 새로운 정복지를 로마화하는 데 효율적으로 사용되었다. 즉 도로가 단순히 한 가지 기능으로만이 아니라 군사적, 정략적, 행정적 필요에 의해 세워졌던 것이다. 그리고 이때부터 길을 세운 사람의 이름을 따서 도로의 이름을 부르게 되었다.

고대 로마는 관리, 외교관, 군대 등 많은 인원과 물자를 먼 지방까지 더욱더 효율적으로 수송하기 위하여 포장도로를 건설했다. 이 도로들은 가능한 한 곡선을 피하고 직선으로 했고, 계곡이 있으면 높은 돌다리를 세웠고, 바위가 있으면 깎았으며, 산이 있으면 뚫었다. 이와 같이 로마를 기점으로 포장도로들이 방사형으로 뻗어나가기 시작해, 로마제국 시대에는 유럽, 아시아, 아프리카에 걸쳐 엄청난 도로망이 형성되었다. 그래서 "모든 길은 로마로 통한다"라는 말도 나온 것이다.

사실, 고대 로마인들이 후세에 남긴 것 가운데 아마 도로만큼 상징적이며 웅변적인 것은 없다. 또 도로만큼 그들의 대망을 엿보게 하는 것도 없다. 인간의 역사를 뒤돌아볼 때, 고대 로마처럼 국가조직이 뛰어나게 잘된 나라도 있었고 군사력이 강한 나라도 있었으며 훌륭한 건축과 예술을 남긴 나라도 있었지만, 로마처럼 10만 킬로미터가 넘는 엄청난 도로망을 구축한 나라가 지구상에 있었을까? 아니, 그럴 생각을 조금이라도 해본 나라가 있었을까? 고대 페르시아와 중국에서도 비슷한 예를 볼 수 있었지만 로마와는 양적으로나 질적으로나 비교가 되지 않았다.

최초의 포장도로

로마로 통하는 길 가운데 가장 오래된 포장도로는 남동쪽으로 통하는 비아 아피아(Via Appia)이다. 이 도로는 원래 로마와 나폴리 부근의 도시 카푸아를 연결하기 위하여 기원전 312년에 아피우스 클라우디우스가 착공한 것으로, 도로를 만든 사람의 이름에서 땄다.

아피우스 클라우디우스는 도로를 건설하면서 로마 남쪽에 있는 알바 산 부근의 습지에 배수시설을 하고, 산과 바위를 깎아냈으며, 알바 산을 지난 다음에는 테라치나까지 90킬로미터의 거리를 거의 일직선으로 그있다. 로마는 비아 아피아를 건설함으로써 테라치나 앞바다를 확보할 수 있어서 경제적으로 매우 유익했으며, 삼니움 전쟁 중에는 군대를 신속히 카푸아로 파견할 수 있어서 군사적으로 아주 쓸모가 있었다.

그 후 로마는 영토를 이탈리아 반도의 남쪽으로 확장하면서 이 가도를 더욱더 연장하게 되는데, 기원전 268년 피로스 왕의 군대를 격파한 뒤 베네벤토에 식민지를 건설하면서 이곳까지 연장했으며, 기원전 2세기 초에는 남부의 베노자와 타란토까지, 그리고 마침내는 이탈리아 반도 남동쪽의 항구도시 브린디지까지 연결했다. 그리하여 비아 아피아는 명실공히 로마의 대동맥이 되어 레기나 비아룸(Regina Viarum), 즉 '길의 여왕'이라는 별명도 붙여지게 되었다.

서기 2세기 초반, 트라야누스 황제는 베네벤토에서 타란토를 거치지 않고 직접 브린디지로 연결하는 길 비아 아피아 트라야나(Via Appia Traiana)를 건설하여 로마에서 브린디지까지 장장 540킬로미터의 도로를 마차로 열흘 정도면 끝까지 달릴 수 있게 했다. 브린디지는 당시 가장 부유한 지역인 그리스와 중동지방과 연결되는 항구였다.

후세에 세워질 도로의 전형

비아 아피아는 후세에 세워질 도로의 전형이 되었다. 도로의 폭은 마차가 양쪽 방향으로 지나갈 수 있도록 4.1미터로 했고, 도로 양쪽 인도의 폭은 차도보다 더 넓게 만들었다. 그것은 당시 걸어서 여행하는 사람들이 마차로 여행하는 사람들보다 훨씬 더 많았기 때문이다. 또 도로의 경관을 좋게 하기 위하여 도로 양변에 가로수를 심었고, 도로 가운데 부분을 약간 불룩하게 하여 비가 오면 물이 도로 양쪽에 만든 배수구로 빠져나가게 했다. 거의 2300년이 지난 20세기 중반에 와서야 고대 로마인들이 세운 도로와 비슷한 개념의 도로가 지구상에 건설되는데, 이것이 바로 오늘날 우리가 말하는 고속도로이다.

비아 아피아의 첫 번째 마일스톤. 그 자리에 건물이 들어서 있다.

한편 도로에는 1마일(로마식)마다 트라베르티노 돌로 만든 원기둥을 세워, 여행객이 로마의 중심에서 얼마나 떨어진 곳에 위치해 있는지 알 수 있게 했다. 이러한 돌기둥을 고대 로마인들은 밀리아리움(miliarium)이라 불렀는데, 영어에서는 이것을 마일스톤(milestone)이라고 한다.

또 도로를 만들 때 땅 위에다 단순히 돌만 깐 것은 아니다. 도로의 기초는 크기와 강도가 다른 네 개의 층으로 된 돌들이 깔려 있어서 도로의 표면을 고르게 유지할 수 있었을 뿐 아니라 사용하면 할수록 도로가 더 굳건해졌다. 몇 백 년, 몇 천 년 사용할 것을 염두에 두지 않았더라면, 그렇게 튼튼하게 도로를 닦을 필요가 없었을 것이다.

비아 아피아가 세워진 지 900년 후에 비잔틴의 역사가 프로코피우스는 『고딕 전쟁사』에서 비아 아피아를 보고 다음과 같이 서술하고 있다.

"이 도로는 마차 두 대가 양쪽 방향으로 서로 지나갈 수 있을 정도로 넓다. 도로는 매우 단단한 돌덩어리들을 끼워 맞춰 포장되어 있는데, 이 돌들은 그 주변에서 전혀 찾아볼 수 없다. 이 돌들은 아피우스 클라우디우스가 공사 현장에서 아주 멀리 떨어져 있는 곳에서 잘라 가지고 오게 한 것이다.

잘려진 돌은 잘 갈고 다듬어 표면을 평평하게 했으며, 석회나 다른 접착 재료가 필요 없을 정도로 돌과 돌 사이에 틈이 생기지 않게 서로 잘 맞물리도록 했다. 돌들은 서로 잘 깔려 있어서, 돌 조각조각들을 끼워 맞춰 포장한 것이 아니라 도로 전체가 하나의 균일한 재료로 덮어놓은 것 같다. 그 동안 많은 세월이 흘렀고, 또 수많은 마차들이 매일 그 위를 지나갔지만, 돌과 돌 사이의 틈은 조금도 벌어지지 않았으며, 도로 포장의 고른 표면도 전혀 변함이 없다."

아스팔트를 깔아 지금도 국도로 사용되고 있는 비아 아피아.

철의 정치가 아피우스 클라우디우스

비아 아피아에 대해 자부심을 느끼던 아피우스 클라우디우스는 죽은 후에 그의 소원대로 이 길 옆에 묻혔다. 그 이후부터는 귀족들과 저명한 인사들의 묘소들도 비아 아피아가 시작되는 도로변에 세워지는 전통이 생겨나게 되었다. 그다음에는 고급 별장들이 들어섰는데, 로마에서 이 길을 따라 2킬로미터까지는 '묘소의 길'이라고 할 정도로, 지체 높은 가문의 화려한 묘소와 별장이 길 양변에 들어서 있었다. 지금도 로마의 부유한 사람들은 이 길 주변에 저택을 갖고 있다.

아피우스 클라우디우스는 로마의 명문 귀족 클라우스 가문 출신으로 '철(鐵)의 정치가'로 기억되고 있다. 그는 늙어서 앞을 보지 못했기 때문에 맹인이란 뜻의 '카이쿠스'라는 별명을 붙여서, 보통 아피우스 클라우디우스 카이쿠스(Appius Claudius Caecus)라고 부른다.

그는 기원전 312년(또는 310년)에 18개월 동안 켄소르(censor)로 집권했는데, 이것은 집정관을 지낸 경력이 있어야만 할 수 있는 직위로 '재무관'쯤으로 번역된다. 켄소르는 공익사업을 위해 국고의 일부를 사용할 수 있는 권한이 있었으므로 아피우스 클라우디우스는 수로 건설과 '고속도로' 건설이라는 두 가지의 웅대한 공공사업을 추진했다. 그러나 이에 반대하는 무리들도 만만치 않았다. 당시의 반대파들은 그의 계획을 두고, 엄청난 비용을 들이면서 별로 쓸모없는 것을 만든다고 비난했지만 아피우스 클라우디우스는 군사 및 행정의 효율성을 높이는 인프라의 필요성을 인식하고 있었을 뿐 아니라, 대규모 공사를 벌임으로써 수많은 사람들에게 고정된 일자리를 제공해주는 경제적인 측면도 계산하고 있었다.

어쨌든 아피우스 클라우디우스는 로마의 국력이 커져 가는 시기에 로마가

로마인의 대망을 엿보게 하는 비아 아피아. 군데군데 옛 도로 포장의 흔적이 보인다.

필요로 했던 위인이었음에 틀림없다. 오늘날까지 전해오는 대리석판에 새겨진 비문은 다음과 같이 쓰여 있다.

"아피우스 클라우디우스, 재무관, 집정관 두 번(기원전 307년과 기원전 296년), 독재관 역임, 삼니움의 요새를 많이 점령함, 사비니군과 에트루리아군을 패주시킴."

또 후세의 키케로와 카토는 아피우스 클라우디우스를 저술가이자 웅변가일 뿐 아니라 법률가이며, 최고의 도덕과 역량을 갖춘 인물이자 알파벳과 라틴어 발음을 정리하고 개혁한 문법학자로 기록하고 있다. 아피우스 클라우디우스는 말년에 눈이 멀어 앞을 못 보게 되었음에도 불구하고 앞을 보는 정상인보다 더 넓고 먼 세계를 볼 수 있었던 인물이었다.

로마 중심가를 관통하는 동맥 비아 델 코르소. 비아 플라미니아의 첫 구간에 해당한다.

비아 플라미니아

로마 중심가를 관통하는 '로마로 통하는 길'

비아 델 코르소(Via del Corso)는 로마 중심가를 남북으로 가로지르는 동맥과 같은 거리로 관청과 상가들이 주변에 밀집해 있다. 좀 더 정확히 말하자면 이 거리는 남쪽의 베네치아 광장과 북쪽의 포폴로 광장을 연결하는 1.6킬로미터 정도의 길인데, '로마로 통하는 모든 길' 중의 하나였던 비아 플라미니아(Via Flaminia)의 첫 구간에 해당한다. '비아 플라미니아'라는 이름에서 '플라미니아(Flaminia)'는 '플라미니우스(Flaminius)의'라는 뜻이다.

즉, 이 도로는 가이우스 플라미니우스(Gaius Flaminius)가 재무관을 역임하던 기원전 220년에 건설한 도로인데, 이 도로는 고대 로마의 중심인 포룸 로마눔에서 시작하여 캄피돌리오 언덕 동쪽을 돌아 북쪽으로 폰테 밀비오(밀비오 다리)까지 직선으로 뻗었다가 테베레 강 상류의 골짜기를 따라 아펜니노 산맥을 넘어 동부 해안도시 리미니까지 장장 329킬로미터의 거리를 연결했다. 당시 리미니는 로마가 북부로 진출하기 위한 전초기지였다. 한편 비아 플라미니아는 아스팔트를 깔아 지금도 상당수 국도로 사용되고 있다.

비아 플라미니아 하면 한니발 전쟁을 떠올리지 않을 수 없다. 이 도로를 세운 가이우스 플라미니우스는 기원전 217년에 집정관으로 다시 선출되었는데, 그때 한니발 군대는 히스파니아(스페인)에서 로마군의 눈을 피해 피레네 산맥을

리미니 시내로 향하는 비아 플라미니아의 끝 부분. 아스팔트를 깔아 지금도 사용하고 있다.

넘고 남부 프랑스를 우회한 다음 알프스 산맥을 넘어 이탈리아 본토를 침공하고는 파죽지세로 남쪽으로 진군하고 있었다. 플라미니우스는 그를 직접 상대하기 위해 군대를 이끌고 출정했지만 안개가 짙게 낀 날 페루지아 근교 트라지메노 호숫가 숲에서 매복하고 있던 적의 기습공격을 받아 수많은 부하들과 함께 장렬한 최후를 마치고 말았다. 한니발은 플라미니우스가 세웠던 비아 플라미니아를 따라 남진하면 불과 3~4일 정도면 로마에 도착할 수 있었다. 그렇게 되면 로마는 지구상에서 완전히 없어질 수도 있는 위기에 빠지게 되는 것이었다. 그런데 이변이 생겼다. 한니발은 곧장 남하하여 풍전등화 같던 로마를 공략할 것이라는 예상을 완전히 뒤엎고 진로를 동쪽으로 돌려 남부 이탈리아로 향했고 그곳에 거점을 잡았던 것이다. 최후의 목표 로마를 당분간 남겨두고 그는 계속 로마군에게 엄청난 패배를 안겨주면서 승승장구했다. 하지만 그는 다시 진용을 갖춘 로마 앞에 결국에는 무릎을 꿇어야만 했다.

오늘날 육로로 로마에 오는 사람들의 대부분은 테르미니 역에서 내려 퀴리

비아 델 코르소에서 열리는 오늘날의 로마의 카니발 행사.

날레 언덕과 비미날레 언덕이 마주치는 골을 따라 서쪽으로 뻗어 있는 비아 나찌오날레(Via Nazionale) 거리를 지나 베네치아 광장으로 들어서게 된다. 그렇지만 로마에 철도가 놓이기 전까지만 하더라도 북쪽으로부터 로마에 들어올 때는 비아 플라미니아를 따라 포폴로 광장에 먼저 들어왔다가 멀리 캄피돌리오 언덕을 보면서 마치 순례자와 같은 모습으로 비아 델 코르소를 밟았었다.

로마의 도심을 지나는 비아 플라미니아 구간은 중세에 비아 라타(Via Lata)라고 불렸다가 1466년 교황 파울루스 2세가 로마 카니발 행사의 하나로 이 거리에서 야생말 경주를 하도록 한 이래로 '경주(競走)의 거리'라는 뜻의 비아 델 코르소(Via del Corso)로 바뀌었다. 한편 야생말 경주는 당시 로마의 북쪽 관문이던 포폴로 광장에서 출발하여 비아 델 코르소를 달려 캄피돌리오 언덕 아래의 베네치아 광장까지 달리는 것이었는데, 로마의 카니발 행사 중에서 가장 많은 인기를 끌었다.

포룸 보아리움에 세워진 헤라클레스 신전.

포룸 보아리움

좋은 길목에 자리 잡은 '국제물류센터'

로마가 건국된 팔라티노 언덕은 정상부에 널찍하고 평탄한 땅이 있는데다가 평지에서 언덕으로 올라가기도 매우 좋고 양치기에도 알맞았으며, 또 언덕 위에서 바로 아래에 테베레 강이 내려다보이기 때문에 주변 지역을 감시하기에도 매우 좋았다. 그리고 이곳은 내륙과 바다를 연결하는 강가에 자리 잡고 있다. 특히 테베레 강의 섬 이졸라 티베리나(Isola Tiberina)는 하얀 모래밭이어서 강을 건너는 데 다리와 같은 역할을 했을 뿐만 아니라, 테베레 강을 따라 이탈리아 반도의 중부 내륙지방으로 들어가 물건을 사고파는 배들이 한번쯤 쉬어가던 곳이었다. 따라서 로마가 세워진 곳은 이미 교차로로서 지리적인 장점을 갖추고 있었던 것이다.

교차로는 사람들이 가는 길을 멈추고 쉬는 곳이며, 다른 여행자들을 만날 수 있는 곳이며, 또 물건과 정보를 서로 교환하는 곳이다. 이곳에는 시장이 자연스럽게 형성된다. 그런데 시장이 강의 서쪽이 아닌 동쪽 강변에 형성된 이유는 무엇보다도 방어 때문이었다. 강의 서쪽 지역은 너무 열려 있어서 방어하기가 힘든 반면, 동쪽 지역은 캄피돌리오 언덕, 팔라티노 언덕, 아벤티노 언덕 등이 둘러싸고 있어서 유사시에 언덕 위로 대피하여 방어하기에도 좋았다. 더구나 팔라티노 언덕의 북쪽에 붙어 있는 캄피돌리오 언덕은 이 지역을 바로 내려다보

테베레 강으로 연결된 하수도 클로아카 막시마.

며 감시하기에 알맞았다.

테베레 강의 섬 이졸라 티베리나의 동안(東岸)과 캄피돌리오, 팔라티노, 아벤티노 언덕으로 둘러싸인 강변 지역을 고대 로마인들은 포룸 보아리움(Forum Boarium)이라고 불렀다. 문자대로 해석하면 '소 시장'인데, 이 지역은 로마가 도시로서의 골격이 갖추어지기 이전부터 이미 이 주변에 살고 있었던 라틴인, 사비니인, 에트루리아인들이 교역하던 곳이었다. 로물루스는 바로 이 지역을 관할하는 곳에 나라를 세웠으니까 길목 좋은 곳에 자리를 잡은 셈이다. 그 후 로마가 주변의 땅을 정복하고 발전하면서 테베레 강 하구의 항구 오스티아(Ostia)에서 배로 운반되는 곡물, 올리브기름, 포도주 따위를 싣고 나르는 선착장이 생겼다. 또 포룸 보아리움 지역은 왕정 시대에 만든 하수도 클로아카 막시마가 테베레 강으로 흘러 들어가던 곳이기도 했다.

헤라클레스와 소도둑

포룸 보아리움 지역이 이미 오래 전부터 시장이나 교역장으로 사용되고 있었다는 사실은 신화를 통해서도 알 수 있다. 옛날 옛적에, 이곳에서 헤라클레스는 소를 도둑맞았다고 한다. 소를 훔쳐간 도둑은 카쿠스(Cacus)라는 아주 교활한 목동인데(다른 전설에 의하면 카쿠스는 불을 뿜는 괴물이다), 헤라클레스가 잠든 사이 소의 꼬리를 잡고 자기 동굴 안으로 끌고 갔다. 소가 뒷걸음을 쳤으니 소의 발자국만 보고는 행방을 알 수 없을 거라고 생각했던 것이다. 그렇지만 헤라클레스는 그의 잔꾀를 알아채고 그를 잡아 처단했다고 한다. 소를 도둑맞은 곳에 헤라클레스는 자신을 위하여 아라 막시마(Ara Maxima, 최고의 제단)를 세웠는데 이 제단은 로물루스가 팔라티노 언덕을 중심으로 그 주변에 성곽을 쌓기 전에 이미 세워져 있었다.

사실 헤라클레스와 카쿠스의 이야기는 스페인이나 시칠리아와 같은 다른 지중해 연안지방에도 알려져 있었다. 이미 까마득한 옛날부터 페니키아와 그리스의 상인들에 의해 전해 내려온 것으로, 그들은 배에 물건을 싣고 테베레 강을 타고 로마에 들어와 교역을 하면서 이 신화도 넘겨주었던 것이다. 이런 식으로 전해진 전설은 각 지방에 맞게 조금씩 각색되었다.

테베레 강의 수로 교통이 더욱 원활해지자, 포룸 보아리움에 커다란 생필품 비축 창고가 생겨났다. 그리하여 이 지역은 이미 로마 건국 초기부터 모든 길

제정 시대 말기의 포룸 보아리움과 그 주변: 1. 헤라클레스 제단, 2. 포르투누스 신전, 3. 헤라클레스 신전, 4. 클로아카 막시마, 5. 아이밀리우스 다리, 6. 이졸라 티베리나(테베레 강의 섬), 7. 키르쿠스 막시무스(대경기장).

이 떠나고 모이는 '국제물류센터'가 되었다. 로마는 상인들에게 보호세를 명목으로 헤라클레스 제단에 헌금하게 하여 짭짤한 수입을 올렸고 상인들은 보호세 덕택에 물건을 도둑맞지 않고 안전하게 보관할 수 있었다. 이리하여 포룸 보아리움은 크게 발전할 수 있었고 신생 로마가 경제적으로 발전할 수 있는 커다란 원동력이 되었다. 한편 로마가 확장되면서 기존의 포룸 보아리움으로는 부족하여 기원전 2세기에 포룸 보아리움 남쪽 아벤티노 언덕 아래의 테베레 강변에 새로운 선착장과 거대한 물류센터인 엠포리움이 세워졌는데, 로마제국이 멸망할 때까지 그 기능을 발휘했다.

진실의 입. 하수구 맨홀 뚜껑이었다는 설이 있으나 확실한 것은 아니다.

로마를 찾는 관광객들이 이 지역에서 즐겨 찾는 것은 영화 〈로마의 휴일〉을 통해서 잘 알려진 '진실의 입'이라고 하는 강의 신 플루비우스의 얼굴 모습을 한 둥근 대리석판이다. '진실의 입'은 거짓말하는 사람이 그곳에 손을 넣으면 그 손을 삼켜버렸다는 전설이 있다. 이 '진실의 입'이 있는 산타 마리아 인 코스메딘 성당은 바로 헤라클레스의 제단이 있던 자리에 세워진 것이다.

길목 좋은 곳에 세워진 그리스식 신전

포룸 보아리움에는 현재 보존 상태가 매우 양호한 그리스식 신전이 두 개 남아 있다. 북쪽의 신전은 포룸 보아리움 지역이 선착장을 갖추게 되자 기원전 6세기에 항구의 신 포르투누스에게 바치기 위해 세워졌던 것으로 전해진다. 현재 우리가 보는 이 신전은 기원전 2세기 후반에 복원된 것으로 이오니아식 기둥이 매우 인상적이다.

일반적으로 고대 건축에서 건축의 분위기는 기둥의 양식과 기둥 간격에 의해 크게 좌우된다. 고대 건축에서 기둥 중심축 간의 간격은 아무렇게나 적당히 정한 것이 아니고, 기둥 지름의 1.5배, 2배, 2.25배, 3배, 3.5배로 표준화되어 있다. 이 신전의 기둥 간격을 보면 기둥과 기둥 사이에 두 개의 기둥이 꼭 끼어

진실의 입이 있는 산타 마리아 인 코스메딘 성당. 이곳에는 원래 헤라클레스의 제단이 있었다.

들 수 있다. 즉, 기둥 중심축 사이의 간격은 기둥 지름의 세 배가 되는 셈이다. 이러한 비율로 배치된 열주(列柱)를 '디아스틸루스'라고 하는데, 기둥 간격이 다소 떨어져 있어 어떻게 보면 느긋한 느낌을 주기도 한다.

포르투누스 신전 바로 남쪽에 있는 원통형 신전은 로마에 현존하는 대리석 건축물로서는 가장 오래된 것이다. 이 신전은 포룸 로마눔 안에 있는 베스타 신전과 모양이 매우 비슷해서 르네상스 시대 이후로 보통 베스타 신전이라고 불렸지만, 사실 베스타 여신과는 전혀 상관이 없는 헤라클레스 신전이다. 이 신전은 기원전 179년에서 142년 사이에 세워진 것으로 추정된다. 카르타고를 제압하고 나서 그리스와 시리아의 일부를 손아귀에 넣은 로마가 지중해의 패권국가가 되었을 때이다.

이 신전은 올리브기름 무역으로 거부가 된 헤렌누스라는 로마의 상인이 기

포르투누스 신전(오른쪽)과 헤라클레스 신전(왼쪽).

부하여 세운 것으로 알려져 있다. 헤라클레스는 이탈리아 무역업자들의 수호신이기 때문에 헤라클레스 경배는 상인들 사이에 널리 퍼져 있었을 뿐더러, 헤라클레스는 올리브기름 제조업자조합의 수호신이기도 했다. 따라서 테베레강 선착장 가까이에 헤라클레스 신전이 있는 것은 그리 새삼스런 일은 아니다. 그 당시 그리스의 델로스에서는 하루에 노예 1만 명이 매매될 정도로 노예매매가 성행하고 있었는데, 노예무역으로 크게 돈을 벌던 로마 및 이탈리아 반도 출신 상인들은 델로스에 '이탈리아인의 아고라'를 세웠다. 올리브기름 무역을 통해 번 돈으로 로마에 대리석 신전 하나쯤 세우는 일은 그리 어렵지 않았을 것이다. 이처럼 이 신전은 당시 지중해를 누비던 로마 상인들의 막강한 경제력을 말해준다.

이 신전을 두르고 있는 20개의 화려한 코린토스 양식의 원기둥을 한번 살펴보자. 기원전 1세기 초반에 『건축론』이라는 방대한 저서를 쓴 비트루비우스는 기둥의 양식을 인격화하여 보았다. 즉, 도리스 양식은 균형 잡힌 남성의 신체에서 느껴지는 비례와 힘과 고상함으로 보았고, 이오니아 양식은 여성적인 가냘픔으로 보았으며, 코린토스 양식은 연약한 소녀의 섬세함으로 보았다. 그의 눈을 빌면, 이 신전은 옆에 있는 이오니아 양식의 포르투누스 신전에 비해 훨씬 더 여성적이고 섬세해 보여 힘센 '헤라클레스'라는 이름과는 정반대의 느낌을 던져준다. 만약 도리스 양식이나 이오니아 양식으로 이루어졌다면 이 신전이 주는 인상은 완전히 달라졌을 것이다.

이 두 신전의 규모는 작다. 규모가 작으니 내부 공간도 상대적으로 작다. 내부 공간이 작다는 것은 많은 사람들을 수용하기 위한 건축이 아니라는 뜻이다. 조각과 건축을 비교해볼 때, 일반적으로 조각은 그 주변을 돌아보면서 감상할 수 있는 형상으로 이루어지는데 반해, 건축은 외부뿐 아니라 내부에 사람이 들어가서 느낄 수 있는 공간으로 이루어져 있다. 많은 사람들을 수용하기 위해 드넓은 내부 공간을 갖춘 판테온과 같은 로마의 신전 건축과 비교하면, 이러한 그리스 신전 건축은 내부 공간을 느끼게 하기보다는 밖에서 보고 느끼게 하는 면이 강하다. 즉 건축적인 성격보다 조각적인 성격이 오히려 강하다고 할 수 있겠다.

브라만테가 세운 작은 신전 템피엣토(Tempietto).

참고로, 로마에 르네상스의 바람이 불던 1502년 건축가 브라만테는 헤라클레스 신전에서 영감을 얻어 베드로가 순교한 곳으로 추정되는 자니콜로 언덕 기슭 위에 작은 신전 템피엣토(Tempietto)를 세웠는데, 그는 화려한 코린토스 양식이 아닌 장식이 없는 도리스 양식의 기둥을 사용했다. 아마 베드로의 강인했던 성격과 세상 물욕과 등진 그의 삶을 건축으로 상징하고 싶었던 것이 아니었을까?

타불라리움의 아치. 후에 아치가 있는 공공건물의 전형이 된다.

타불라리움

캄피돌리오 언덕 중턱에 세운
관공서 건물의 전형

로마는 카르타고를 비롯한 여러 나라들을 차례차례 정복하여 지중해의 최강자가 되었으나 대내적으로는 기득권층과 무산계급 간의 사회적인 갈등이 날이 갈수록 심화되고 있었다. 로마는 마리우스가 이끄는 포폴라레스(Populares, 민중파)와 루키우스 코르넬리우스 술라가 이끄는 옵티마테스(Optimates, 원로원 주도파) 간의 대립으로 인하여 피비린내 나는 내란의 소용돌이에 휩싸이게 되었는데, 이 혼란기를 평정하고 주도권을 잡은 술라는 종신독재관이 되어 반대파에 대해 무자비한 피의 복수극을 사행했다. 그는 기원전 80년 말, 종신독재관 자리에서 스스로 물러나 바다가 보이는 나폴리 근교 쿠마에서 은둔생활을 하다가 기원전 78년 세상을 떠났다. 그해 레피두스와 함께 집정관으로 선출된 카툴루스는 포룸 로마눔이 아래로 보이는 캄피돌리오 언덕 중턱에 '타불라리움'이라고 하는 거대한 공공건물을 완공했다. 국가의 행정 및 사법 공문서, 국제 협약 등을 새겨 넣은 청동판을 타불라이(tabulae)라고 했는데, '타불라리움'이란 이러한 타불라이를 보관하는 곳이었다.

타불라리움은 지금까지 조금이라도 흔적을 볼 수 있는 몇 개 되지 않는 공화정 시대의 건축물 중의 하나이다. 이 건물이 세워진 연유에 관해서는 전해지는 자료가 거의 없지만, 돌에 새겨진 문구에 의하면 이 건물을 세운 건축가의

포룸 로마눔의 북쪽 배경을 이루는 타불라리움(좌). 포룸 타불라리움의 통로. 후세에 세워질 콜로세움의 통로는 이와 흡사하다(우).

이름은 루키우스 코르넬리우스라고 하는데, 그의 개인 이름과 성은 술라의 이름을 그대로 따르고 있다. 술라는 반대파 소탕전에 이용하기 위해 수많은 노예를 해방시키고 자신의 씨족 이름 코르넬리우스를 붙여주었다. 타불라리움의 건축가는 술라의 행동대원이었는지 모르지만, 이러한 건축물을 설계할 수 있었던 것을 보면 그리스 출신의 해방노예가 아니었을까 싶다.

중세에 타불라리움의 유적 위에 콘세르바토리 궁이 세워지면서, 현재는 타불라리움 2층의 아치 3개와 아래층 벽체만 눈에 띈다. 타불라리움의 아치 모양을 보면 도리스 양식의 기둥과 아치가 틀을 이루며 좌우로 반복되고 내부의 통로는 천장이 둥근 볼트 구조로 되어 있는데, 이러한 양식은 후에 세워질 마르켈루스 극장이나 콜로세움의 외벽 구성과 내부통로에 크게 영향을 끼치게 되었으며 후세에 세워질 서양 공공건물의 전형이 되었다.

포룸 로마눔의 북쪽 배경을 이루는 타불라리움.

타불라리움은 로마의 심장부 포룸 로마눔에서 우러러보는 위치에 세워져 있다. 술라는 로마뿐 아니라 프라이네스테(현재의 팔레스트리나), 티부르(현재의 티볼리), 테라치나 등지에도 거대한 신전을 세웠는데 그가 세운 건축물에서는 모두 헬레니즘의 영향이 물씬 느껴진다. 술라는 그리스에서 미트리다테스 6세의 난을 평정하면서 여러 헬레네즘 국가에 세워진 웅대한 건축물을 보고 나서 그와 비슷한 기념비적인 건축물을 세웠던 것 같다. 이 건물들은 한결같이 경관이 좋은 높은 곳에 세워져 있다. 다시 말해 아래에서 우러러보는 위치에 있다. 이것은 서슬이 퍼런 독재자 술라가 공화정 체제하에서는 누구도 왕이 될 수 없다는 현실을 직시하여 자신의 힘을 건축을 통해 간접적으로나마 과시하고 싶었기 때문이 아니었을까?

마메르티눔과 그 위에 세워진 목수들의 성 요셉 성당.

마메르티눔

로마 심장부의 악명 높은 인간 도살장

2000년 이상 된 유적들이 즐비한 포룸 로마눔과 경계를 이루는 북동쪽 담 너머에 '목수들의 성 요셉(San Giuseppe dei Falegnami)'이라는 조그만 16세기 성당이 있다. '성 요셉'은 예수 그리스도의 육신의 아버지를 일컫는데, 요셉은 단순한 목수가 아니라 요즘으로 말하면 갈릴리 지역에서 목재소를 운영하던 중소기업 사장쯤 되었던 것으로 밝혀지고 있다. 그리고 성당 이름에 '목수들의'라는 표현이 있으니 로마의 목수들과 무슨 관계가 있었음을 알 수 있다. 이 성당은 도로면에서 한 층 위에 있는 테라스를 통해서 들어갈 수 있는데, 테라스의 난간에는 성당 이름보다 더 큰 글씨로 "MAMERTINUM(마메르티눔)"이라고 쓰여 있다. 그리고 그 위에는 작은 글씨로 "PRIGIONE DEI SS. APOSTOLI PIETRO E PAOLO(사도 성 베드로와 성 바울의 감옥)"라고 이탈리아어로 쓰여 있다. 그리고 난간 한가운데에는 철창에 갇혀 있는 베드로와 바울의 모습이 부조로 새겨져 있다.

철창에 갇혀 있는 베드로와 바울의 모습.

고대 로마인들은 '마메르티눔'이란 이름만 들어도 등골이 오싹해졌다. 마메르티눔은 로마 시내에 있던 유일한 감옥으로 그 흔적은 이 성당 바로 아래에 있지만 원래의 일부분에 지나지 않는다. 이 감옥은 로마에서 정치범들이나 로마 시민권이 없는 외국의 죄수들 또는 포로들이 처형되던 곳이었다. 감옥의 정면 입구는 당시 환전상들이 있던 거리로 향해 있었으니, 요즘으로 치면 은행가에 감옥이 있었던 셈이다.

형장의 이슬로 사라져간 역사의 인물들

마메르티눔은 고대 로마의 감옥으로 인간적인 면이라고는 전혀 느낄 수 없는 공간이다. 이 감옥은 형태가 다른 두 개의 공간이 아래위로 겹쳐져 있는데, 위는 마메르티눔, 아래는 툴리아눔(Tullianum)이라 했다. 마메르티눔은 죄수를 가두어놓는 곳이고 툴리아눔은 형을 집행하는 곳이었다. 사형수의 시체는 대하수구 클로아카 막시마를 통해 테베레 강으로 떠내

죄수를 가두어두던 마메르티눔.

죄수를 처형하던 툴리아눔.

려갔다고 하니, 당시 테베레 강은 상당히 오염되지 않았을까 하는 생각이 든다.

어원적으로 볼 때 마메르티눔은 사비니인들이 섬기던 군신(軍神) 마메르스(Mamers)의 신전이 근처에 있었기 때문에 붙여진 이름으로 보이고, 툴리아눔은 툴루스(tullus), 즉 '샘'이란 뜻에서 유래한 것으로 보이는데, 실제로 이 아래에 물이 솟는 곳이 있었고 지금도 물이 고여 있는 조그만 샘이 있다. 고대 로마의 역사가 티투스 리비우스에 의하면 마메르티눔 감옥은 캄피돌리오 언덕으로 오르는 비탈길에 있던 돌덩어리를 쌓아 만든 수조를 이용해 기원전 6세기에 만들었다고 한다. 커다란 돌덩이를 쌓아서 만든 이 감옥은 아마로 로마에 세워진 최초의 건축구조물 중의 하나일 것이다. 이 곳이 처음에 티투스 리비우스의 말대로 수력(水力)공학에 밝았던 에트루리아 사람들이 만든 저수조였는지 아니면 무덤이었는지는 아직 아무도 모르지만 어쨌든 공화정 시대부터 로마제국 말기인 서기 368년까지 감옥으로 사용되었다.

마메르티눔의 평면은 사다리꼴이고 천정은 투포 돌덩어리를 쌓아 올려서 만든 궁륭형인 반면, 툴리아눔의 평면은 원형으로 지름이 약 7미터 정도이고 천장의 높이는 사람 키보다 약간 높다. 그리고 벽은 모두 안쪽으로 곡면을 이루며 기울어져 있다. 마메르티눔의 바닥에는 아래층으로 통하는 구멍이 있는데 이것은 당시 위와 아래를 연결하는 유일한 통로였다. 사형수는 이 구멍을 통해 아래층으로 내려진 후 사형을 당했던 것이다. 이곳은 로마의 대하수구 클로아카 막시마와 직접 연결되어 있었다. 아래의 공간은 협소하고 돌을 만지면 습기가 느껴지며, 바닥에는 마치 샘처럼 물이 고여 있는 구멍이 있다. 율리우스 카이사르 시대의 역사학자 살루스티우스는 이 감옥의 분위기를 다음과 같이 기록하고 있다.

"감옥 안에 툴리아눔이라는 곳이 있다. 12페데스(피트) 지하에 있다. 이곳은 두꺼운 벽으로 완전히 밀폐되어 있다. 내팽개친 듯 버려진 상태를 보건대, 혐오스럽고 무시무시하다. 그리고 어둡고, 악취가 풍긴다."

포로로 잡혀온 외적의 왕이나 적장은 로마군의 개선행렬에 끌려와서 열광하는 로마 시민들 앞에 보인 다음, 이 감옥으로 끌려와 마치 제사상에 올리는 돼지나 소처럼 도살당했던 것이다. 클레오파트라는 악티움 해전에서 옥타비아누스의 군대에 패한 후 자살의 길을 택했는데, 만약 로마에 포로로 잡혀왔더라면 이와 같이 굴욕적이고 비참한 최후를 피할 방법이 없다는 것을 아마 잘 알고 있었을 것이다.

베드로와 바울이 겪은 생지옥?

3세기의 전설에 의하면 베드로도 이곳에 갇혀 있었다고 하는데, 천사가 나타나 그의 쇠사슬을 풀어주고 감옥

라파엘로의 벽화 〈베드로의 해방〉(1513~1514년, 바티칸 궁).

밖으로 인도했다고 한다. 바티칸 궁에 있는 라파엘로의 벽화 〈베드로의 해방〉은 바로 이 장면을 묘사하고 있다. 이 그림에서는 좁고 어두운 감옥과 천사의 눈부신 광채가 강한 대조를 이루고 있다.

그리고 중세 전설에 의하면 바울도 이곳에 갇혀 있었다고 한다. 바울은 이곳에서 간수들을 감화시키고, 벽에서 샘이 솟게 하여 이 물로 세례를 주었다고 한다. 베드로와 바울이 이곳에 갇혀 있었다는 사실을 증빙할 만한 역사적 기록은 전혀 없지만, 만약 이곳에 갇혀 있었더라면 그야말로 생전에 생지옥을 체험했을 것이다.

이 섬뜩한 감옥터 위에 1598년 '목수들의 대형제회'라고 하는 로마의 목수조합이 '목수들의 성 요셉 성당'을 세웠는데 이 성당과 악명 높던 고대 로마의 감옥 사이에 한 줄기의 따뜻한 인간적인 연결고리를 찾아볼 수도 있다. 1581년 교황 그레고리우스 13세는 '목수들의 대형제회'에게 매년 성 요셉 축제일 전야에 사형수 한 명을 사면해줄 수 있는 특권을 주었던 것이다.

체칠리아 메텔라의 거대한 원통형 묘소.

체칠리아 메텔라의 묘소

로마 최대 재벌가문
귀부인의 영묘

공화정 시대 후반, 로마에서는 '부동산 투기'가 극에 달했다. 당시 부동산 투기의 제1인자를 꼽으라면 단연 이재(理財)에 밝던 마르쿠스 리키니우스 크라수스일 것이다.

독재관 술라의 심복이던 그는 살생부에 오른 반대파 인사들의 재산이 몰수되어 헐값에 경매처분 될 때, 이를 사들여 짭짤한 재미를 봤다. 그리고 당시 로마에는 하루가 멀다 하고 화재가 발생했는데, 그는 목수, 미장이 등 자그마치 500명이 넘는 노예를 사서 거느리고 있다가 불난 집이 있으면 잽싸게 달려가서 불난 집뿐 아니라 옆집까지도 흥정하여 헐값으로 구입하고는 수리하여 비싸게 되팔거나 비싸게 세를 놓았다. 그래서 당시 로마에서는 크라수스가 부하들을 시켜 일부러 몰래 불을 지른다는 소문까지 나돌 정도였다.

남의 불행 덕택에 그는 서서히 로마의 엄청난 부동산을 소유한 거부가 되었으며, 부동산 외에도 노예매매, 요즘으로 말하면 건설, 금융, 유통, 은광 등 여러 사업체를 운영하는 로마 최고의 재벌이 되었다. 그런데 그의 사업을 도맡아 운영하면서 그에게 막대한 돈을 벌어다 주는 사람은 모두 노예들이었다.

로마의 최대 갑부 크라수스

로마가 지중해의 패권을 잡고 나서 로마에는 수많은 이민족 출신 노예들이 끌려 왔는데, 그들 중에는 검투사로 풀려나간 사람도 있었다. 검투사 시합은 당시 최고의 볼거리였기 때문에 이탈리아 곳곳에 검투사 전문양성소가 있었다. 기원전 73년, 카푸아의 검투사 양성소에서 스파르타쿠스를 중심으로 하는 일련의 검투사들이 반란을 일으켰다. 기원전 71년, 사태의 심각성을 인식한 로마의 집권층은 크라수스를 총사령관으로 임명하여 그의 지휘하에 대대적인 노예반란군 토벌작전에 나섰는데, 이때 스파르타쿠스를 비롯하여 반란군 6만 명이 전사하고 북쪽으로 도망치던 5000명은 히스파니아(스페인)에서 마리우스 잔당을 토벌하고 돌아온 폼페이우스에 의해 도살되었고 6000명은 생포되었다. 크라수스는 이 포로들을 비아 아피아에 몇 킬로미터씩 늘어 세워놓고 모두 십자가형에 처했는데, 그가 이들을 극형에 처한 이유는 사회기강을 바로 잡기 위한 것도 있었겠지만, 무엇보다도 먼저 자기가 거느린 수많은 노예들에게 경각심을 불러 일으켜주기 위한 것이 아니었을까?

크라수스는 기원전 70년, 35세의 개선장군으로 로마 시민들의 열렬한 지지를 받던 폼페이우스와 짜고 함께 집정관에 당선되어, 부와 권력을 한꺼번에 거머쥐게 되었다. 그리고 기원전 60년에는 폼페이우스, 율리우스 카이사르와 함께 제1차 삼두정치를 했고, 기원전 55년에는 폼페이우스와 다시 한 번 집정관이 되어 시리아 총독도 겸임했다. 하지만 기원전 53년에 그는 파르티아(현재의 이라크와 이란)에 원정을 갔다 적에게 완전히 포위되자 총사령관이 생포되는 것을 두려워한 부하에게 찔렸다.

로마군은 전멸당하고 크라수스의 머리는 잘려서 파르티아 왕 오로데스에게 보내졌다. 오로데스는 크라수스의 입을 열어젖히고 그 안으로 금을 녹여 쏟아

부으면서 "자, 기분이 어떤지 말해봐, 네놈이 살았을 때 그렇게도 탐내던 금을 이제 잔뜩 마셨으니 말이야"라고 빈정댔다고 한다.

귀부인 체칠리아 메텔라

크라수스가 죽은 지 3년쯤 지난 다음, 비아 아피아의 도로 언저리에 지체 높은 한 귀부인을 위해 커다란 묘소가 하나 세워졌다. 약 20년 전 스파르타쿠스의 노예반란군의 시체가 십자가에 매달려 늘어서 있던 곳으로 추정되는 곳이다. 이 묘소는 기원전 50년경에 세워진 것으로 여겨지는데, 지대가 높은 곳에 세워져 있어서 보통 사람들이 감히 가까이 다가갈 수 없다는 것을 강조하는 듯하며 기념비적인 성격이 매우 강하다. 또 이 묘소는 탑이나 작은 요새와 같은 인상을 준다.

체칠리아 메텔라 묘소의 원래 모습 상상도와 내부 구조.

비문에 보이는 체칠리아 메텔라의 이름. 그녀는 퀸투스 카이킬리우스 메텔루스 크레티쿠스의 딸이고, 마르쿠스 리키니우스 크라수스의 아내였다고 한다.

이 묘소는 둥근 능을 세우던 에트루리아의 전통을 그대로 따랐다고 할 수 있다. 묘소의 높이는 11미터이고, 정사각형 기단 위에 지름이 약 30미터나 되는 원통형 벽체를 올려놓았고 그 위에는 사이프러스 나무들을 심었다. 사이프러스는 무덤에 사용하던 가장 고급스러운 나무였다. 이 묘소의 형태는 어떻게 보면 후세에 세워질 거대한 아우구스투스의 영묘나 하드리아누스 황제의 영묘의 등장을 예고하는 듯 보인다.

이 묘소의 주인공인 귀부인의 이름은 당시 발음으로는 카이킬리아 메텔라인데, 여기서는 이탈리아식으로 간단히 체칠리아 메텔라라고 하자. 체칠리아 메텔라라고 하면 술라의 첫 번째 아내이지만, 이 묘소의 비문(碑文)에 새겨진 내용을 보면 동명이인(同名異人)이다. 이 귀부인은 퀸투스 카이킬리우스 메텔루스 크레티쿠스의 딸이고, 마르쿠스 리키니우스 크라수스의 아내였다고 한다. 그녀의 아버지는 로마에서 대대로 높은 관직을 지낸 귀족가문 출신으로 크레타를 정복한 장군이었으며, 크라수스와 폼페이우스가 집정관을 지낸 다음해인 기원전 69년에 집정관을 지낸 인물이었다. 그리고 그녀의 남편 마르쿠스 리키니우스 크라수스는 로마 최대 재벌 크라수스가 아니라 그의 아들로 여겨지는데, 아버지와 이름이 똑같은 것을 보면 장남이었던 것 같다. 장남이 맞다면 율리우스 카이사르 휘하에서 장군을 지냈다고 전해지며 아버지와 함께 파르티아에 원정 갔다가 전사한 것으로 기록되어 있다.

비아 아피아 연변에 지대가 높은 곳에 세워진 체칠리아 메텔라 묘소.

체칠리아 메텔라의 묘소는 비아 아피아에 흩어져 있는 묘소들 가운데 현재 가장 잘 보존되어 있어서, 고대 로마의 폐허가 이리저리 흩어져 있는 비아 아피아 주변 풍경의 시각적 구심점을 이루고 있다. 그런데 이 묘소 주변의 분위기는 말로 무언가 꼭 집어서 표현할 없는 비감(悲感)이 젖어 흐르는 듯하다. 그래서인지 화가들이나 사진작가들의 작품 소재가 되기도 하고, 시인들의 시심(詩心)을 자극하기도 한다. 체칠리아 메텔라의 삶에 관해서는 사실 아무런 얘기도 전해 내려오고 있지 않다. 영국의 시인 바이런은 그의 작품 〈차일드 해롤드의 순례〉 4장에서 이 묘소를 보고 감상적인 시를 읊었지만, 체칠리아 메텔라라는 여인에 관해서는 시인의 상상력을 조금도 동원하고 있지 않다.

포룸 율리움에 남아 있는 베누스 신전의 기둥 유적.

율리우스 카이사르의 포룸과 신전

신격화된 공화정

마지막 집정관

크라수스가 죽은 후 삼두정치의 의미는 퇴색되고 율리우스 카이사르와 폼페이우스 두 사람만이 권력의 핵심으로 남게 되었다. 당시 율리우스 카이사르는 갈리아를 모두 정복하고 난 후 최고의 인기를 누리고 있었고 집정관으로 입후보하러 로마에 내려가려고 했다. 하지만 원로원은 그를 견제하기 위해 폼페이우스를 끌어들였다. 로마에 내려오려면 무장을 해제하고 와야 하는 조건이 붙어있었기 때문에 카이사르는 폼페이우스에게도 무장해제를 요구했으나 원로원은 이를 거부하고, 기원전 49년 1월 7일, 그에게 귀국명령을 내리고 갈리아 총독으로 새사람을 임명했다. 원로원의 명령을 거역하는 것은 국가반역죄에 해당하고, 그대로 받아들이는 것은 자살행위나 다름없었다.

기원전 49년 1월 10일, 카이사르는 본국과 갈리아의 경계선을 이루는 루비콘 강 앞에서 "주사위는 던져졌노라!"라고 외치고 그대로 로마로 진군해 내려왔다. 이에 원로원은 혼비백산했고, 폼페이우스는 바다 건너 그리스로 피신했다. 다음해 폼페이우스는 그리스 북부에 대군을 집결시켜 파르살로스에서 카이사르의 군대와 맞섰으나 완패하고, 결국에는 이집트의 알렉산드리아로 가서 프톨레마이오스 왕의 보호를 요청했다. 카이사르가 그를 추격하여 알렉산드리아에 왔을 때 이집트 왕은 로마의 내전에 말려드는 것을 두려워한 나머지

포룸 율리움 앞에 세워진 율리우스 카이사르의 동상.

폼페이우스를 살해하도록 했다. 카이사르는 정적의 죽음을 슬퍼해주고 폼페이우스의 부하들에게는 관용을 베풀어 자기편으로 만들었다. 한편 프톨레마이오스 왕은 누나 클레오파트라와 결혼하여 이집트를 공동통치하고 있었는데, 권력을 두고 '부부'간에 불화가 심했다. 클레오파트라는 카이사르와 눈이 맞아 그의 힘을 빌려 동생을 몰아내는데 성공했고, 카이사르는 이집트를 모두 손아귀에 넣을 생각을 하고 있었다.

기원전 47년 카이사르는 로마로 돌아오는 길에 소아시아에서 미트리다데스의 아들 파르나케스 2세가 로마의 피보호국을 침공하면서 세력을 확장하자, 젤라에서 그의 군대와 맞붙어 불과 네 시간 만에 압승하고는 "왔노라, 보았노라, 이겼노라(Veni, Vedi, Vici)"라는 짤막한 말로 로마에 전투상황을 알렸다. 이로써 소아시아 전역도 갈리아처럼 완전히 로마의 패권 속에 들어왔다. 카이사르는 2년 만에 로마에 돌아온 후, 다시 아프리카로 가서 폼페이우스지지세력을 뿌리 뽑았고, 기원전 45년 3월에는 스페인으로 건너가 남부 문다에서 일대 격전을 벌여 폼페이우스 아들이 이끄는 잔당을 모두 궤멸했다. 이리하여 무적의 카이사르는 로마의 군사, 정치, 종교를 한꺼번에 모두 거머쥔 절대 권력자가 되었고, 공화정 500년의 역사는 급히 막을 내리고 있었다.

신성한 혈통을 홍보하기 위한 포룸 율리움

율리우스 카이사르는 포룸 로마눔 한복판에 기존의 낡은 바실리카 셈프로니아를 헐고 자신의 이름을 딴 거대한 바실리카 율리아(Basilica Iulia)를 세웠다. 그 후 그는 또 다른 공공건물을 세우려했으나 포룸 로마눔 안이 포화 상태였기 때문에 아예 새로운 부지에 새로운 포룸을 지을 계획을 세웠다.

로마인들이 세운 대부분의 식민도시들은 동서와 남북으로 교차하는 도로인 데쿠마누스(decumanus)와 카르도(cardo)를 중심으로 격자형으로 된 도로망을 갖추고 있었다. 이와 달리, 수도 로마는 자연발생도시로 도시계획이 제대로 이루어지지 않았기 때문에 도로들은 좁고 무질서했으며, 건물들의 배치와 모양도 제각각이었다. 사실, 로마는 캄푸스 마르티우스(마르스의 들판) 지역을 제외하

포룸 로마눔 한복판에 있는 바실리카 율리아 유적.

고는 모두 언덕이기 때문에 지형상 도시계획의 어려움이 적지 않았을 뿐 아니라 언덕 정상부는 옛날부터 기득권층들이 대대로 점유하고 있었기 때문에 아무도 함부로 손댈 수 없었다. 당시 로마에서는 개인의 토지 소유권이 법에 의해 철저히 존중되었기 때문에 국가는 아무리 공공건물이나 도로와 같은 공공시설을 세우기 위해 부지가 필요하더라도 개인의 땅을 마음대로 빼앗거나 강제로 헐값에 살 수 없었으며 땅값은 엄연히 부동산 시장에서 형성된 가격에 따라 지불해야 했다. 카이사르는 대대적으로 도시계획을 감행하려고 했지만 이 점에 있어서는 별도리가 없었다. 카이사르는 엄청난 거금을 투입하여 포룸 로마눔 북동쪽 바깥에 있는 개인 집과 상점들을 사들여 가로 75미터에 세로 160미터, 즉 3700평 정도 되는 부지를 확보했다.

포룸 율리움은 기원전 54년, 캄피돌리오 언덕의 동쪽 부분을 깎아내고 인접한 서민 지역인 수부라의 건물들을 헐고 터를 다지면서 착공하여, 카이사르가 갈리아, 이집트, 아프리카, 스페인 등지에서 승리한 것을 한꺼번에 기념하여 기원전 46년 9월 26일에 문을 열었다. 이 포룸에서 중심을 이루는 것은 그리스 도시의 광장 아고라의 형태를 본뜬 장방형 회랑 광장 한가운데에 세워진 카이사르의 기마상과 그 뒤에 높게 세워진 베누스 신전이었다. 카이사르 기마상의 말은 그리스의 대조각가인 뤼시포스가 알렉산드로스 대왕 기마상을 위해 만든 것이었으니, 알렉산드로스 대왕을 흠모했던 자신의 젊은 날의 꿈을 실현했다는 뜻이었을까? 또 카이사르는 파르살로스에서 폼페이우스와 결전을 벌이기 전에 조상신 베누스 여신에게 전쟁에서 승리하면 신전을 세워 바치리라고 맹세했는데, 포룸 율리움을 세우면서 이를 이행한 셈이다. 그런데 이 신전은 베누스 여신에게 감사해서라기보다는 카이사르가 신성한 혈통을 타고났다는 것을 만방에 알리기 위한 목적이 더 강했다. 당시 이집트에서는 카이사르 신전이라고 할 수 있는 카이사레이온(Caesareion)이 세워지고 있었으니, 이미 그

포룸 율리움 유적.

가 신격화되고 있었다. 하지만 살아 있는 통치자를 신격화한다는 관습을 받아들이기에 로마 사회가 이미 너무 성숙되어 있었기 때문에 카이사르는 자신이 아니라 조상신에게 바치는 신전으로 대체할 수밖에 없었다. 신화에 따르면, 아이네아스는 베누스 여신의 아들이고, 그의 아들 아스카니우스를 율루스라고도 불렀는데, 그가 바로 율리우스 씨족의 시조라고 한다. 다시 말해, 베누스 신전은 율리우스 카이사르가 베누스 여신의 혈통을 타고난 신성한 인물이기 때문에 절대 권력을 누리는 것이 당연하다는 것을 홍보하는 매체였다. 또 수에토니우스에 의하면 율리우스 카이사르는 공화정의 규범을 모조리 무시하고, 베누스 신전의 한가운데에 앉은 채로 원로원 의원들을 접견했다고 하니, 오리엔트 지방의 왕이나 '살아 있는 신'이라는 인상을 심어주었던 것이다.

카이사르는 이 신전을 귀한 예술품으로 장식했는데 그중에는 자신의 석상과 클레오파트라의 금빛 청동상, 또 거액을 주고 구입한 비잔티움의 예술가 티모마코스의 그림 2점 등이 있었다고 전해진다. 또 카이사르는 원로원 건물을 포룸 율리움 입구로 옮겨 원로원 건물이 마치 포룸 율리움의 입구를 지키는 건물 정도로 보이게 하려 했으나, 그 계획은 죽은 후 아우구스투스에 의해 실현되었다.

포룸 율리움은 트라야누스 황제가 복원하여 다키아 원기둥 제막식과 함께 다시 개관했다. 그러니까 후세에도 카이사르의 상징은 그대로 보존되었던 셈이다. 이 포룸은 그 후 디오클레티아누스 황제 때 다시 복원되었으니, 현재 이곳에는 카이사르 시대에 세워진 건물의 흔적은 별로 남아 있지 않고, 후세에 복원된 건물의 유적이 주류를 이루고 있다. 참고로 원로원 건물 유적은 디오클레티아누스 황제 때 복원되었다가 20세기 초에 다시 말끔하게 복원된 것으로, 카이사르가 암살된 곳은 아니다.

율리우스 카이사르에게 바쳐진 신전

포룸 로마눔의 중심부에는 카이사르가 세운 거대한 회당 바실리카 율리아의 유적이 있고 그 앞에는 로스트라(Rostra)라고 하는 연단이 있다. 카이사르는 연단을 포룸 율리움 입구 쪽으로 옮겼는데, 얼마 후에 그의 죽음을 애도하는 연설이 바로 이곳에서 행해질 줄은 꿈에도 생각하지 못했을 것이다.

카이사르는 56세가 되던 기원전 44년 2월 14일, 드디어 종신독재관이 되었고 이에 따라 그가 태어난 7월을 '율리우스'로 부르게 되었다. 이것이 영어의 'July'이다. 그는 크라수스를 패배시킨 파르티아를 정벌하기 위해 떠나기 사흘 전인 3월 15일, 원로원을 소집하고 회의장으로 향하고 있었다. 그곳은 그의 정적이던 폼페이우스가 캄푸스 마르티우스 지역에 세운 건물이었다. 카이사르는 정치가와 무인으로서 탁월한 능력을 지니고 있었기 때문에 로마가 자신을 절대로 필요하다는 것을 잘 알고 있었으며, 또 모든 로마 시민들이 자신을 존경하고 있다는 것을 너무나 잘 알고 있었기 때문에 호위병 없이 혼자서 길을 가는 것이 예사였다. 그런데 적은 너무나 가까이 있었다. 공화정의 전통을 지키려던 카시우스와 브루투스 일당이 독재 권력을 손아귀에 쥐고 있던 카이사르를 암살하고 말았던 것이다. 카이사르는 정적 폼페이우스를 제거한 후에도, 그에 대한 예우로 그의 석상은 그대로 두었는데 공교롭게도 바로 그 아래에서 쓰러지고 말았다. 2월 14일에서 3월15일까지 겨우 한 달 동안 종신독재관 자리에 앉기 위해 카이사르는 평생을 그 많은 고통과 그 많은 전투 속에서 살아왔던가?

율리우스 카이사르가 화장되었던 자리에 세워진 기둥의 돌무더기 위에는 누군가가 던져 놓고가는 꽃송이들이 항상 놓여 있다.

암살 사건의 현장은 캄피돌리오 언덕에서 북서쪽으로 대략 500미터 떨어진 라르고 아르젠티나(Largo Argentina) 지역에 있는 공화정 시대 신전 유적 부근이다. 한편, 당시 클레오파트라는 카이사르와의 관계에서 낳은 아들 카이사리온을 데리고 로마의 트라스테베레 지역에 있는 카이사르의 정원 별장에 있었는데, 카이사르가 암살당하자 아들을 데리고 급히 이집트로 돌아가고 말았다.

카이사르의 시신은 수부라에 있던 그의 집으로 먼저 옮겨졌다가 포룸 로마눔으로 운반되었다. 카이사르파 집정관 마르쿠스 안토니우스는 로스트라 연

율리우스 카이사르에게 바쳐진 신전의 유적.

단 위에 올라서서 비통한 감정을 억누르면서 군중을 향했다. 마르쿠스 안토니우스는 로마 시민 한 사람당 상당한 액수의 금액을 증여한다는 카이사르의 유언을 발표하고는 피로 물든 카이사르의 옷을 군중들 앞에 보이고, 민중의 감정을 순식간에 사로잡아 카이사르의 암살범들을 일순간에 역적으로 몰아넣었다고 한다.

카이사르의 유해는 포룸 로마눔 안에 있는 레기아(Regia) 부근에서 화장되었다. 레기아는 원래 왕정 시대에는 왕의 거처 겸 집무실이었으며 공화정 시대에는 대제사장의 집무실이었는데, 카이사르는 바로 이곳에서 집무했다. 원로원은 그를 추모하여 그의 시신이 화장된 곳에 대리석 기념 원기둥을 세웠고, 율리우스 카이사르의 후계자 옥타비아누스는 원기둥이 있던 자리에 신전을 세워 기원전 29년 8월 18일에 카이사르에게 바쳤다. 그가 죽음을 당하던 날 밤, 하늘에 혜성이 지나갔다고 하여 이 신전의 성소에 모셔진 카이사르의 형상 머

포룸 율리움과 포룸 로마눔 중심부: 1. 포룸 율리움, 2. 베누스 신전, 3. 바실리카 율리아, 4. 율리우스 카이사르 신전, 5. 바실리카 아이밀리아(바실리카 에밀리아), 6. 원로원, 7. 베스타 신전, 8. 디오스쿠리 신전

리 위에는 별이 지나가는 모습이 장식되어 있었다. 이것은 카이사르가 승천한 것을 의미하기도 한다. 어쨌든 오리엔트 국가들의 관습을 그대로 답습하여 로마에서 죽은 자를 신격화한 일은 로물루스 이래 이것이 처음이었다.

기틀 잡는
'팍스 로마나'
Chapter 3
로마제국
전기

아우구스투스 영묘. 테베레 강과 비아 플라미니아(현재의 코르소 거리) 사이에 있다.

아우구스투스 영묘

젊은 옥타비아누스의 숨겨진 야망

율리우스 카이사르의 누이동생 율리아에게는 가이우스 옥타비우스라고 하는 손자가 있었다. 옥타비우스는 18세가 되던 해에 그리스 서해안 아폴로니아에서 체류하고 있었는데, 카이사르는 이곳에서 파르티아 원정군을 집결시키고 있었다. 옥타비우스는 카이사르의 암살소식을 접하고는 즉시 로마로 돌아왔고, 자신이 카이사르의 유언장에 따라 양자로 지명된 것을 알고는 유언장대로 이름을 가이우스 율리우스 카이사르 옥타비아누스라고 바꾸고, 안토니우스, 레두피스와 회담하여 원로원이나 민회도 무시하는 과두정치, 이른바 제2차 삼두정치를 기원전 43년 말에 성립했다. 그 다음해에는 안토니우스와 함께 카이사르의 원수를 갚으러 마케도니아의 필리피까지 건너가 브루투스와 카시우스의 군대를 격파했다.

복수전에서 승리한 다음 해인 기원전 40년, 때마침 아내를 잃은 안토니우스는 옥타비아누스의 누이 옥타비아와 결혼을 하게 되어 두 사람은 끈끈한 유대관계를 맺게 되었다. 옥타비아누스는 그 사이 레피두스를 실각시키고 이탈리아와 서부의 속주를 모두 손아귀에 넣은 다음, 동방의 속주에 세력기반을 두고 있던 안토니우스와 서로 경계하게 된다. 그런데 안토니우스는 클레오파트라의 미모에 정신이 완전히 홀려서, 조국 로마에 대한 매국적인 처사임에도 불구

아우구스투스.

하고 기원전 34년 동방 속주의 금싸라기 같은 지역을 클레오파트라에게 선사하고 옥타비아와 이혼하자, 옥타비아누스와 안토니우스는 마침내 서로 정적(政敵)이 되어버린다. 기원전 31년, 옥타비아누스가 악티움 해전에서 클레오파트라와 연합한 안토니우스군을 궤멸시키고 이집트 알렉산드리아로 진격하자 안토니우스는 스스로 목숨을 끊었고 자신을 포로로 잡아 로마로 끌고 가겠다는 옥타비아누스의 냉정한 마음을 회유하는 것이 불가능하다는 것을 안 클레오파트라도 자살의 길을 택했다. 이리하여 그 옛날 알렉산드로스 대왕이 세운 헬레니즘 국가 가운데서 유일하게 남아 있던 이집트도 무너지고 말았다. 옥타비아누스는 드디어 천하를 평정하여 오랫동안 지속된 로마의 내전을 종식하고 로마에 평화를 가져왔다. 기원전 27년 1월 원로원은 그에게 사람에게 붙일 수 있는 최상의 존칭인 '아우구스투스'라는 칭호를 부여했다.

검소한 삶을 살았던 로마제국 초대 황제

율리우스 카이사르는 혼잡한 로마를 완전히 새롭게 바꿔놓을 계획을 세웠지만, 아우구스투스는 로마 시를 대대적으로 바꾸는 것보다는 로마의 도시행정을 효율화하는 데 더욱 역점을 두면서 율리우스 카이사르가 죽은 뒤 30년 동안, 그가 완성하지 못한 공공건축을 마무리 짓고, 수많은 신전을 복원하여 로마의 인상을 바꿔놓았다.

그는 로마의 경관을 품위 있게 만든 장본인이었지만 자신이 사는 곳만큼은 아주 소박했다. 그는 로마 교외 벨레트리에 있는 옥타비아누스 가문의 빌라에서 태어났다. 빌라라고 하면 으레 화려한 별장을 떠올리기 쉽겠지만, 그의 집은 보통 시골사람들의 집처럼 매우 평범했으며, 그가 태어나고 어린 시절을 보낸 방은 창고라고 할 정도로 좁고 허름했다고 한다. 로마에서는 포룸 로마눔 가까이 있는 보석세공업자협회 건물 위층에 살다가 팔라티노 언덕 위에 있던 변호사 호르텐시우스의 집을 사서 적당히 증축하여 살았는데, 그곳에는 귀족들의 저택에서 흔히 볼 수 있는 값비싼 대리석이나 모자이크 등의 장식은 전혀 찾아볼 수 없었다. 수에토니우스에 의하면 아우구스투스는 이 집에서 40년 동안 한 방에서만 살았으며, 그의 침대와 이불도 서민들이 사용하던 것과 다를 바 없었고, 그의 옷은 황비 리비아나 그의 누나인 옥타비아나 또는 그의 딸 율리아가 손수 짠 천으로 만들었다고 하며, 기분 전환을 하고 싶을 때는 잘 아는 해방노예의 집이나 당시 '외무부 장관'이라고 할 수 있는 마이케나스의 집에서 며칠 묵곤 했다고 한다.

옥타비아누스는 '아우구스투스'라는 칭호를 받기 전, 그리고 안토니우스를 제압하고 난 후, 팔라티노 언덕 위에 아폴로 신전을 세웠다. 그런데 그가 호르텐시우스의 집을 매입하고 굳이 그곳에 자리를 잡고 산 데에는 명확한 이유가 있었다. 그 집이 아폴로 신전과 내부 통로로 연결되어 있었고, 로마의 시조 로물루스의 집으로 전해지던 지점에서 불과 10미터 정도 거리에 있었기 때문이다. 이를 통해 자기가 로물루스를 계승한 로마의 재창건자임과 시와 음악의 신 아폴로를 수호신으로 삼아 아폴로 신의 가호로 평화가 도래했음을 만방에 전해주었음을 보여주고자 했던 것이다.

소박하게 살던 그는 죽은 후에 거대한 영묘에 안장되었다. 대규모의 영묘를 마우솔레움(mausoleum)이라고 하는데, 이 말은 소아시아 카리아의 왕 마우솔로스(Mausolos)의 무덤에서 유래된 것이다. 아우구스투스의 영묘는 로마의 어느 통치자도 생각하지 못한, 역사상 처음으로 세워진 대규모 영묘였다. 아우구스투스의 생활신조는 '살 때는 검소하게, 죽어서는 화려하게' 였을까? 매사를 은밀하고 치밀하게 계획하고 실행하던 그는 자신의 영묘를 통해 어떠한 정치적 계산을 하고 있었던 것은 아닐까?

치밀한 정치적 계산

기원전 29년, 옥타비아누스는 이집트의 알렉산드리아에서 로마로 돌아오자마자 곧 자신의 묘지 건축부터 시작했다. 기원전 63년에 태어났으니 아직도 혈기 왕성한 30대 중반이었다. 나이도 젊은데 왜 이렇게 일찍 자신의 묘지 건축을 서둘렀을까? 그것도 단순한 묘지가 아니라 기념비적인 대규모의 영묘를 말이다.

클레오파트라와 함께 이집트의 알렉산드리아에 묻어달라고 하는 안토니우스의 유언을 전해들은 로마 시민들은 심한 배신감을 느꼈다. 이를 감지한 옥타비아누스는 자신은 안토니우스와 전혀 다르다는 것을 로마 시민들에게 하루속히 보여주기 위해 '보란듯이' 기념비적인 영묘 건립을 서둘러 착수했다. 즉, 자신의 뼈는 다른 곳이 아닌 바로 조국 로마에 묻히리라는 것을 만방에 보여주려고 했던 것이다.

아우구스투스 영묘 모형.

영묘의 위치는 테베레

거대한 아우구스투스 영묘 유적.

강과 로마의 주요 도로인 비아 플라미니아 사이, 캄푸스 마르티우스 지역 북쪽 끝에 잡았다. 이 자리도 우연히 선택한 것은 아니었다. 이 지역은 옛날 전설적인 로마 왕들의 묘소들이 있던 곳일 뿐 아니라 경관도 매우 좋아 자신을 선전하기에 매우 좋은 입지조건을 갖추고 있었다.

옥타비아누스는 이집트의 알렉산드리아에서 알렉산드로스 대왕의 묘소를 봤는데, 그 형태가 원통형이었을 것으로 짐작된다. 그는 오리엔트의 기념비적인 묘소 건축과 에트루리아의 영묘를 혼합한 형태를 구상했다. 이 영묘는 높이 40미터에 지름이 87미터가 되는 원통형 위에 지름이 더 작은 원통을 올린 모양으로 오리엔트 지방에서 쓰던 묘지 형태였다. 또한 각 층마다 사이프러스 나무들을 둘러가며 심었다고 하는데, 이것은 에트루리아의 영향이다.

아우구스투스 시대의 건축은 매우 고전적이다. 헬레니즘의 영향을 대폭 받아들였고, 거기에다가 에트루리아의 영향도 하나의 이상(理想)으로 받아들였는데, 이 영묘에서도 그러한 영향을 그대로 볼 수 있었다.

옥타비아누스는 실권을 장악하면서 겉으로는 공화정으로 회귀하겠다고 하면서, 실은 교묘하게 제정(帝政)이라는 새로운 왕정체제를 확립한 인물이었다. 그의 영묘도 겉으로는 공식명칭을 '율리우스 씨족의 무덤'으로 정했기 때문에 누가 봐도 처음에는 개인의 묘소라고 생각했지 그 뒤에 숨겨진 그의 야심은 아무도 감지하지 못했다.

음악회장으로 둔갑한 영묘

이 영묘에 가장 먼저 묻힌 사람은 기원전 23년에 요절한 아우구스투스의 조카 마르켈루스였고, 기원전 12년에는 아그리파, 대(大) 드루수스, 루키우스와 카이우스 카이사르, 서기 14년에는 아우구스투스가 묻혔다.

후세의 사람들은 이 영묘를 전혀 다른 용도로 사용하게 된다. 1500년대 말에는 로마 귀족가문의 개인정원이 이곳에 만들어졌고, 1800년대에는 스페인식 투우경기장으로도 이용되었으며, 1900년대 전반에는 지붕을 씌우고 콘서트 홀로 전용되었다. 이 음악당의 이름은 아우구스투스 대제의 이름을 따서 아우구스테움(Augusteum)이라고 했는데, 음향이 뛰어났으며 토스카니니와 같은 세계적인 지휘자도 이곳에서 지휘봉을 잡기도 했다.

현재 이 영묘는 원래의 모습을 조금 간직한 채 폐허로 남아 있고, 영묘의 주인들은 기나긴 세월 속에 모두 어디론가 먼지처럼 사라져 버려 그 안이 텅텅 비어 있다. 영묘 주위에는 파시스트 정권 때 세운 규모가 큰 위압적인 건물들이 보호막처럼 둘러져 있는데, 고대 로마의 영광을 재현하고 싶었던 뭇솔리니로서는 로마제국 초대 황제의 묘소를 애지중지하지 않을 수 없었을 것이다. 제

철거되기 전의 아우구스테움 음악당의 내부 모습.

2차 세계대전이 끝난 다음 로마 시는 로마제국 초대 황제를 더 이상 모욕하지 않겠다는 뜻인지는 몰라도 음악당을 헐어버리고 유적의 모습을 되살렸다. 그리고 이탈리아 말로 '아우구스투스의 영묘(Mausoleo di Augusto)'라 이름 붙이고 알뜰히 보존하고 있다.

마르스 신전의 기둥. 그 높이는 자그마치 15미터나 된다. 이 신전은 아우구스투스 포룸의 중심이 되는 건축이었다.

아우구스투스 포룸

새 정치의 정통성을
홍보하는 '문화센터'

"오, 위대한 마르스 신이여, 이 가슴은 복수심에 불타오르고 있나이다. 내게 더욱더 큰 힘을 내려 주소서. 내가 저 원수들을 무찌르면 당신에게 신전을 지어 바치리다."

기원전 42년, 21세의 젊은 옥타비우스는 전투에 임하기에 앞서 군신 마르스 앞에서 이렇게 맹세했다. 그는 안토니우스와 연합하여 율리우스 카이사르를 암살한 브루투스와 카시우스의 군대를 마케도니아의 필리피에서 격파했는데, 이 전투에서 패배한 브루투스와 카시우스는 자살하고 말았다.

최고의 홍보 매체, 건축

"나는 벽돌로 된 로마를 물려받고 대리석으로 된 로마를 만들었노라." 아우구스투스가 임종할 때 자신의 업적을 뒤돌아보며 이와 같이 말했다고 수에토니우스는 기록하고 있다. 아우구스투스의 말이 과장이 적당히 섞인 서사적인 표현일 수는 있지만 허풍이나 자화자찬만은 아니었다. 건축사(建築史)적인 측면에서 보면, 이 말은 공화정 시대의 수수하고 근엄한 건축에서 제정 시대의 화려하고 웅장한 건축으로의 변화를 의미한다.

공화정 시대가 끝나고 제정 시대에 접어들면서 로마에는 특히 외적인 변화가 많았다. 즉, 황제들은 각자 자신의 치세를 웅대한 건축물을 통해서 남겼는데 당시 건축물만큼 자신의 업적을 더 잘 홍보할 수 있는 매체는 없었던 것이다.

비아 데이 포리 임페리알리(Via dei Fori Imperiali) 거리를 따라 걷다보면 그러한 흔적이 역력하다. 이 길을 따라 콜로세움 쪽으로 향할 때, 왼쪽에 먼저 트라야누스 황제, 그다음에는 아우구스투스, 그다음에는 네르바 황제의 동상이 보인다. 뭇솔리니는 포룸 지역 유적들의 상당 부분을 흙으로 덮고 대로를 만들면서 미안한 듯 그 위에 황제들의 동상을 세웠다. 즉 동상이 있는 곳에 각 황제들의 포룸의 유적이 있는 것이다.

아우구스투스 포룸 앞에 세워진 아우구스투스의 동상을 보면, 그의 얼굴은 갸름하고 젊다. 그는 항상 젊은 모습으로만 등장하는 아폴로 신처럼, 나이든 자신의 모습을 전혀 남기지 않았기 때문에 그에 대한 인상은 2000여 년이 지난 지금까지도 신선하기만 하다. 아우구스투스는 바로 그 점을 노렸을지도 모른다. 그는 자신의 이미지를 관리하고 홍보하는데 치밀했던 인물이었다. 그래서일까? 오후의 태양빛이 그의 얼굴을 옆으로 비칠 때면 그의 눈빛은 매섭고 날카롭게 빛나는 듯하다.

한 번의 이미지로는 이미지가 되지 않는다. 홍보도 여러 번, 또 집중적으로 해야 효과가 있는 것처럼, 아우구스투스는 여러 곳에서 집중적으로 자신을 홍보했다. 그 당시 최고의 홍보매체는 건축물과 기념비였다. 아우구스투스는 기존의 포룸 로마눔 안에 전쟁에서의 승리를 기념하는 기념비를 여러 곳에 세웠는데, 그 예로 해상전투에서 승리한 것을 기념하여 사투르누스 신전에는 바다의 신 트리톤의 조각을 덧붙였고, 율리우스 카이사르 신전 옆에는 악티움과 파르티아에서 승리한 것을 기념하는 개선문을 세웠는가 하면, 로스트라 연단 옆에는 자신의 기마상을 세우기도 했다. 또 곳곳에 자기가 베누스 여신까지 거슬

아우구스투스 동상. 젊고 갸름한 얼굴이지만 눈빛이 매섭다.

러 올라가는 신성한 가계의 피를 이은 사람이라는 것을 어떻게 해서든지 더 많이 알리려고 했다. 그러니까 포룸 로마눔은 새 왕조의 선전장이 된 것이나 다름없었다. 이러한 홍보성 건축물과 기념비가 너무 많이 세워지자, 포룸 로마눔은 원래의 기능인 정치 · 경제의 중심지로서의 성격을 잃고 있었다.

고전적인 아우구스투스 시대의 건축

대대적인 '홍보 전략'을 실행하는 데 기존의 포룸 로마눔만 가지고는 부족했다. 아우구스투스는 바로 동쪽에 있는 퀴리날레와 에스퀼리노 언덕 사이, 그리고 서민들이 몰려 사는 수부라(Subura)와 경계선을 이루는 부분까지의 대지를 구입하여 새로운 포룸을 세웠

아우구스투스 포룸의 유적

다. 그는 이 포룸을 건설하기 위하여 율리우스 카이사르가 그랬던 것처럼 전리품으로 기존의 주택지를 구입하여 터를 닦은 후, 기원전 23년에 포룸 율리움과 비슷한 모양의 새로운 포룸을 착공하여 기원전 2년에 완공했다. 이 포룸에서 중심이 되는 건축물은 '복수의 신 마르스'에게 바쳐진 거대한 신전이다. 이로서 아우구스투스는 40년 전 군신 마르스 앞에서 한 맹세를 지키게 되었다.

아우구스투스 포룸은 가로 85미터, 세로 125미터로 그 면적이 1헥타르가 넘으며, 율리우스 카이사르와 아우구스투스 사이의 긴밀한 연계성을 강조하듯이 포룸 율리움과 정확히 직각을 이루며 맞붙어 있다. 이 포룸의 광장 양쪽은 기둥들이 늘어선 회랑 형태로 되어 있었으며, 광장과 수부라의 경계 부분에 '복수의 군신 마르스' 신전이 담벼락에 바짝 붙어 세워져 있었는데, 높은 기단 위에 세워져 있었기 때문에 아우구스투스 포룸의 내부 분위기를 완전히 압도했고, 신전의 정면은 율리우스 카이사르의 포룸 안의 베누스 신전과 매우 흡사했다.

아우구스투스 시대 건축의 특징은 대략 다음 두 가지로 요약할 수 있다. 첫째는 공화정 마지막 2세기 동안에 풍미했던 건축 양식, 건축 재료, 건축 기술을 그대로 받아들였다. 그것은 이탈리아 반도 자체 내에서 생성된 양식과 헬레니즘의 영향이 뒤섞인 것이었다. 둘째는 기념비 건축에서 대리석을 본격적으로 사용했다. 대리석을 사용함으로써 아우구스투스 시대의 건축은 고전적인 취향이 강해졌는데, 그 대표적인 예가 바로 아우구스투스 포룸이다.

현재 이 유적을 보면 먼저 복수의 군신 마르스 신전의 입구 계단과 세 개의 원기둥이 눈에 띄고, 그 뒤에 페페리노라고 하는 커다란 돌 블록을 쌓아서 세

아우구스투스 포룸과 주변의 포룸들: 1. 포룸 로마눔, 2. 율리우스 카이사르 포룸, 3. 아우구스투스 포룸, 4. 네르바 포룸, 5. 트라야누스 포룸.

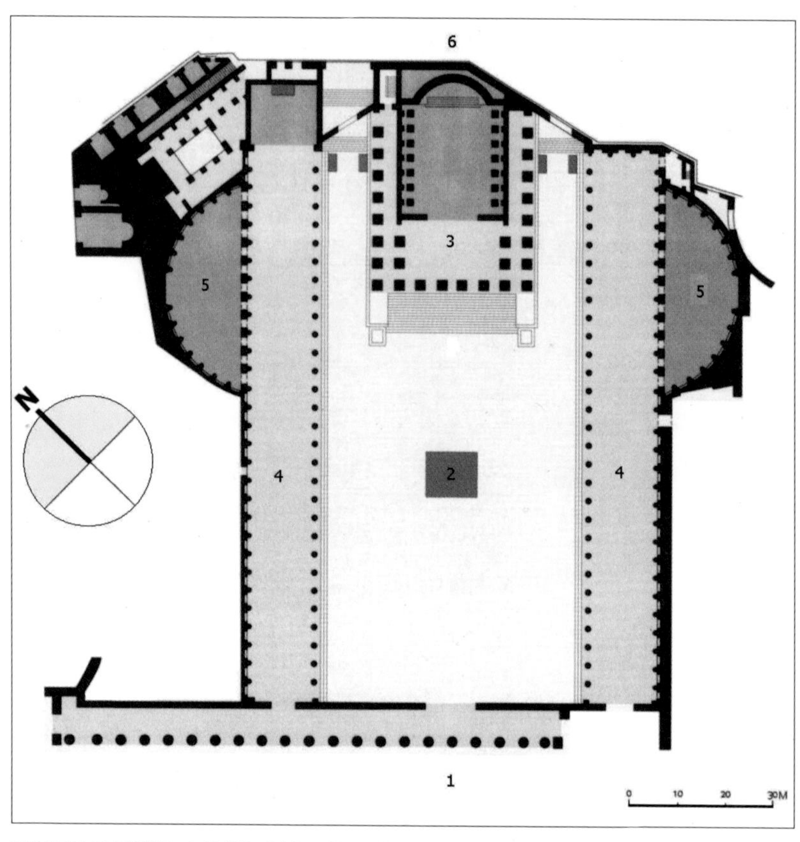

아우구스투스 포룸의 평면도: 1. 율리우스 카이사르 포룸, 2. 아우구스투스 기마상, 3. 복수의 군신 마르스 신전, 4. 회랑, 5. 엑세드라, 6. 수부라(서민 거주 지역).

운 높은 돌담벽이 포룸과 수부라 지역과 경계를 이루고 있다. 이 벽은 신전과 맞닿아 있었기 때문에 삼각형으로 된 신전 지붕의 흔적도 보인다. 벽의 높이는 거의 30미터나 되는데, 그것은 인구가 밀집되어 있는 서민 지역인 수부라 지역은 화재가 매우 잦았기 때문에 불길이 포룸 쪽으로 번지지 못하도록 하기 위함이다. 이를테면 방화벽인 셈이다. 이 벽을 보면 화려하고 웅장한 느낌보다는 담벼락 너머 살던 당시 서민들의 애환이 상상되기도 한다.

이 포룸에서 건축적으로 흥미로운 것은, 기둥이 길게 늘어선 양쪽 회랑 뒤에 붙어 있는 커다란 엑세드라(exedra)이다. 엑세드라는 곡면 벽체로 이루어지는 반원형의 공간을 말하는데, 이것은 그리스 건축에서는 볼 수 없고, 오직 로마 건축에서만 볼 수 있는 건축 요소이다. 이곳은 바실리카처럼 사람들이 모이는 장소로 사용되었으며 강의나 법정이 열리기도 했다.

아우구스투스 포룸은 근본적으로 아우구스투스를 찬양할 뿐 아니라 그가 로마의 전통을 지켜오면서도 신의 섭리와 가호 안에서 로마의 역사를 이끌어 가는 자임을 돋보이게 했기 때문에, 엑세드라와 회랑 아래에는 아이네아스로부터 율루스와 로물루스에 이르기까지 수많은 역사적 인물들과 영웅들의 형상들이 세워져 있었고 신전에는 아이네아스의 어머니인 베누스 여신과 로물루스의 아버지인 군신 마르스를 비롯하여 신격화된 율리우스 카이사르 등의 신상이 안치되어 있었으며, 율리우스 카이사르의 칼과 크라수스가 파르티아에게 패하여 빼앗겼다가 아우구스투스가 평화적으로 다시 돌려받은 로마군 휘장이 보관되어 있었다. 그리고 아우구스투스는 신전 앞에 펼쳐진 광장 한가운데에 네 마리의 말이 이끄는 개선마차를 탄 개선장군과 같은 자신의 형상을 세우는 것도 잊지 않았다. 한마디로 아우구스투스의 포룸은 로마 시민들 바로 눈앞에 펼쳐진 거대한 '홍보물'이었다. 이 홍보물은 고급스러운 대리석으로 만들어져 '제정(帝政)'이라는 새로운 정치체제의 정통성을 까마득한 전설과 연계시켜 만방에 설득하고 홍보하고 시민들을 세뇌하는 데에 사용되었던 것이다.

마르켈루스 극장. 율리우스 카이사르가 착공하고 아우구스투스가 완공했다.

마르켈루스 극장

요절한 조카에게 바친 로마식 반원형극장

고대 로마에는 에트루리아와 그리스 문화의 영향이 끼치지 않은 곳이 없다. 연극도 마찬가지였다. 연극은 원래 에트루리아에서는 장례의식의 일부였고, 그리스에서는 디오니소스 신 숭배의식의 일부였다. 즉 에트루리아나 그리스 사람들은 연극을 통하여 신들을 즐겁게 하고, 신들의 가호를 빌었던 것이다. 로마는 그들로부터 '연극'을 물려받았다. 로마에서 연극은 처음에 광장이나 시장과 같이 열린 마당에서 공연되었으며, 관객들은 이런 공연을 서서 지켜보았다. 로마 초기에는 상설무대나 객석이라는 것을 조금도 생각하지 못했던 것이다. 그러다가 기원전 145년경부터 연극의 개념이 완전히 바뀌어서 종교의식과는 전혀 관계없이 독립적인 장르로 발전했다. 아울러 관중들은 편히 앉아서 연극을 볼 수 있게 되었다.

그런데 공화정 시대의 사회는 극히 보수적이었기 때문에 전통을 지키려던 사람들은 이러한 변화를 매우 부정적으로 받아들였다. 보수파 정치인들은 로마의 전통적인 관습에 따라 연극과 같은 공연이 시민들의 도덕을 저해한다고 생각하여 상설극장을 짓는 것을 금지했다. 그 대신, 공연 후에 쉽게 철거할 수 있는 목조로 된 극장을 세우는 것만은 허가했다. 그때부터 로마에는 연극을 할 수 있는 건축물이 등장하게 되었다.

로마 최초의 상설극장

공화정 말기인 기원전 55년, 폼페이우스는 로마에 처음으로 석조극장을 세워 연극에 대한 보수적인 관습을 타파했다. 로마 역사상 처음으로 상설극장을 세웠긴 하지만, 보수파의 눈치를 보느라 관객석 뒤쪽에 베누스 신전을 세워 반원형의 관객석이 마치 신전으로 향하는 계단처럼 보이게 했다. 폼페이우스 극장의 모습은 현재 조금도 남아 있지 않고, 극장이 있던 자리에는 다른 건물들만 들어서 있다. 폼페이우스 극장이 세워진 지 몇 십 년 지난 기원전 13년, 코르넬리우스 발부스가 새로운 상설극장을 세웠는데 이 극장은 현재 무대 하부 공간만 조금 남아 있다.

폼페이우스 극장과 발부스 극장에 이어 로마에서 세 번째로 세워진 상설극장이 바로 마르켈루스 극장으로, 이탈리아어로는 마르첼로 극장(Teatro di Marcello)이라고 한다. 이 극장은 기존의 그리스식 극장과는 전혀 다른 새로운 로마 극장 건축의 전형이 된다.

그리스 사람들은 보통 비탈진 지형을 이용하여 반원형극장을 만들었고, 무대 뒤에 보이는 풍경이 그대로 무대 배경이 되었다. 반면에 로마인들은 천연지형과 관계없이 원하는 곳에 벽체를 쌓아올려 반원통형극장을 만들었다. 그리고 무대 배경은 뒤에 멀리 보이는 경치가 아니라 '무대건물'이었다. 이 건물은 무대의 배경과 막으로서 여러 가지 장식을 갖추었다.

요절한 조카를 위하여

캄피돌리오 언덕을 오르다보면 남쪽으로 콜로세움과 비슷한 모습을 지닌 유적이 보이는데, 이것이 바로 마르켈루스 극장이다. 현재 이 극장은 바깥벽 부분만 조금 남아 있고, 그 앞에는 아폴로 신

마르켈루스 극장. 극장 앞 한쪽에 아폴로 신전의 기둥이 남아 있다.

전 유적의 기둥이 앙상하게 서 있다. 공화정 시대에는 이곳에 목조로 된 가설 극장이 있었는데, 율리우스 카이사르는 이곳에 석조로 반원형극장을 착공했다. 극장의 위치가 아폴로 신전 바로 옆인 이유는 이 지역에서 열리던 아폴로 신을 숭배하는 축제에 이미 오래 전부터 연극도 포함되어 있었기 때문이다. 이 신전은 그리스에서 건너온 아폴로 숭배의식이 로마에서 처음으로 행해지던 때인 기원전 431년에 세워졌고, 율리우스 카이사르의 부관이던 가이우스 소시우스(Gaius Sosius)가 아우구스투스와 손잡은 후인 기원전 36년에 신전을 전면적으로 개축했다고 해서 소시우스의 아폴로 신전(Tempio di Apollo Sosiano)이라고 한다. 아폴로 신전 옆 또 다른 유적터는 비아 아피아를 건설한 아피우스 클라우디우스가 기원전 296년에 벨로나 여신에게 바친 신전터로 추정된다.

아우구스투스는 율리우스 카이사르가 착공한 이 극장을 기원전 17년에 완성하고, 기원전 13년(또는 기원전 11년)에 누이 옥타비아의 아들 마르켈루스에게 바쳤다. 고대 로마에서는 건물의 명칭에 건축을 계획하거나 시작한 사람의 이름을 붙이는 것이 관례였으니, 마르켈루스 극장이 아니라 율리우스 카이사르 극장이라고 부르는 것이 마땅했지만, 아우구스투스는 카이사르가 이루지 못한 일들을 마무리하면서 유독 이 극장의 이름만큼은 조카의 이름을 붙였다.

아우구스투스는 천하를 평정하고 나서 공화정으로 복귀하겠다고 공언했지만 오리엔트 전제군주와 크게 다를 바 없는 정치체제를 슬그머니 굳혀버렸다. 아우구스투스 때부터 공화정이 완전히 막을 내리고 제정이 공식적으로 시작된 것이다. 그는 자기 혈통의 신성함을 모든 수단을 동원하여 만방에 선전했으며, 자신의 권력을 이어받을 사람을 자신의 핏줄에서 찾았다. 그런데 그는 자식이라곤 딸만 있었기 때문에 딸을 조카 마르켈루스에게 시집보내고 그를 자신의 후계자로 삼을 생각이었다. 그런데 기원전 23년 마르켈루스가 19세에 그만 요절하고 말았으니, 자신의 핏줄을 이어줄 후계자를 잃은 충격은 이루 다 말할 수 없었을 것이다. 베르길리우스의 조사(弔辭)를 들으면서 아우구스투스와 옥타비아는 눈물을 삼켰을지도 모른다.

아우구스투스의 후계자는 결국 황비 리비아와 그녀의 전남편과의 사이에서 태어난 아들 티베리우스가 되었다. 그는 아우구스투스와 피 한 방울도 섞이지 않은 클라우디우스 가문 출신이었다. 이리하여 율리우스 카이사르를 기점으로 아우구스투스, 티베리우스, 칼리굴라, 클라우디우스, 네로 황제까지를 '율리오-클라우디우스 왕조'라고 부른다.

콜로세움 외벽의 전형

마르켈루스 극장의 평면은 지름 130미터에 높이 약 32.6미터, 총 1만 5000명의 관중들을 수용할 수 있었으며 필요에 따라 2만 명까지 수용할 수 있었던 것으로 보인다.

이 극장의 바깥 모습을 보면 각 층마다 사용된 기둥들의 양식이 모두 다르다. 고대 로마인들은 그리스에서 들여온 도리스 양식, 이오니아 양식, 코린토스 양식 외에 에트루리아에서 들여온 투스카니아식(이탈리아어로는 토스카나 양식, 영어로는 터스칸 양식)과 이오니아식과 코린토스식을 결합한 혼합 양식 등, 모두 다섯 가지의 기둥 양식을 주로 사용했다. 고대 로마의 건축가들은 단순히 건축물을 장식하기 위해서만 여러 가지 양식의 기둥을 첨가하지는 않았다. 즉 각 기둥마다 주는 느낌이 다르기 때문에, 건물을 미적으로 통제하기 위한 수단으로 저마

마르켈루스 극장의 1층.

테베레 강변에 세워진 마르켈루스 극장의 모형.

다 양식이 다른 기둥을 사용했던 것이다. 기둥을 세우는 본래의 목적은 위에서 내리는 무게를 지탱하기 위한 것이지만 고대 로마 건축에 사용된 기둥들은 구조적으로 별다른 기능을 발휘하지 않는 경우가 많다. 그렇지만 건물에 표현력을 주고, 건축물이 더욱더 웅변적이 되도록 한다.

극장의 바깥벽을 보면, 1층은 두터운 느낌을 주는 도리아식과 흡사한 토스카나식 기둥이고, 2층은 다소 여성적인 느낌을 주는 이오니아식 기둥으로 되어 있다. 극장의 3층은 모두 허물어지고 현재 다른 건물이 그 자리에 세워져 있긴 하지만, 원래는 가볍고 날렵한 느낌을 주는 코린토스식 기둥으로 되어 있었다. 위로 갈수록 건물의 하중이 줄어들기 때문에, 이와 같은 순서로 서로 다른 느낌을 주는 양식의 기둥을 수직으로 배치한 것은 매우 논리적이다. 극장의 바깥에서 보기에도 형태적인 안정감을 준다. 이러한 미적 논리는 100년 후에 세워진 콜로세움에서도 그대로 적용되었다.

이 극장은 세월이 지나면서 큰 수난을 당했는데, 서기 370년경에는 테베레 강의 섬에 세워진 다리를 복구하는데 극장의 일부가 뜯겨 나갔고, 1000년이 지난 13세기 후반에는 교황과 황제에 대항하여 투쟁하던 로마의 귀족들이 요새로 사용하기도 했다. 또 16세기에는 극장의 윗부분이 카에타니 가문의 아파트로 개축되어 지금도 사람이 살고 있다. 이 아파트는 마르켈루스 극장이라는 고대 로마의 건축물을 '용도 변경한' 여러 예 가운데 하나인 셈이다.

로마의 명소 트레비 분수.

처녀수로, 아쿠아 비르고

처녀의 전설이 깃든
아그리파의 지하수로

로마의 중심지에는 광장마다 건물 모퉁이마다 크고 작은 분수들이 물을 뿜고 있다. 분수는 기쁨과 활력을 상징한다. 그래서인지 로마의 길을 걸으면 즐겁고 재미가 있다. 영국의 시인 셸리는 "로마의 분수를 보는 것만으로도 로마를 본 것과 같다"라고 말했다. 로마의 중심지 안에는 역사적인 '족보'가 있는 분수만 손꼽아보아도 100개가 넘는다. 현재 가장 대표적인 분수라면 스페인 광장에 있는 조각배 분수와 나보나 광장 한가운데에 있는 4대강을 의인화한 분수, 그리고 트레비 분수를 꼽을 수 있다.

1762년에 완성된 트레비 분수는 로마 후기 바로크 시대의 걸작으로 로마를 상징하는 기념물 가운데 하나로 손꼽히며 전 세계에 가장 잘 알려진 로마의 분수이다. 트레비 광장의 북쪽에 남북으로 길게 뻗은 르네상스식의 폴리(Poli) 궁의 벽면은 높이 20미터, 가로 26미터가 되는데, 이 벽면에는 조각들이 장식되어 있어서 마치 커다란 무대와 같은 느낌을 준다.

이 조각군의 한가운데에는 대양의 신 오케아노스가 바다의 신 트리톤이 몰고 두 마리의 말이 이끄는 거대한 조개껍질 모양의 마차에 올라서 있다. 두 마리의 말은 각각 고요의 바다와 격동의 바다를 상징한다. 오케아노스의 좌우에 있는 조각들은 각각 풍요와 건강을 상징하며, 그 앞에 펼쳐진 넓은 수반(水盤)은

로마의 후기 바로크 시대를 대표하는 트레비 분수.

바다를 상징한다. 그런데 로마 후기 바로크의 명작 트레비 분수가 고대 로마와 무슨 관계가 있을까?

물 있는 곳으로 병사를 안내한 처녀

아그리파.

트레비 분수의 배경을 이루는 벽면을 보면, 윗부분에 두 개의 조각이 좌우에 있다. 하나는 아그리파가 수로 건설 계획을 검토하는 모습이고, 하나는 한 처녀가 로마 병정들을 안내하는 모습이다. 전설에 의하면, 새로운 수원지를 찾고 있던 아그리파의 부하들 앞에 웬 처녀가 나타나 그들을 물이 있는 곳

수로 건설 계획을 지휘하는 아그리파.

아그리파의 병사들을 물이 있는 곳으로 인도하는 처녀.

으로 인도했다고 한다.

로마 주변의 높은 지대에는 비나 눈이 녹아 땅속에 스며들어서 이루어진 수맥이 많다. 상수원은 일반적으로 지하에 있어 지상에서는 잘 보이지 않기 때문에 물이 고여 있는 곳을 찾기란 쉽지 않았다. 상수원을 찾는 방법은 여러 가지가 있었는데, 아그리파와 같은 시대의 건축가이자 토목엔지니어였던 비트루비우스는 다음과 같이 기록하고 있다.

"해 뜨기 직전에, 손 위에 턱을 괸 채로 얼굴을 땅바닥에 대고 엎드려 들판을 보라. 만약 땅에서 김이 모락모락 피어나는 곳이 보이면 그곳을 파보면 된다. 또 놋그릇을 구덩이에 놓고 하룻밤 기다려라. 만약 아침에 놋그릇 안에 이슬이 끼어 있으면, 그 아래에 물이 있다."

물이 있는 곳을 발견하여 수로 건설 계획을 확정하면 원로원에서 예산을 확보하고, 오늘날의 측량기사에 해당하는 리브라토르(librator)가 물이 완만한 경사를 따라 흐를 수 있는 지형을 정하고 나서야, 본격적인 공사를 개시할 수 있었다. 수로를 라틴어로 아쿠아이둑투스(aquaeductus)라고 하는데, '아쿠아(aqua)'는

스페인 광장에 있는 조각배 분수.

'물'이란 뜻이다.

기원전 19년, 아그리파는 처녀가 알려준 곳을 상수원으로 하여 로마에 물을 공급하는 지하수로를 만들었다. 이 수로의 이름은 '처녀의 수로'라는 뜻의 라틴어 아쿠아 비르고(Aqua Virgo)라 했는데, '처녀'라는 말에는 물이 그만큼 맑다는 의미도 있었다. 이 수로는 하루에 10만 입방미터의 물을 로마에 공급했으며, 수로의 길이는 20킬로미터가 넘었다. 아그리파는 이 수로를 통해 자신이 판테온 부근에 세운 아그리파 목욕장과 수영장에 물을 공급했고, 이 물을 이용해 로마에 자그마치 160개나 되는 분수를 만들었다.

이 수로는 로마제국이 멸망한 후 방치되었다가 1453년에 복구되어 오늘날까지도 물을 공급하고 있다. 그러니까 이 수로는 2000년이 지난 지금도 로마의 명물 트레비 분수를 비롯하여 스페인 광장의 '조각배 분수', 나보나 광장의 '4대강의 분수'에 물을 공급하고 있다.

로마의 수로

로마는 건국 이래 400년 이상 동안 테베레 강이나 지하수 층에서 물을 끌어올렸다. 하지만 기원전 4세기부터 인구가 급격히 늘어나면서 물의 수요도 급격히 늘어났기 때문에 외부에서 물을 끌어오지 않으면 안 됐다. 그리하여 수로를 건설하여 10킬로미터 이상 떨어진 곳에서 물을 끌어오기 시작했는데, 일반적으로 지하의 암층을 뚫고 지하수로를 만들거나 지상에 고가수로를 세워 로마 시내에 물을 항시 공급했다.

나보나 광장에 있는 4대강의 분수.

로마에 처음으로 세워진 수로는 아쿠아 아피아(Aqua Appia)이다. 기원전 312년 두 명의 집정관 카이우스 플라우티우스와 아피우스 클라우디우스가 착공하여 아피우스 클라우디우스가 그다음해인 기원전 311년에 완공한 것인데, 아피우스 클라우디우스는 비아 아피아를 만든 장본인이기도 하다. 이 수로는 길이가 16킬로미터이며, 하루에 3만 4000입방미터의 물을 공급했다.

트라야누스 황제 시대인 1세기말까지 로마는 수로가 모두 9개나 세워져 있어서 매일 자그마치 100만 입방미터나 되는 무궁무진한 양의 물을 공급받을 수 있었다. 그 후 로마에는 모두 11개의 수로가 갖추어졌으니, 당시 지구상에서 인구비례로 따져볼 때 1인당 물을 그렇게 많이 공급받던 도시는 지구상 어디에도 없었다.

평화의 제단 아라 파치스 내부.

아라 파치스와 해시계 오벨리스크

'팍스 아우구스타'를 천명하는 평화의 제단

1568년 아우구스투스 영묘에서 남쪽으로 약 300미터 떨어진 건물 지하에서 조각들로 새겨진 대리석판 아홉 개가 발견되었는데, 당시 이것이 무엇인지 아는 사람은 아무도 없었다. 1859년에는 아이네아스가 제사를 지내는 모습과 군신 마르스의 머리가 조각된 대리석 파편이 발견되었지만 그래도 수수께끼는 풀리지 않았다. 그 후 20년이 지난 어느 날 독일의 고고학자 폰 둔(von Duhn)은 이것이 다름 아닌 아우구스투스의 '평화의 제단' 아라 파치스의 파편이라는 것을 밝혀냈다. 1903년 본격적으로 발굴을 시작해 제단의 본체뿐 아니라 다른 파편들도 찾아냈고 1937년과 1938년 사이에 모든 발굴 작업을 마쳤다. 아라 파치스의 파편들이 발굴된 자리에는 이미 다른 건물들이 세워져 있었기 때문에, 아우구스투스 영묘 옆 공터에 이 제단을 보존할 박물관 건물을 세우고, 그 안에서 마치 퍼즐 게임

현대식의 아라 파치스 박물관. 오른쪽에 아우구스투스 영묘가 있다.

하듯 부서진 조각들을 맞추었다. 이리하여 1938년 아우구스투스의 탄생일을 기념하는 9월 23일, 평화의 제단 아라 파치스가 거의 2000년 만에 원래의 모습을 드러냈다. 물론 살점이 떨어져나간 부분이 많이 있기는 해도 말이다. 그리고 2006년 로마 시는 미국 건축가 리차드 마이어에게 기존의 박물관을 헐고 현대식 박물관을 세우도록 했다.

팍스 아우구스타

내란으로 점철되던 로마를 모두 평정한 아우구스투스는 방대한 로마의 영토 전역에 평화를 정착시킨 것에 대한 자부심으로 자신의 영묘 입구에 세운 청동기둥에다가 자신의 업적을 기록했는데, 그중에는 아라 파키스(Ara Pacis), 즉 평화의 제단을 만들었다는 문구가 있다. 현재 이탈리아에서는 후기 라틴어 발음을 따라 '아라 파치스'라고 한다. 또 아우구스투스가 자신의 업적을 기록한 '레스 게스타이(Res Gestae)'에는 다음과 같은 내용도 있다.

"내가 히스파니아(스페인)와 갈리아에서 임무를 성공적으로 수행하고 돌아왔을 때, 원로원은 나의 귀환을 축하하는 의미에서 캄푸스 마르티우스에 팍스 아우구스타 제단을 세워 봉헌하기로 의결했다. 그리고 원로원은 이 제단에서 고관대신들과 사제들과 베스타 여사제들이 매년 제사를 지내도록 했다."

"우리 조상들은 로마인들이 사는 모든 곳에 있는 야누스 신전 문이 가끔이나마 닫혀 있기를 기원했는데, 육지와 바다에서 승리를 쟁취한 다음에는 신전 문이 닫혔다. 그런데 내가 태어나기 이전, 그러니까 로마가 건국된 이래로 야누스 신전의 문은 단 두 번만 닫혀 있었다고 한다."

야누스 신전의 문을 열어두었다는 것은 야누스 신이 로마군을 보호하러 나갔다는 뜻으로 전쟁이 계속되고 있다는 의미였고, 반면에 야누스 신전의 문이 닫혀 있다는 것은 평화가 지속되고 있다는 뜻이었다.

이처럼 팍스 아우구스타(Pax Augusta, 아우구스투스에 의한 평화)를 상징하는 기념비가 바로 평화의 제단 '아라 파치스'이다. 이 제단은 어떻게 보면 평화란 구호나 협상이 아니라 오로지 힘으로 얻어진다는 것을 웅변해주는 듯하다. 어쨌든 이 평화의 제단은 아우구스투스가 오랜 내란을 종식하고 로마에 평화를 정착시킨 것을 경축하며 평화가 지속되기를 바라는 의미에서 세운 것으로, 이제 로마는 내전의 공포에서 해방되었고 해적들을 소탕하여 해로가 안전해졌으며 지중해는 로마의 '호수'가 되었다. 갈리아와 게르마니아에는 아직 완전한 평화가 오지 않았지만 이베리아 반도에서는 저항이 잠잠해졌으니, 이베리아 반도의 남단 카디스에서부터 게르마니아의 엘베 강 하구에 이르기까지 팍스 로마나(Pax Romana, 로마에 의한 평화)가 뿌리를 내렸던 것이다.

아라 파치스 박물관 외벽을 장식하는 아우구스투스의 업적록 '레스 게스타이'.

아우구스투스의 '가족사진'과 아그리파

아라 파치스는 아우구스투스 영묘 남쪽 대략 300미터 지점 플라미니아 가도 연변에 기원전 13년에 착공, 기원전 9년에 완공되었다. 벽체가 울타리처럼 둘러져 있고 한가운데에 제단이 있으며 제단은 계단을 통해 들어서게 되어 있고 지붕은 없다. 제단을 감싸고 있는 벽체의 높이는 6.1미터이고, 제단의 평면은 가로 11.6미터, 세로 10.6미터로 정사각형에 가깝다. 대리석을 비롯하여 투포, 트라베르티노 등 이 제단에 사용된 석재들은 모두 이탈리아 산(産)이다. 대리석은 아우구스투스 시대 때 채굴하기 시작한 이탈리아 북서해안 카라라 산(産)이다. 이전까지만 하더라도 대리석은 주로 그리스나 오리엔트 지방에서 가져왔다는 것을 고려해볼 때, 아우구스투스는 아라 파치스를 세우면서 '국산'을 '보란 듯이' 철저히 애용했던 셈이다.

아라 파치스의 벽면은 마치 광고판과 같아서 안쪽 면과 바깥쪽 면은 부조로 가득 장식되어 있다. 벽면은 가운데에 둘림띠를 이용해 상하로 나뉘어 있는데, 위에는 인물들의 행렬이, 아래에는 풍요한 자연을 상징하는 형상들이 채워져 있으며, 앞면과 뒷면은 신화가 묘사되어 있고, 양쪽 벽에는 아우구스투스 시대의 인물들이 등장한다. 이 부조들은 모두 아우구스투스 시대의 정치 이념을 표

아라 파치스. 이곳에 사용된 석재는 모두 이탈리아 산이다.

아우구스투스 황제 가족 행렬. 왼쪽 끝 잘린 부분이 아우구스투스이고 가운데에 사제의 모습을 한 인물이 아그리파이다.

현하고 있으며, 아우구스투스에 의해 로마에 평화와 풍요의 시대가 왔다는 것을 상징하고 있다.

아라 파치스의 정면을 보면, 오른쪽에는 이탈리아 땅에 발을 내디딘 아이네아스가 두 명의 젊은이로 표현된 가정의 신 파테나스에게 제사 지내는 장면이 있다. 정면의 왼쪽에는 군신 마르스의 얼굴이 있고, 늑대 젖을 빨고 있는 로물루스와 레무스의 모습은 원판이 행방불명이기 때문에 그림으로만 표시되어 있다. 뒷벽면의 왼쪽 면에는 어린아이 둘을 데리고 앉아 있는 여인의 모습이 있는데, 이것은 평화를 의인화한 것이거나 땅의 여신 텔루스를 상징한다. 좌우에 있는 바람과 물의 여신은 모두 풍요를 상징하고, 텅 비어 있는 오른쪽 면은 아마도 로마를 상징하는 여신의 부조가 있었던 것으로 보인다.

오른쪽과 왼쪽 바깥벽 면에는 아우구스투스를 비롯한 황제 가문의 인물들의 행렬이 보이는데, 자신의 가문 모두가 아이네아스와 로물루스의 후손들이라는 것을 강조하는 것이 아닐까?

오른쪽 벽면은 아우구스투스를 중심으로 로마제국의 황제 가문들, 즉 율리우스 가문과 클라우디우스 가문의 주요 인물들과 제사에 관련된 자들을 직위 순서대로 모두 집합시켜, 마치 단체사진을 찍기 위해 각자 나름대로 포즈를 취하기 직전과 같은 모습으로 묘사하고 있다. 그중 주인공인 아우구스투스의 모습은 왼쪽에 얼굴만 조금 남아 있다. 현재 남아 있는 행렬 중에서 가장 돋보이는 인물은 아그리파이다. 그는 어린 아들 카이우스 카이사르를 데리고 있다. 미술공부를 했던 사람이라면 아그리파의 석고 데생을 한번쯤 해본 적이 있을 것이다. 석고상에서 보는 아그리파의 얼굴은 힘이 넘쳐흐르는 건장한 모습이지만, 아라 파치스에서 보이는 그의 얼굴은 마치 병자와 같은 인상을 주며 천하를 호령하던 장군의 기상은 전혀 보이지 않고 뭐라고 말할 수 없는 우수가 서려 있는 듯하다.

아그리파는 기원전 56년에 비천한 가정에서 태어나 군에 몸을 담았는데, 20세 때 폼페이우스의 아들 섹스투스 폼페이우스의 군대를 격파하여 율리우스 카이사르의 총애를 받다가 옥타비아누스의 단짝이 되었고, 그 후에는 옥타비아누스의 오른팔이 되어 육지와 바다에서 연전연승하는 장군이 되었다. 그는 악티움 해전에서 안토니우스와 클레오파트라 연합군 함대를 격파한 장본인이기도 하다. 아우구스투스는 그의 어린 딸 율리아를 아그리파에게 시집보내어 그

아그리파의 모습. 그는 아라 파치스가 세워지기 전에 죽었다.

를 사위로 삼았으며, 그를 로마제국 제2대 황제로 삼을 계획도 갖고 있었다. 그런데 그는 아라 파치스가 세워지기 전인 기원전 12년, 불과 44세의 나이에 타계하고 말았다. 아우구스투스는 그를 존경하는 의미에서 이미 죽은 사람을 산 사람들 사이에 등장시켰던 것이 아닐까?

한편 벽면의 하단은 마치 기(氣)가 넘치는 땅에서 생성된 자연의 모습을 묘사한 듯한데, 그 한가운데 백조의 모습도 보인다. 백조는 죽기 직전에 아름다운 노래를 부른다고 하여 음악의 신 아폴로에게 바쳐진 새이다. 아폴로는 아우구스투스가 수호신으로 받들던 신이다. 그런데 아라 파치스의 백조는 어쩐지 이미 유명을 달리한 아그리파를 상징할지도 모른다는 생각이 든다.

아라 파치스에 등장하는 인물들의 부조를 자세히 관찰하면 직위와 계급에 따라 인물들의 배치가 다르다. 중요한 인물은 전면에 등장하고, 별로 중요하지 않으면 저부조로 처리되어 뒤에 살짝 얼굴만 보이거나 크기가 축소되어 있다. 또 등장인물들은 근엄한 제사 행렬이지만 딱딱한 자세가 아니라 모두 각자 나름대로 자연스런 동작을 취하고 있다. 그렇지만 아무리 봐도 누구에게서도 움직임이라고는 느껴지지 않는다. 다시 말해 동작을 취하고는 있지만 모두 매우 정적(靜的)이다. 그리고 빛이 비치면 음영은 매우 얕고 균일하다.

어린아이의 모습. 얼굴은 어른 모습이다.

전체적인 장면은 정적이지만, 엄숙한 표정을 한 어른들 사이에서 지루하다는 듯 아버지를 보채는 듯한 어린아이의 모습이 화면에 생기를 불어넣고 있다. 그런데 아이들의 얼굴이 아무리 봐도 너무 어른스럽다. 아라 파치스의 조각가는 어린아이 얼굴을 조각하는 데에는 솜씨가 다소 미숙했던 것일까? 아니면 어린아이를 '작은 어른'으로 여겼기 때문일까?

또 아라 파치스의 위치도 우연히 정한 것이 아니다. 캄푸스 마르티우스는 문자 그대로 '군신 마르스의 들판'이란 뜻으로, 전쟁을 상징하는 곳이다. 바로 이 지역에 아라 파치스가 세워졌다는 것은 전쟁을 끝내고 평화를 심었다는 것을 상징하기에도 아주 적절했다.

아우구스투스의 '연출'은 이것으로 끝나지 않았다. 마이케나스의 감독으로 아라 파치스 앞 광장 바닥에 가로 160미터, 세로 75미터의 거대한 해시계 판을 만들었다. 해시계의 중심축으로 이집트에서 가져온 오벨리스크를 세웠는데, 오벨리스크는 파라오 프삼미티쿠스 2세(기원전 595~589년)의 것으로 높이는 21.29미터이다. 이 해시계는 아라 파치스가 완성되기 1년 전인 기원전 10년에 세워졌고, 오벨리스크의 그림자는 1년 중 밤과 낮의 길이가 같은 9월 23일 정오에 아라 파치스의 중심축에 정확히 떨어졌다. 이날은 아우구스투스의 탄생일로 아우구스투스가 로마에 평화를 정착시키기 위해 태어났다는 의미가 된다.

몬테치토리오 광장에 세워진 해시계 오벨리스크.

아라 파치스의 벽의 높이가 6미터인데 반해 오벨리스크는 자그마치 21미터가 넘고 또 평지에 세워졌으니 멀리서도 사람들의 시야를 쉽게 이끌 수 있었다. 이 오벨리스크는 현재 원래의 위치보다 약 40미터 남쪽에 있는 몬테 치토리오 광장(Piazza Montecitorio)의 이탈리아 의사당 건물 바로 앞에 세워져 있다.

당시의 모습을 재현한 모형: 1. 아우구스투스 영묘, 2. 평화의 제단 아라 파치스, 3. 해시계 오벨리스크, 4. 테베레 강, 5. 비아 플라미니아(현재의 비아 델 코르소).

아라 파치스와 해시계는 모든 사람들에게 새로 찾아온 평화로운 시대에 대한 낙관적인 메시지를 던져주면서, 동시에 아우구스투스라는 인물을 선전하기 위해 세운 것이다. 자신의 치적을 선전하는 것이 로마인들에게 전혀 새로운 것은 아니지만, 그 방법이 좀 색다르다. 왜냐하면 아라 파치스에서는 신화와 역사가 공존하고 있기 때문이다. 즉 아우구스투스는 신화와 전설을 비탕으로 한 상징주의와 역사를 바탕으로 한 사실주의를 적당히 혼합하여 자신을 선전했던 것이다.

한편 오늘날의 천문학자들에 의하면, 평화의 제단이 세워진 지 몇 년이 지난 기원전 6년에서 기원전 4년 사이, 혹성 몇 개가 일렬로 겹쳐져서 땅에서 보면 아주 큰 별이 나타난 것처럼 보였다고 한다. 이때 수도 로마에서 멀리 떨어진 속주 유데아(유대)에서 인류에게 새로운 평화의 메시지를 전해줄 아기가 태어났으니, 그의 이름은 예수였다.

클라우디우스 수로의 거대한 아치.

클라우디우스 수로, 아쿠아 클라우디아

끝없이 연결된 '개선문'

로마의 남동쪽으로 향하는 교통량은 비아 아피아와 거의 평행으로 20세기 초에 새로 건설한 '비아 아피아 누오바(Via Appia Nuova)', 즉 '신(新) 비아 아피아'가 감당하고 있다. 이 도로를 따라 녹지대에 해당하는 구간 안으로 들어서면 인상적인 광경이 펼쳐진다. 넓은 초원 위에 수많은 아치를 연결하여 이루어진 고가수로의 유적이 멀리 알바 산 쪽으로 한없이 뻗어져 있다.

로마를 찾아온 18, 19세기의 유럽 문화계의 유명 인사들은 이 고가수로의 유적과 그 주변의 풍경을 보고 감탄을 아끼지 않았고, 지금까지도 화가들이나 사진작가들에게 영감을 불러일으킨다. 괴테는 이 수로의 유적을 보고 "개선문을 연결한 것 같다"라고 말했다. 그야말로 이 수로는 좌우로 끝없이 펼쳐진 개선문이라고 할 수 있겠다. 또 '개선문'이라고 하니 고대 로마의 토목공학과 수로공학의 승리를 의미할지도 모르겠다.

이 고가수로는 칼리굴라 황제가 서기 38년에 착공하여 클라우디우스 황제가 서기 52년 8월 1일에 완성한 것인데, 완성한 황제의 이름을 따서 아쿠아 클라우디아(Aqua Claudia)라고 한다. 아쿠아 클라우디아의 길이는 지하와 지상을 합쳐 무려 69킬로미터나 되며 지상에 세워진 고가수로만 해도 약 10킬로미터에 달하는데, 이 수로는 하루에 18만 5000입방미터나 되는 물을 로마에 공급

수많은 개선문을 연결한 것 같은 클라우디우스 수로.

했다. 그 후 네로 황제는 지류를 만들어 자신의 궁전과 공공목욕장에 물을 공급했고, 도미티아누스 황제도 지류를 만들어 팔라티노 언덕의 궁전에 물을 공급했다.

수로의 윗부분을 보면 물이 흐르던 수로의 단면을 볼 수 있는데, 이와 같이 물이 흐르는 굴을 스페쿠스(specus)라고 했다. 수로에서 물이 흐르는 부분은 일반적으로 납이나 진흙을 구워 만들든가, 아니면 돌을 길게 쌓아 굴처럼 만들었다. 로마 주변의 물에는 석회가 많아 침전물들을 정기적으로 제거해야 했기 때문에 적당한 거리마다 스페쿠스 안을 정기적으로 들여다볼 수 있게 했다. 스페쿠스의 폭과 높이는 보통 집의 방문 크기 정도였는데, 이것은 사람이 들어가서 점검하기에 적당했다.

로마에 엄청난 양의 물이 공급되자 수로에 파이프를 몰래 연결해 개인용으로 물을 빼돌리는 일이 많아졌다. 이런 물 도둑과 물의 낭비를 막고 로마 시에 물을 제대로 공급하기 위해, 네르바 황제와 트라야누스 황제 재위 시에는 프론티누스라는 사람이 '쿠라토르 아쿠아룸(curator aquarum)' 즉, 로마 수로관리책임자로 임명되어 수로를 관리했다. 그는 로마의 수로에 관해 매우 상세하면서도 읽기 쉬운 『로마 시의 수로에 관하여(De Aquaeductibus Urbis Romae)』라는 저술을 남겼는데, 이 책은 다행히 지금까지 전해 내려오고 있어서 고고학자나 역사학자들에게 매우 귀중한 자료가 되고 있다. 프론티누스는 클라우디우스의 수로를 '매우 장려하다'고 해서 '마그니켄티시무스(magnicentissimus)'라고 표현했다.

수로를 통해 들어온 물이 집수되던 포르타 마죠레 지역. 수로의 단면이 보인다.

비극의 클라우디우스 황제

괴테의 말대로 개선문을 좌우로 끝없이 연결한 듯한 클라우디우스 수로는 그 실루엣을 보면 마치 길게 펼쳐 놓은 낡은 영화 필름처럼 보인다. 그런데 이 영화 필름 속에는 개선(凱旋)의 드라마가 아니라 비극의 드라마가 고리처럼 연결되어 있는 듯하다. 고대 로마인들이 세운 인프라의 상징 가운데 하나로 손꼽히는 이 고가수로를 세운 장본인들이 제명대로 살지 못하고 모두 남의 손에 목숨을 잃었기 때문일까?

로마제국의 제2대 황제 티베리우스는 공공시설의 건설에는 별로 신경을 쓰지 않았지만, 제3대 황제 칼리굴라는 민심을 사로잡는 일에 먼저 신경을 썼다. 그래서 티베리우스 황제가 금지했던 검투사 시합도 재개했고, 로마를 더 아름답게 만들기 위한 건설에 열기를 불러일으켰다. 또 그는 테베레 강 건너 바티칸 언덕 언저리에 개인경기장을 세웠고, 이집트에서 오벨리스크를 가져와 그 경기장 한가운데에 세워두었다.(이 오벨리스크는 현재 베드로 대성당 광장 한가운데에 세워져 있다.) 그리고 로마에 물을 더 많이 공급하기 위하여 새로운 수로를 두 개나 더 착공했다. 그런데 정서적으로 매우 불안했던 칼리굴라는 국가 재정을 바닥냈으며, 보통사람이 이해할 수 없는 미친 짓과 잔인한 짓만 골라 하다가, 결국에는 황제 근위대에게 암살당하고 말았다.

클라우디우스 황제.

그 암살 현장에는 그의 삼촌 클라우디우스가 숨어 있었다. 그는

로마 외곽 초원에 펼쳐지는 클라우디우스 수로의 광경.

다리를 저는데다가 평소에 멍청한 사람으로 여겨졌지만, 근위대는 그를 황제로 옹립했다. 클라우디우스는 아우구스투스와 티베리우스 시대 때 황실의 일원으로 이름을 날리던 젊은 명장 게르마니쿠스의 동생이었기 때문에 군대의 지지를 얻게 된 것이었다. 그런데 황제가 된 클라우디스는 멍청한 사람이 전혀 아니었다. 그는 에트루리아의 역사에 관한 책을 저술할 정도로 학문에 관심이 많았으며, 정치, 행정, 외교, 경제 등 여러 분야에서 탁월한 수완을 발휘했다. 게다가 율리우스 카이사르도 이루지 못한 브리탄니아(현재의 영국)를 정복하여 로마 시민들의 존경을 받을 정도가 되었으며, 공공시설 건설에도 박차를 가하여 오스티아에 새로운 항구를 건설했는가 하면 칼리굴라가 미완성으로 남긴 공공시설의 완공에 전력을 기울였다. 이렇게 해서 완성된 것이 '아쿠아 클라우디아', 즉 클라우디우스 수로이다.

클라우디우스 황제는 오로지 국정에만 몰두했다. 한편 그와는 반대로 남편이 황제가 되자 졸지에 황후가 된 메살리나는 행실이 매우 나빠서 황후의 신분으로 당시 로마 최고의 미남 원로의원인 실리우스를 유혹하여 이중 결혼을 하는 바람에, 황제의 체통이 깎이는 것을 염려한 근위대의 칼에 죽음을 당하고 말았다.

메살리나가 죽은 후, 클라우디우스 황제는 그의 형 게르마니쿠스의 딸 아그리피나와 결혼하게 되는데, 그녀는 '루키우스'라는 어린 아들이 딸린 과부였다. 아그리피나의 꿈은 오로지 아들을 로마제국의 황제 자리에 앉히고 뒤에서 권력을 휘둘러보는 것으로, 그 목적을 위해서 수단과 방법을 가리지 않았다. 그녀는 갖은 음모를 꾸며 데려온 아들을 클라우디우스의 양자로 입적시킨 다음, 황제의 어린 딸 옥타비아와 반강제로 결혼시켰으며, 그것도 부족하여 클라우디우스 황제를 몰래 독살했다고 전해진다.

원로원은 클라우디우스의 정치에 불만을 품고 있었기 때문에 아그리피나의 황제 시해 사건을 눈감아주었다. 아그리피나는 야심대로 아들을 드디어 황제 자리에 앉혔다. 로마제국의 제5대 황제가 된 17세의 소년은 네로(Nero)라고 불려지게 되었는데 이것은 클라우디우스 가문에서 많이 쓰던 이름이었다.

도무스 아우레아 폐허 입구.

네로 황제의 도무스 아우레아

허망하게 철거된 황금궁전

네로가 황제의 자리에 오른 지 10년이 되던 해인 서기 64년. 더위가 다소 가라앉은 7월 18일 밤, 로마에서는 상상을 초월하는 대화재가 발생했다. 역사가 타키투스는 서기 116년경에 쓴 『연대기(Annalis)』에서 대화재에 대해 상세하게 기술하고 있는데, 그는 서기 56년(또는 57년) 출생으로, 당시 일곱 살 혹은 여덟 살 때에 본 것을 회상하여 쓴 것이다. 그가 어릴 때 본 화재의 상황은 다음과 같다.

불타는 로마

"로마는 무서운 불길에 휩싸이고 있었다. 불길은 대경기장 키르쿠스 막시무스에서 시작하여 팔라티노 언덕, 첼리오 언덕으로 번졌다. 불타기 쉬운 상품들을 파는 상점에 불길이 덮치고, 강풍이 불어 불길이 걷잡을 수없이 번지는 바람에 키르쿠스 막시무스 지역은 완전히 불길에 휩싸였다. 방화벽이나 불길을 막을 만한 시설을 갖춘 신전이나 저택들은 하나도 없었다. 불길은 바닥층에서 시작해 언덕 위로 번지기 시작했는데, 언덕 위로 번진 불길은 다시 언덕 너머 아래로 번졌다. 옛날 도시의 좁고 구불구불한 골목길과 불규칙적으로 세워진 건물들도 불길이 번지기에 좋았다.

여인들은 놀라서 비명을 지르고, 노인들과 어린이들은 어쩔 줄 몰라 하고, 어떤 사람들은 자기의 목숨을 구하려고 이리저리 피신하고, 어떤 사람들은 헌신적으로 불구자들을 돕고 있었는데, 피신하는 자나 남아 있는 자 모두 혼란의 도가니에 빠져 있었다.

무시무시한 불길이 그들 바로 앞이나 옆으로 덮쳤다. 사람들이 몸을 피하는 곳마다 불길도 따라왔다. 아주 멀리 있다고 생각되던 지역조차 불길에 휩싸였다. 어디로 어떻게 피신해야 할지 몰라 사람들은 시골길로 몰리거나 들판에 망연자실한 채 주저앉았다. 모든 것을 잃어버린 사람이나 그날 먹을 음식까지도 잃어버린 사람들은 피신할 수 있는데도 불구하고 죽음을 선택했다. 사랑하는 처자나 애인을 잃은 사람들도 같은 길을 선택했다. 아무도 불길과 감히 싸우지 못했다.

그런데 불길을 잡으려고 하면 깡패들이 훼방을 놓았다. 이 깡패들은 횃불들을 건물 안으로 던지고 있었는데, 그들은 자신들이 명령에 의해 행동하는 것뿐이라고 소리 질렀다. 아마도 뒤에서 누군가가 그들에게 불을 지르라고 시킨 모양이다. 아니면 아무런 제지도 받지 않고 도둑질을 하려고 했던 모양이다.

네로는 그때 안티움에 있었다. 그는 마이케나스의 정원과 팔라티노 언덕을 연결하는 궁전을 세웠는데, 불길이 이곳에까지 번지자 그때서야 로마로 돌아왔다. 불길은 그의 궁전을 포함해서 팔라티노 언덕까지 모두 휩쌌다.

네로는 집을 잃고 방황하는 수많은 사람들을 위하여 캄푸스 마르티우스 지역을 활짝 열었다. 그리고 아그리파가 세운 공공건물과 심지어 자신의 정원도 열었고, 이재민들을 위해 긴급 수용시설을 만들었다. 오스티아와 로마 주변의 도시에서 식량을 운반하도록 했으며, 곡물의 가격을 대폭 낮추었다. 그런데 민심을 사로잡으려는 이러한 모든 노력에도 불구하고 사람들은 네로에게 전혀 감사하지 않았다. 왜냐하면 로마가 불에 타고 있을 때, 네로가 자기의 개인 무대에 올라서서 이 재앙을 고대와 비교하며 '불타는 트로이아'를 노래했다는 소문이 퍼졌기 때문이었다."

이 불길은 9일이 지난 다음에야 잡혔지만 로마는 이미 완전히 초토화되고 말았다. 네로는 팔라티노 언덕 위에 도무스 트란시토리아라는 궁전을 짓고 있었는데, 이것은 황제의 소유인 팔라티노 언덕과 에스퀼리노 언덕을 연결하는 궁전이었다. 이 궁전도 대부분 불타버리고 말았으니 그도 '이재민'이 된 것이나 다름없었다. 불이 처음 번진 곳은 그리스 사람들과 아시아 사람들이 다닥다닥 몰려 살던 곳으로, 화덕, 화로, 아궁이, 등잔, 횃불 등으로 화재를 일으킬 만한 위험한 요소가 항상 도사리고 있었다.

이러한 대화재가 네로 시대에만 발생했던 것은 아니다. 제정 시대 초기의 화재기록을 보면, 아우구스투스가 재위하던 서기 6년에는 로마에 엄청난 화재 사건이 여러 번 발생하여 아우구스투스는 7000명으로 구성된 소방대를 조직하기도 했다. 또 티베리우스 황제 때인 서기 27년에는 첼리오 언덕 지역이, 그리고 36년에는 아벤티노 언덕 지역이 깡그리 불타 없어졌고, 클라우스디우스 황제 때인 54년에는 캄푸스 마르티우스 지역 주변의 주택가들이 몽땅 불에 타버렸다. 그런데 64년의 화재로 인한 피해는 이전에 비해 너무 컸다. 아우구스투스가 도시행정을 위해 구분해놓은 로마의 14개의 구 가운데 세 개가

네로황제.

흔적도 없이 완전히 전소되었고, 일곱 개는 상당한 피해를 입어 복구하기 힘들 정도가 되어버렸던 것이다.

기독교 박해자, 네로 황제?

타키투스의 말을 빌리면 누군가가 진화작업을 방해하고, 또 횃불을 여기저기 던지면서 불이 더 나게 했다는데, 도대체 그들은 누구였을까? 기독교 신자들이었을까? 당시 로마에는 대략 3000명 정도의 기독교 신자들이 있었는데, 보통 로마인들은 이들을 모두 유대인으로 생각했고, 당시 로마 시민들은 유대인들에 대한 감정이 그리 좋지 않았다. 특히 기독교 신자 가운데에는 예수의 가르침을 왜곡한 극렬 원리주의 과격파 행동대들이 있었다. 이들은 세상의 종말을 고대하고 있었는데, 그들이 보기에 로마는 바로 제2의 바빌론, 아니면 제2의 소돔과 고모라나 다름없었다. 그래서 그들은 로마가 불의 심판을 받아야 마땅하다고 보았다. 이 극렬분자들은 체포되기도 전에 이미 자신들이 불을 질렀다고 떠들어댔으며 마치 자기네들이 무슨 성스러운 전쟁이라도 한 것으로 착각하고 있었다.

네로는 체포된 자들 가운데 엄격히 방화범을 가려내어 법에 따라 처벌하기로 했다. 방화 혐의자들은 모두 2~300명으로 추산되었다. 그 당시의 로마법에 의하면 방화범은 화형이었다. 네로는 스승 세네카로부터 관용의 정신을 배웠지만, 이들에게 극형을 집행하는 것을 반대하지 않았다. 그 이유는 당시 네로가 로마에 불을 질렀다는 소문이 시민들 사이에 무섭게 퍼지고 있었고, 네로의 정치에 반감을 품어오던 반대파들이 이 기회를 이용해 그를 궁지에 몰아넣을 수도 있었기 때문이다.

혁신적인 건축, 도무스 아우레아

대화재가 수습된 후 네로 황제는 즉시 시가지를 새로 단장할 개혁적인 조치를 취했는데, 그것은 당시의 기준으로 볼 때 로마를 완전히 현대적인 도시로 탈바꿈하는 계획이었다. 이 계획에 의하면 화재의 위험에서도 벗어나고 햇빛도 충분히 받을 수 있도록 건물들 사이의 거리를 어느 정도 둘 수 있었다. 이것은 네로 황제 이전까지만 하더라도 시민들이 사는 주거환경이 매우 열악했다는 것을 의미하며, 이전의 황제들은 시민들의 삶의 질에 관해서 별로 신경을 쓰지 않았다는 뜻도 된다.

네로 황제는 이 기회에 기존의 궁전보다 더 큰 궁전을 짓기로 결정하고, 팔라티노와 에스퀼리노 언덕뿐 아니라 첼리오 언덕까지 확장했다. 그 면적은 자그마치 140헥타르에 달했으니, 현재의 바티칸 시국보다도 훨씬 더 넓었다. 그런데 네로는 민심을 읽지 못했다. 궁전 건립공사가 너무나 신속히 진행되었기 때문에 네로가 자신의 궁전을 새로 짓기 위해 로마에 불을 질렀다는 소문이 탄력을 받게 된 것이다. 또 로마 시의 중심부를 완전히 녹지대로 만드는 바람에 네로를 좋아하던 시민들도 불만을 터뜨리기 시작했다.

볼트(궁륭)형 천정으로 이루어진 도무스 아우레아의 내부.

새로운 궁전 도무스 아우레아는 세베루스(Severus)와 켈레

도무스 아우레아의 팔각형 홀. 위에서 들어오는 빛이 실내를 밝힌다.

르(Celer)라는 두 사람의 건축가의 설계로 세워졌고, 불과 4년 만에 대부분 완성되었다. 이에 네로는 흡족하여 "이제야, 사람이 살 만한 집에서 살게 되겠군"이라고 말했다고 한다. 한편 내부의 장식은 파불루스(Fabullus)라는 당대의 대예술가의 손에 의해 이루어졌는데, 그는 당시의 정장인 토가를 입고 벽화를 그릴 정도로 예술에 대한 태도가 매우 진지했던 것으로 전해지고 있다. 한편 수에토니우스의 기록에 의하면 도무스 아우레아의 실내는 예전에 어디에서도 볼 수 없던 초호화판으로, 모두 금박과 보석으로 장식되어 있었다고 한다. 특히 넓고 둥근 연회실은 천장이 상아로 장식되어 있었는데, 회전이 가능하여 돌아갈 때마다 꽃잎과 향수가 연회석상으로 떨어지도록 했다고 한다. 네로는 그리스 문화에 심취해 있었고, 그리스 조각 수집광이기도 했다. 현재 바티칸 박물관에 보관되어 있는 헬레니즘 시대의 조각 라오콘은 네로가 도무스 아우레아에 소장하던 작품으로 여겨지고 있다.

로마의 중심부를 완전히 장악한 도무스 아우레아는 도시 안에 있는 또 다른 도시로, 숲, 들, 연못 따위를 갖춘 목가적이며 전원풍의 도시였다. 도무스 아우레아는 라티움 지방이나 캄파니아 해안에 세워진 별장과 거의 비슷한 유형이었다. 즉 산을 뒤로하고 바다로 시야를 열어주는 형태인데, 로마에는 바다가 없기 때문에 도무스 아우레아는 눈 아래에 펼쳐지는 인공호수 쪽으로 시야가 열리도록 했다. 이 호수는 세 개의 언덕이 마주치는 골에 있었는데, 거대한 장원과 같은 도무스 아우레아의 시각적 초점을 이루었다. 그리고 호수 옆에 네로 황제의 거대한 금빛 동상 콜로수스가 세워졌다.

도무스 아우레아는 건축적인 측면에서 볼 때 여러 가지 흥미로운 점이 있다. 그 당시 로마의 건축이란 아우구스투스 시대 이래로 전반적으로 다소 무미건조했으나, 도무스 아우레아에는 새로운 건축 공간들이 많이 창조되었다. 간단한 예로, 예전의 건축에서 천장은 으레 평평했는데, 도무스 아우레아에는 둥근 볼트형 천장이 본격적으로 사용되었다. 이로 인해 실내 공간이 더 넓고 높게 느껴졌다. 물론 이것이 하루아침에 이루어진 것은 아니었고, 이미 그런 기술과 감각이 축적되어 있었다. 다만 이전에는 소규모로 사용되고 있었을 뿐이었다.

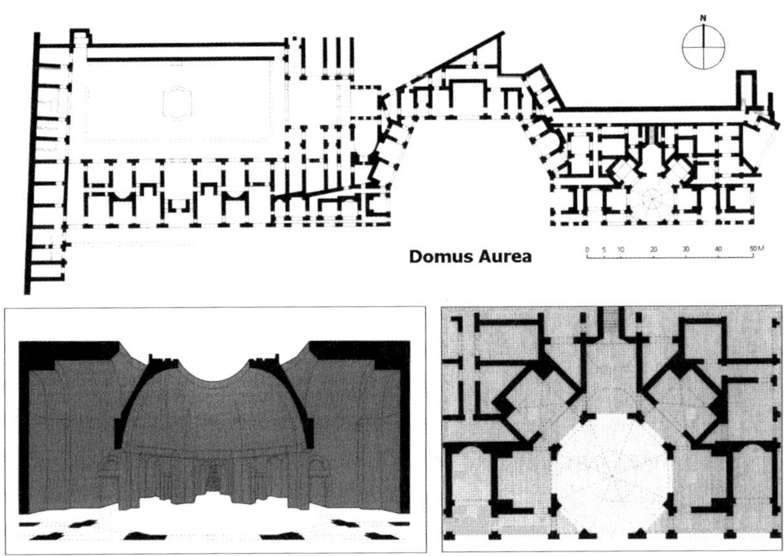

도무스 아우레아의 평면도와 팔각형 홀의 평면도.

도무스 아우레아의 팔각형 홀(Aula ottagona)의 평면도를 보면 다섯 면은 작은 방들과 연결되어 있고, 세 면은 건물의 바깥을 바라보고 있다. 즉, 홀의 둥근 지붕이 자체의 무게로 바깥으로 벌어지려고 하는 것을 작은 방들이 지탱해주고 있다. 홀의 천장은 반구처럼 둥근 형태이며, 천장 한가운데에는 빛이 위에서 들어올 수 있게 광창(光窓)을 만들었다. 또한 둥근 지붕 밖 틈새로 작은 방들의 내부를 밝히는 빛이 들어온다. 이러한 공간의 연출은 네로 황제 이전 건축에서는 전혀 볼 수 없었다.

땅속에 묻힌 황금궁전

서기 68년, 네로가 자살한 후 잠시 정권을 잡았던 오토 황제와 비텔리우스 황제가 도무스 아우레아에서 살았다. 그러나 정치적 혼란기를 평정하고 황제가 된 베스파시아누스 때부터 도무스 아우레아의 운명은 완전히 달라지기 시작했다. 인공호수 자리에는 거대한 콜로세움이 세워지기 시작했고 같은 해에 도무스 아우레아가 헐리고 그 자리에 티투스의 목욕장이 세워졌으며, 후세에는 그 옆에 거대한 트라야누스 황제의 목욕장이 세워졌다. 파괴된 도무스 아우레아가 완전히 땅속에 묻히고 만 것이다.

그 후 많은 세월이 흘렀다. 로마제국의 위용을 자랑하던 콜로세움이 잊히면서 도무스 아우레아에 관한 기억도 망각의 늪에 깊게 빠져버렸다. 15세기 말, 땅속에 묻혀버린 도무스 아우레아의 흔적을 찾기 위한 노력이 시작되면서, 도무스 아우레아의 유적 안에 들어가볼 수 있게 되었다. 철저히 파괴되고 또 오랜 세월 동안 땅속에 묻혀 있었기 때문에, 도무스 아무레아는 과거의 화려했던 실내의 모습은 사라졌고, 동굴이 되다시피 한 실내에는 당시의 벽화나 장식들만이 군데군데 남아 있었다. 당시의 대예술가들은 도무스 아우레아의 실내 벽화와 장식을 보고는 입이 벌어졌다. 왜냐하면 직접 두 눈으로 고대 로마인들의

도무스 아우레아의 폐허(오른쪽)과 그 너머 보이는 콜로세움.

미술을 재발견할 수 있었기 때문이다. 이리하여 도무스 아우레아의 장식은 당시 르네상스 시대의 예술가들 사이에 유행처럼 번져 기둥이나 벽을 장식하는데 모방되었다. 이러한 양식을 '동굴(grotta)'에서 나왔다고 하여 '동굴풍(grottesca)'이라고 불렀는데 이것을 프랑스어와 영어로는 그로테스크(grotesque)라고 한다.

대제국의 건설
Chapter 4
로마제국
전성기

콜로세움은 로마에 세워진 전무후무하고 거대한 상설 석조 원형극장으로 자그마치 500년 동안 사용되었다.

콜로세움

피의 함성이 울리던
고대 로마 최대 원형경기장

로마 대화재를 수습하고 난 네로는 66년, 어릴 때부터 동경하던 그리스로 건너가 1년을 보내고 있었는데 유데아에서 반란이 일어나자 플라비우스 베스파시아누스를 사령관으로 임명하여 현장으로 급파했다. 이후 네로는 로마가 심상치 않다는 소식을 접하고는 서둘러 귀환해 사태를 수습했다. 하지만 귀족층이 보기에 황제답지 못한 행동을 계속하자 갈리아의 빈딕스 총독이 네로의 권위에 정면으로 도전하는 사태가 발생했고, 빈딕스의 난이 진압된 후에는 히스파니아(스페인)에서 원로원과 황제 근위대와 내통하던 부호 갈바 총독이 반란의 중심세력이 되었다.

상황을 저울질해보던 원로원이 전격적으로 네로를 국가의 적으로 선포하자 근위대는 갈바에게 충성을 서약했다. 68년 6월, 순식간에 몰락해버린 갓 서른의 네로는 결국 자살의 길을 택하고 말았다. 그 후 로마는 대혼란기를 맞게 된다.

새로운 황제가 된 갈바는 근위대와 밀약했던 하사금 기부 약속을 지키지 않아 재위 일곱 달을 넘기지 못하고 살해당했고, 이후 근위대가 옹립하여 황제가 된 오토는 로마제국 최전방의 게르만 군단 사령관 비텔리우스가 이탈리아로 진군해 내려오자 재위 석 달 만에 자살하고 말았다. 한편, 비텔리우스가 황제가 된 것을 꺼려한 오리엔트 군단과 도나우 군단은 덕망 있는 60세의 노장 베스파시아누스를 황제로 옹립했다. 도나우 군단은 이탈리아로 진군해 들어와 로마에서 치열한 시가전을 벌인 끝에 비텔리우스 황제를 살해하고, 69년 12월 21일 수도를 완전히 접수, 베스파시아누스의 로마 입성의 길을 터놓았다. 이리하여 로마제국 사상 처음으로 황족이나 원로원 가문 출신이 아닌 '신참자'가 로마제국의 황제로 즉위하게 되었다.

플라비우스 왕조

황제가 된 베스파시아누스는 두 아들 티투스와 도미티아누스와 함께 대내적으로는 국가의 기강을 바로 잡고, 대외적으로는 로마제국의 건재함을 만방에 알릴 수 있는 대규모 공공건축물 건립을 계획했다. 먼저 플라비우스 왕가에 의한 평화를 상징하는 '평화의 포룸'을 건립했고, 네로의 궁전 도무스 아우레아를 헐어내고 시민들을 위한 공공시설 티투스 목욕장

콜로세움을 착공한 베스파시아누스 황제(좌). 콜로세움의 모형. 옆에 거대한 황금동상 콜로수스가 세워져 있다.

을 세웠으며, 도무스 아우레아의 인공호수 자리에는 배수시설을 하여 원형극장을 세웠다. 이 거대한 원형극장은 플라비우스 가문에 의해 세어졌다고 하여 '암피테아트룸 플라비움(Amphitheatrum Flavium)'이라고 한다. 여기서 암피(amphi-)라는 말은 '양쪽'이란 뜻이다. 로마인들은 '두 개의 테아트룸', 즉 '두 개의 반원형극장'을 마주보게 하여 붙인 원형극장을 만들고 이것을 암피테아트룸(amphitheatrum)이라고 불렀다.

베스파시아누스는 암피테아트룸 플라비움을 세우면서 그 옆에 있던 높이 35미터나 되는 네로 황제의 거대한 황금동상 콜로수스(Colossus)는 헐지 않고 얼굴을 태양신으로 바꾼 채 세워두었다. 이 '원형극장'은 중세에 '콜로세움(Colosseum)'으로 불려졌는데, 이 명칭은 '콜로수스'에서 유래된 것으로 보인다.

베스파시아누스 황제는 서기 72년에 콜로세움 축조공사를 시작하고 나서 2층까지 올라가는 것만 보고 79년 타계하고 말았다. 그는 임종석에서 "아, 이제 나는 신이 되어 가는 모양이다"라고 농담할 정도로 여유가 있었으며, "황제는 누워서 죽을 수 없다"면서 서서 죽기를 고집했다고 한다. 황제 자리를 물려받은 그의 장남 티투스는 다음해에 콜로세움을 3층까지 완성한 후, 죽은 아버지를 기리며 개막기념행사를 100일 동안 성대하게 열었고, 또 이에 맞추어 티투스 목욕장도 개장했다.

이것은 79년 여름 베수비오 화산 폭발로 인한 재앙과 80년 봄 로마의 중심부를 초토화한 대화재로 인해 침체되어 있던 시민들의 기분을 돋워주기 위한 목적도 있었다. 개막행사 중 하나인 맹수사냥 시합에서 5000마리가 넘는 진귀한 맹수들이 희생되기도 했다.

콜로세움이 4층까지 완성된 것은 티투스의 동생 도미티아누스 황제 때이다. 그렇기 때문에 공사기간이 10년 정도 걸린 것으로 생각하기 쉽지만, 실제로는 5년 정도밖에 되지 않았을 것이라고 학자들은 말한다. 대규모의 건축물을 이렇게 단기간에 완성할 수 있었던 것은 간결한 설계와 공사 현장의 효율적인 조직과 뛰어난 시공기술과 수많은 유데아 전쟁포로를 이용한 노예 노동력 덕택으로 볼 수 있겠다.

콜로세움의 바깥벽 높이는 거의 50미터이고, 타원형 평면의 장축과 단축은 각각 188미터와 156미터, 둘레가 527미터이다. 아레나(경기장)의 장축과 단축은 각각 약 86미터와 54미터(280×168로마식 피트)로 장축 대 단축의 비율이 당시 가장 이상적으로 여겨지던 5:3이었다. 또 콜로세움의 기초의 두께는 하중이 큰 바깥벽 쪽은 12~13미터, 하중이 작은 안쪽 관객석은 4미터가 되는데, 2000년이 지난 지금도 가라앉거나 금 간 곳이라고는 거의 찾아볼 수 없다.

그런데 하필이면 호수 자리에다가 이런 거대한 경기장을 세웠을까? 소박한 가문 출신 베스파시아누스 황제는 율리우스 카이사르나 아우구스투스가 그랬던 것처럼 자신의 가계를 까마득한 신화와 연결시킬 생각은 전혀 없었을 뿐더러, 서민적인 성격상 그럴 사람도 아니었다. 그렇지만 늪지를 흙으로 메우고 백성들이 모이는 포룸을 만든 로마의 시조 로물루스처럼, 비만 오면 물이 괴는 저지대에 백성들이 모이는 장소를 만들어 자신도 새로운 왕조의 창건자임을 은근히 보여주고

아치와 아치 사이에 사용된 기둥의 양식을 보면 1층은 투스카니아식, 2층은 이오니아식, 3층은 코린토스식이다.

콜로세움 내부. 콜로세움은 타원형 평면의 긴 쪽과 짧은 쪽의 지름이 각각 188미터와 156미터, 그리고 둘레가 527미터나 된다. 아레나의 긴 쪽과 짧은 쪽은 각각 86미터와 54미터로 5:3의 비율을 유지하고 있다.

싶었던 것이 아니었을까? 또 그는 '새로운 시대의 아우구스투스'라는 인상을 주기 위해 아우구스투스 시대에 세워진 고전적인 건축을 많이 참조한 것으로 보인다. 콜로세움의 경우 아우구스투스가 완공한 마르켈루스 극장 외관을 거의 그대로 따르고 있다.

콜로세움의 외관을 보면, 마르켈루스 극장에서처럼 아치와 아치 사이의 기둥은 하중을 받는 것이 아니라 장식을 위해 사용되었는데, 1층은 두터운 느낌을 주는 도리아 양식과 토스카나 양식을 혼합한 반원기둥, 2층은 다소 여성적인 느낌을 주는 이오니아식 반원기둥, 3층은 마치 소녀를 연상하듯 가볍고 날렵한 느낌을 주는 코린토스식 반원기둥으로 되어 있는 반면, 4층은 코린토스식을 변형한 복합 양식인 듯한 벽기둥으로 처리되어 있는데 원기둥에 비하면 훨씬 가볍게 느껴진다. 마르켈루스 극장에서처럼 위로 갈수록 건물의 하중이 줄어들기 때문에, 서로 다른 느낌을 주는 양식의 기둥들을 이와 같은 순서로 수직으로 배치한 것은 매우 논리적이다.

한편 직사각형 창문이 있는 벽체로 된 4층은 아치로 뚫려 있는 1, 2, 3층과 강한 음영 대비를 이루면서 콜로세움의 외관을 전체적으로 마무리하는 듯하며, 마치 거대한 개선문인 것처럼 보여 콜로세움 외관에 중후한 느낌이 들게 한다.

콜로세움은 5만 명의 관중을 수용할 수 있었으며, 입석까지 포함하면 7만 명이 들어갈 수 있었다고 한다. 이 정도의 규모라면 웬만한 도시의 인구를 모두 수용할 수 있는 크기였는데도, 관중들이 밖으로 빠져나가는데 15분이 넘지 않도록 설계되었다고 한다. 사실 1층의 80개의 아치 중에서 타원의 장축과 단축 선상에 있는 4개의 주입구를 제외한 76개는 출입구 번호가 I(1)부터 LXXVI(76)까지 새겨져 있고 입장권에는 출입구 번호가 쓰여 있어서 출입통제가 수월했다.

네 개의 층으로 나뉜 관중석은 신분에 따라 자리가 달랐고, 시야를 좋게 하기 위해 2, 3층 관중석 경사도를 37도나 되게 했으며, 이보다 더 가파르게 설계된 4층 관중석은 외벽을 바깥으로 미는 힘을 줄이기 위해 목재로 만들었다. 이 밖에도 비가 오거나 햇빛이 강할 때 돛과 같은 천막 벨라리움(Velarium)을 쳤는데, 이것은 고도의 기술을 필요로 하는 작업이었기 때문에 나폴리 만 미세눔 항의 해군기지에서 올라온 특수요원들이 담당했다.

아치 윗부분에 새겨진 출입구 번호. 로마숫자 XLVI는 46이다.

검투사 훈련장 및 숙소의 유적에서 본 콜로세움.

벨라리움을 고정하던 장치는 바깥벽 윗부분에 남아 있다.

콜로세움이 세워진 곳은 주변의 언덕이 마주치는 저지대이어서 물이 빠지기 힘든 곳인데도 불구하고 초창기에는 '나우마키아'라고 불리던 모의 해전도 즐길 정도로 배수시설을 완벽하게 했다. 하지만 물을 넣고 빼는 번거로움 때문에 도미티아누스 황제는 이를 없애고 경기장 아래에 미로와 같은 지하시설을 만들어 검투사의 대기실, 맹수 우리, 무대장치 보관실 등으로 사용했다. 이밖에도 콜로세움의 건축가들은 경기장 세트와 장비, 사람과 맹수들을 적시에 또는 동시에 아레나에 올려놓을 수 있는 엘리베이터 장치를 고안하기도 했다.

검투사 시합

콜로세움에서 로마 시민들은 맹수 사냥이나 검투사 시합을 즐겼다. 경기장 바닥에는 모래를 깔았는데, '모래'를 뜻하는 아레나(arena)는 '원형경기장'이란 뜻으로 굳어져 오늘날까지 사용되고 있다. 이곳에서 열리던 여러 행사 가운데 최고의 인기 종목은 단연 검투사 시합이었다.

검투사 시합은 주로 노예들이 도맡아 했는데, 세월이 흐르면서 이를 전문적으로 하는 검투사들이 양성되었다. 제정 시대의 지식층들은 검투사 시합을 교훈적 가치가 있는 오락으로 여겼으며 로마인의 기상을 높인다고 긍정적으로 평가했다. 예를 들어 소(少) 플리니우스는 "노예와 범죄자들도 검투사 시합을 통해 영광에 대한 집념과 승리를 쟁취하려는 의지를 불태운다"라고 했다. 그런

콜로세움 내부 황제석 건너편에 세워진 십자가.

데 검투사 시합은 세월이 흐르면서 점점 더 잔인해졌다. 기독교를 공인한 콘스탄티누스 황제와 그의 후계자들은 검투사 시합을 금지하려고 했지만, 검투사 시합에 대한 시민들의 열광을 황제들도 막을 수 없었다. 그러다가 5세기에 결정적인 사건이 일어났다. 콜로세움에서 검투사 시합이 한창일 때 텔레마코스라는 동방에서 온 수도승이 경기장 안으로 뛰어 들어가 관중들을 향해 이런 비인간적인 경기를 그만두자고 호소하자 격노한 관중들은 야유를 퍼붓고 그를 돌로 쳐 죽였다. 이상하게도 그다음부터는 검투사 시합이 더 이상 열리지 않았다고 한다.

콜로세움에서 마지막으로 벌어졌던 행사는 서기 523년으로 기록되어 있으니, 콜로세움은 거의 450년 동안 사용되었던 셈이다. 굳건하게 서 있던 콜로세움은 중세 때 여러 차례의 지진으로 서서히 파괴되기 시작했다. 무너져내린 돌들은 건축자재로 다른 곳에 사용되었고, 돌과 돌 사이를 연결하는 이음쇠를 빼내기 위해 곳곳에 구멍을 뚫기도 했다.

콜로세움은 로마에 르네상스의 바람이 불 때 최악의 운명을 맞이했다. 한마디로 채석장으로 전락했던 것이다. 콜로세움은 기독교 신자들이 순교한 성지(聖地)로 여겨졌기 때문에, 베드로 대성당과 같은 기독교 성전을 새로 짓는 데에 성지의 돌을 사용한 것은 나름대로 종교적인 의미도 있었다. 어쨌든 만신창이가 된 콜로세움은 오랜 기간 동안 방치되어 잡초만 무성히 자랐고, 그 후에는 소와 양을 먹이는 방목장으로 이용되었다. 그러다가 1790년, 교황 베네딕트 14세는 콜로세움에 순교지로서의 역사적 가치를 부여하여 복원할 수 있는 데까지 복원하고 이곳에 십자가를 세웠다. 엄밀히 따지면, 콜로세움은 기독교 신자들을 박해하던 곳이 아니기 때문에 기독교 성지(聖地)는 아니다. 그러나 이곳에서 수많은 무고한 생명들이 피를 흘리고 숨을 거두었다는 사실을 기억하면 콜로세움의 십자가는 나름대로 의미가 있지 않을까?

웅장한 콜로세움. 현재의 콜로세움은 원래 모습의 1/3도 되지 않는다.

콜로세움은 수많은 세월이 흐른 지금도 굳건히 서 있는 것 같지만, 오늘날까지 남아 있는 것은 원래 모습의 3분의 1도 되지 않는다. 살점이 떨어져나가고 뼈대만 남은 폐허의 모습은 묘한 낭만적인 분위기를 자아낸다. 특히 보름달이 떠 있는 밤이면 더욱더 그렇다. 낭만적인 관점에서 본다면 '거추장스러운 옷을 다 벗어 던진 '나체'가 되었다고나 할까? 영국 시인 바이런이 말했듯이 '마력(魔力)의 원'이라는 말이 더 어울릴지도 모르겠다.

콜로세움은 그러나 건축적인 면에서 엄밀하게 따지면 이러한 낭만적인 면과는 본질적으로 전혀 관계가 없다. 물론, '황제는 누워서 죽을 수 없다'는 베스파시아누스의 마지막 한마디처럼 고대 로마의 기상을 가장 웅변적으로 상징하는 기념비임에는 틀림없지만 말이다.

티투스 개선문은 포룸 로마눔의 중심거리인 비아 사크라의 가장 높은 지점인 벨리아 언덕 정상에 세워져 있다.

티투스 개선문

자비로운 독신 황제를 추모하며

콜로세움 쪽에서 포룸 로마눔으로 진입할 때 먼저 눈에 띄는 것은 베스파시아누스와 티투스의 예루살렘 정벌을 기념하여 세운 개선문이다. 웅장한 콜로세움이나 콘스탄티누스 대제의 개선문에 비하면 규모가 작고 간결해 웅변적인 모습은 전혀 찾아볼 수 없고, 마치 자신을 내세우기 쑥스러워하는 듯한 느낌마저 들지만, 어떻게 보면 매우 검소한 삶을 살고 간 아버지와 아들의 모습을 그대로 접하는 듯하다.

예루살렘 정벌

우리가 '유대'라고 부르는 지명을 로마인들은 유데아(Judaea, 또는 '유다이아')라고 했다. 기원전 2세기경 로마와 첫 접촉을 한 유데아는 기원전 63년 폼페이우스에 의해 자유를 잃고 말았다. 그 후 서기 6년부터 그리스어로 '열심당'이란 뜻의 '젤로테스'(Zelotes, 영어로는 Zelots)라고 하는 선민사상으로 무장한 급진파가 결성되어 독립을 위해 로마의 지배에 항거하기 시작했다. 참고로 『신약성경』을 보면, 군중들이 필라투스(우리말 성경에서는 빌라도) 총독에게 예수가 아니라 바라바를 석방하라고 요구하는데, 바라바는 당시 널리 알려진 열심당의 지도자 바르 아바스(Bar Abas, '아버지의 아들'이란 뜻)였고, 예수 그리스도

좌우에서 십자가에 처형된 두 도둑도 열심당 행동대원이었던 것으로 학자들은 보고 있다. 로마의 입장에서 보면 이들은 어디까지나 도둑이나 테러범이었을 뿐이었다.

서기 66년, 바로 이러한 급진파가 주축이 되어 예루살렘을 중심으로 대대적인 반란을 일으켰다. 이 반란은 로마와 유대인들 사이에 좁힐 수 없는 근본적인 사고방식 차이 때문에 필연적으로 일어날 수밖에 없었으며, 유데아 총독의 무감각한 통치력이 불씨가 되었다. 게시우스 플로루스 총독이 유대인의 정서를 무시하고 세금을 징수하기 위해 신전에 바쳐진 헌금을 압류하고 이에 반발하는 시민들을 무자비하게 진압하자, 결국에는 걷잡을 수 없는 폭동이 일어나고 말았다. 유대인들 중 부유층과 성직자들은 주로 온건파, 하층민은 과격파로 분열되어 있었는데, 급진파는 하층민과 억압받는 자들을 선동하여 반란의 주도권을 잡았다. 이들은 마사다 요새를 지키던 로마 주둔군을 습격, 무기를 탈취하고 로마군을 공격하여 기세를 잡은 후, 예루살렘에 남아 있다가 항복한 로마인들을 모두 살해하고 말았다. 로마와 동맹관계에 있던 북부 유데아의 왕 아그리파 2세는 과격한 행동을 삼가도록 이들을 설득했지만 실패했고, 반란의 여파는 다른 지방으로 점점 더 거세게 퍼져나갔으며, 게다가 이곳저곳에서 그리스인과 유대인들 간의 해묵은 민족감정까지 폭발했다. 상황이 복잡하게 전개되자 유대를 관할하는 시리아 속주 총독 케스티우스가 직접 군사행동에 나섰다. 그의 군대는 유데아의 북부를 평정하고 예루살렘을 향해 진군하려 했으나 반란군의 기습으로 완전히 참패당하고 말았다. 반란군은 '로마제국'이라는 골리앗을 눌러서 기고만장했지만 하룻강아지 범 무서운 줄 모르고 날뛰는 꼴이 되었다. 그러자 네로 황제는 제국 내 다른 곳에서도 유사한 폭동이 일어날 가능성을 우려해, 베스파시아누스에게 정예부대를 맡겨 빠른 진압을 지시했다.

베스파시아누스가 이끄는 군단은 북부 갈릴레아 지방에서 반란군의 강렬한 저항을 받았지만, 한 달 반 만에 방어선을 뚫었다. 반란군 지휘자 요셉 벤 마티아스(Joseph ben Matthias)는 다른 도망자들과 함께 동굴에 숨어 있다가 발각되자 다른 유대인 지도자들처럼 자결하지 않고 로마군에 항복했다. 그는 이미 64년에 반로마 반란으로 체포돼 로마에 끌려간 유대인 송환 교섭차 네로 황제를 찾아간 사절단을 따라 로마를 방문해 로마제국의 실체를 직접 두 눈으로 확인한 적이 있는 젊은 지식인이었다. 결박당한 포로였지만, 그의 됨됨이를 알아본 티투스의 온정으로 그는 특별대우를 받았다. 그리고 베스파시아누스에게 단독면담을 요청해 깜짝 놀랄 만한 예언을 한마디 했다. 베스파시아누스와 티투스가 곧 황제가 될 것이라는 것이었다. 베스파시아누스는 그가 살아남기 위해 아첨하는 줄로 생각했지만 그의 예언능력이 신통하다는 소문을 듣게 되면서부터 그의 말에 신뢰를 갖게 되었다고 한다.

로마군이 예루살렘 포위망을 좁혀 들어갈 때 네로가 죽고 갈바가 황제가 되자 전쟁은 잠시 중단되었다. 아버지를 대신하여 티투스가 신임 황제에게 충성을 맹세하러 로마에 가던 사이에 오토가 황제가 되었다. 조금 후, 비텔리우스가 오토를 누르고 황제가 되자 오리엔트 군단은 베스파시아누스를 황제로 옹립했다. 그러니까 요셉 벤 마티아스의 예언이 빈말이 아니었던 셈이다.

비텔리우스가 제거된 후 황제가 된 베스파시아누스는 로마로 건너갔고, 아버지로부터 예루살렘 공략을 일임 받은 티투스는 공격을 개시했다. 요셉 벤 마티아스는 티투스 곁에서 예루살렘 공략전을 지켜보며 유대인들의 항복을 중재했지만, 결사항전을 외치는 이들의 마음을 돌릴 수는 없었다. 예루살렘 성은 넉 달 동안 계속된 포위를 견디지 못하고 끝내 함락되었고, 유대인들의 구심점이던 예루살렘 성전은 철저하게 파괴되고 말았다. 예루살렘 성 안 구석구석은 무자비한 살육으로 아비규환을 이루었고, 목숨 붙은 자들은 노예로 팔려가거나 티투스의 개선행렬을 따라 로마에 노예로 끌려갔다.

아치 내부 벽에 보이는 개선행렬 조각. 아치 상부에는 독수리가 티투스를 데려가는 모습이 있다.

예루살렘 성전은 솔로몬 왕(기원전 961~922년)이 처음 세웠는데, 기원전 587년에 바빌론의 느브갓네살 왕이 이를 파괴하고 유대인들을 노예로 끌고 갔다. 그 후 다른 곳으로 피신했던 유대인들이 돌아와서 기원전 519년에 성전을 다시 세웠고, 기원전 1세기에는 헤롯 왕이 확장했는데, 이것을 로마가 다시 파괴하고 성전의 보물들을 전리품으로 챙겨갔던 것이다. 그 후 이 성전은 더 이상 다시 세워지지 않았다. 현재는 성전 서쪽 벽이던 '통곡의 벽'만이 당시의 처참한 상황을 증거해주고 있다.

서기 71년, 유데아 전쟁 개선식에는 베스파시아누스와 티투스가 개선장군으로 함께 등장했고 그 뒤에는 예루살렘에서 가져온 수많은 전리품과 포로행렬이 줄을 이었다. 티투스는 요셉 벤 마티아스를 개선식에 대동하는 것도 잊지 않았다. 그는 베스파시아누스로부터 씨족명을 하사받아 이름을 라틴식의 요세푸스 플라비우스(Josephus Flavius)로 바꾸었는데, 오늘날까지 전해 내려오는 역사서 『유데아 전쟁기』는 바로 그의 손에 의해 쓰인 것이다. 조국과 민족을 배반하고 로마제국 황실로부터 특별대우를 받은 그는 자신의 행위가 전적으로 신의 뜻이었다고 훗날 그의 저서 속 기도문에서 다음과 같이 밝히고 있다.

"신이여, 당신이 만약 몸소 세우신 나라 유데아를 멸망시키고 로마인들에게 모든 운명을 맡기기로 작정했다면, 또 앞으로 다가올 일들을 알리기 위해 나를 선택했다면, 나는 기꺼이 로마편이 되어 살겠습니다. 하지만 변절자로서가 아니라 당신의 일꾼으로서 말입니다."

요절한 티투스

79년 6월 24일 베스파시아누스 황제가 타계하고 39세의 티투스가 즉위했다. 아우구스투스 이래 황제의 친아들이 후계자가 된 경우는 이번이 처음이었다. 베스파시아누스는 이왕이면 자기의 친아들을 후계자로 내세우고 싶은 욕망이 있었기에 티투스가 군사적으로 공적을 쌓도록 예루살렘 공략을 맡겼던 것이다. 네로가 죽은 후 1년 이상 계속된 정치 혼란기를 겪은 원로원은 티투스가 즉위하는 것을 반대하지 않았고, 황제가 된 티투스는 원로원의 위상을 존중했다.

그런데 그가 재위하던 동안 로마에는 여러 가지 큰 재앙이 많았다. 서기 79년 8월 24일, 황제가 된 지 불과 두 달 만에 베수비오 화산 폭발로 폼페이와 헤르클라네움(현대 이탈리아 지명은 에르콜라노)이 완전히 지구상에서 사라졌는가 하면, 서기 80년 초에는 로마의 중심부에 대화재가 발생하여 막대한 피해를 입었고, 서기 81년 여름에는 로마에 유례없는 전염병이 나돌아 수많은 사람들이 희생되었다. 티투스는 재앙이 있을 때마다 대책위원회를 발족시켜 현장에 나서서 진두지휘했으며 복구사업와 구호사업에 사재를 털어넣기도 했다. 또 전해오는 말에 의하면 전염병으로 죽어가는 사람을 몸소 팔에 안고 위로하기도 했다고 한다. 그런데 81년 9월 13일, 전염병이 수그러질 때쯤 사비나의 온천으로 요양하러 가는 도중에 그는 쓰러지고 말았다. 숨기고 있던 지병이 악화된 것인지 전염병이 옮은 것인지 과로로 인한 것인지는 확실히 알 수 없지만, 재위 2년

예루살렘 성전의 보물을 갖고 로마로 들어오는 개선행렬. 튀어나온 부분과 들어간 부분, 휴식하는 모습과 다시 급작스럽게 움직이려 하는 모습이 마치 한정된 화면을 박차고 나올 듯하다.

을 조금 넘긴 40세의 나이에 숨을 거두고 말았다. 콜로세움 개막행사 100일 축제가 끝날 때쯤 그는 눈물을 하염없이 쏟았다고 하는데, 혹시 자신의 죽음을 이미 감지하고 있던 것이 아니었을까? 로마 시민들과 원로원은 그의 죽음을 안타까워했으며, 속주민들도 그의 죽음을 슬퍼했다. 반면 유대인들은 그가 예루살렘 성전을 파괴한 죄로 신의 저주를 받은 것이라고 생각했다.

간결한 개선문

티투스 개선문은 높이 15.4미터, 폭 13.5미터, 깊이 4.95미터로, 포룸 로마눔의 중심거리인 비아 사크라의 가장 높은 지점인 벨리아 언덕 정상부에 세워져 있다. 개선문의 아치 안쪽 벽은 격자형으로 장식되

개선마차. 네 마리의 말, 그리고 그 뒤에 보이는 고관들의 행렬의 부조를 보면 3차원적인 공간의 깊이가 느껴진다. 사두마차에는 티투스와 그 뒤에 승리의 여신 빅토리아가 올라타 있다.

어 있고, 가운데에는 독수리가 신격화된 티투스를 하늘로 데려가는 모습이 보인다. 아치를 받치는 양쪽 벽면에는 개선의 장면이 묘사되어 있다. 왼쪽에는 전리품을 들고 개선의 아치문에 들어서는 개선행렬인데, 은나팔, 금으로 만든 제대(祭臺), 일곱 개의 가지로 된 금촛대 등 예루살렘 신전의 보물들이 눈에 선명하게 띈다. 오른쪽에는 개선마차에 올라탄 티투스에게 승리의 여신 빅토리아가 면류관을 씌우는 모습이 보이며, 로마를 상징하는 여신이 말을 끌고 있고 뒤에는 로마의 원로원과 시민들이 환호하는 모습이 보인다.

이 조각들은 100년 전의 아우구스투스 시대의 근엄한 고전적인 예술에 비하면 훨씬 더 사실적이며 형태적으로 균형이 잘 잡혀 있다. 같은 부조이지만 아라 파치스에서 보이는 인물들의 행렬은 2차원적인 공간 이상으로는 보이지 않는 반면, 티투스 개선문에서 보이는 개선행렬과 네 마리의 말과 그 뒤에 보이는 고관들의 행렬을 보면 3차원적인 공간의 깊이가 훨씬 더 느껴진다. 예루살렘 성전의 보물을 운반하는 장면에서는 개선 행렬의 인물들이 그룹이 지어져 있는데, 깊게 드리우는 그림자에 의해서 인물들의 자태가 뚜렷하게 보이며 마치 살아 움직이는 듯하다. 그리고 화면 윗부분의 여백은 공간의 깊이를 암시한다.

티투스 개선문에서는 아라 파치스에서 보이는 질서정연함은 느껴지지 않는다. 그리고 튀어나온 부분과 들어간 부분, 휴식과 급작스럽게 다시 움직이려고 하는 모습은 마치 한정된 화면을 뛰어넘어 나올 듯하다. 이 부조는 헬레니즘 시대의 조각과 유사하지만 극적인 장면이 첨가되어 있다는 것이 다르다. 그러니까 여기에서는 역사적 사실을 기술한다기보다는 역사의 의미를 극적으로 표현하고 있다고 할 수 있겠다.

신격화된 티투스

콜로세움 쪽을 바라보는 쪽 개선문의 정상에는 '원로원과 로마 시민들이 신격 베스파시아누스의 아들 신격 티투스에게 바친다'라는 뜻의 "SENATVS/POPULVSQUE ROMANVS/DIVO TITO VESPASIANI F(ilio)/VESPASIANO AVGUSTO(참고로 당시 U는 모두 V로 표기했다.)"가 훌륭한 글씨체로 쓰여 있다. 티투스가 신격화되었다는 것은 이 개선문이 티투스가 죽은 다음인 서기 81년 이후에 세워졌다는 뜻이다. 그렇다면 이것은 그의 동생 도미티아누스가 세웠다는 뜻이다. 황제로 즉위한 티투스는 먼저 로마의 도로망과 수로 등 인프라를 정비하는데 신경을 쏟았고, 자신의 승전을 기념하는 개선문 공사는 전혀 서두르지 않았던 것이다.

티투스는 황제로 즉위하기 전까지만 하더라도 성격이 포악하고 행실이 그리 좋지 않았다고 한다. 사실 그는 쿠데타를 음모하던 정적을 무자비하게 살육하여 시민들에게 공포감을 조성하기도 했지만, 황제가 된 다음부터는 로마제국의 최고통치자로서 자신의 부정적인 이미지를 불식시키고, 온순하고 자비로운 모습으로 의욕적으로 국정을 담당했다. 또 두 번 결혼한 경력이 있었던 그는 황제가 되기 전 10년 이상 연상의 유데아 왕녀 베레니케를 사랑하여 결혼하려 했으나, 100년 전 클레오파트라에 빠져 조국을 배반한 안토니우스를 생생하게 기억하는 시민들이 이를 반대하자 단념하고 그녀를 고향으로 돌려보낼 정도로 단호했으며, 황제가 된 다음에 베레니케가 로마를 방문했지만 그녀를 만나주지 않았다. 그러나 그는 죽는 날까지 독신으로 지내면서 베레니케와의 사랑을 잊지 못했다. 베레니케는 북부 유데아의 왕 아그리파 2세의 누나인데, 교양과 아름다움을 갖춘 미인으로 전해져 내려오고 있으며, 사도 바울을 만났을 정도로 기독교적인 성향이 있었다고 한다. 그런데 티투스에 관한 좋은 얘기들은 대부분 그가 죽은 후에 만들어진 것으로, 폭정을 한 것으로 알려진 동생 도미티아누스 황제와 비교하기 위해 그를 더 높이 평가한 것인지도 모른다. 만약 티투스가 좀 더 살았더라면 과연 어땠을까? 폭군들도 재위 초기에는 뛰어난 군주로 평가되는 경우가 많으니, 그가 요절한 것은 다행이었을까?

티투스 황제.

한편 일부에서는 이 개선문을 트라야누스 황제가 세웠다는 설도 제기하고 있다. 그 근거는 개선문에 보이는 조각들이 트라야누스 시대의 예술과 매우 비

티투스 개선문을 모델로 한 파리의 개선문.

슷하며, 베네벤토에 세워진 트라야누스 개선문과 건축적인 비례와 장식에 있어서 유사점이 많다는 것이다. 그러나 당시 건축이나 예술 양식이 20년 정도 차이가 나는 것은 충분히 있을 수 있는 일이다. 다시 말해서 트라야누스 시대를 특징짓는 예술이 이미 플라비우스 왕조 후반에 시작되었다는 뜻도 된다.

중세에 티투스 개선문은 다행히도 로마의 유력 귀족가문이 세운 요새의 방벽에 편입되어 있었다. 만약 그렇지 않았더라면 르네상스 시대에 새 건물을 짓는데 필요한 석재로 모두 뜯겨나갔을지도 모른다. 이 개선문은 1821년 건축가 발라디에의 복구로 현재와 같은 모습을 유지하고 있고, 보존 상태는 콜로세움 쪽을 바라보는 면이 포룸 로마눔 쪽을 바라보는 면보다 훨씬 양호하다. 개선문을 장식하는 반원기둥은 이오니아 양식과 코린토스 양식이 혼합된 복합양식인데, 복구된 부분의 원기둥은 원본에 비해 덜 세련되고 확실하게 눈에 띈다. 이탈리아에서는 고적을 복구할 때 이와 같이 후세에 복구된 부분은 눈에 쉽게 띄도록 하고, 동시에 전체적으로 눈에 거슬리지 않게 하는 것을 원칙으로 한다. 한편 파리에 세워진 개선문은 바로 이 티투스 개선문을 모델로 한 것이다.

팔라티움 내부 황제의 사적(私的) 공간 도무스 아우구스타나의 중정 유적.
아마존 여인들이 사용하던 방패 모양으로 장식된 연못의 유적이 눈길을 끈다.

도미티아누스 황궁, 팔라티움

신들도 탐내던

팔라티노 언덕 위의 궁전

로마 역사가 시작된 팔라티노 언덕 위에는 로마가 창건된 후 이렇다 할 건물이 세워지지 않았지만 기원전 2세기경부터는 키케로, 카툴루스, 크라수스, 마르쿠스 안토니우스 등 부유한 유명인사들의 저택들이 세워지기 시작하여 로마제국이 멸망할 때까지 로마에서 가장 이상적인 고급주택 지역으로 손꼽혔다. 이 언덕이 고급주택지로 각광 받게 된 이유는 우선 고대 로마 세계의 중심 포룸 로마눔이 바로 언덕 동쪽 아래에 있고, 대전차경기장 키르쿠스 막시무스가 서쪽에 내려다보였으며, 언덕 아래에서 오는 소음이 잘 들리지 않았을 뿐 아니라 뜨거운 여름에도 시원했기 때문이었다.

도미티아누스 황제.

옥타비아누스도 '아우구스투스' 칭호를 얻은 후에 주거지를 이 언덕으로 옮겼다. 그가 살던 집은 당시 로마의 귀족들이 살던 화려한 도시의 단독주택 도무스와는 달리 매우 소박했지만, 후세의 황제들은 이 언덕 위에

키르쿠스 막시무스와 그 뒤 팔라티노 언덕 위에 도미티아누스가 세운 로마제국 최대 황궁의 유적.

웅대한 궁전을 세웠고, 팔라티노 언덕은 점차 거대하고 화려한 궁전 지역으로 변모했다.

아우구스투스를 이은 티베리우스 황제는 아우구스투스의 집 바로 옆에 '도무스 티베리나'라는 궁전을 세웠고, 칼리굴라 황제는 이 궁전을 포룸 로마눔과의 경계까지 크게 확장했다. 그 후 클라우디우스 황제와 네로 황제는 서기 41년과 60년 사이에 도무스 트란시토리아(Domus Transitoria)라는 대규모의 궁전을 언덕 위에 새로 지었으나 서기 64년 로마 대화재로 파손되자 로마 중심부를 넓게 차지하는 도무스 아우레아(Domus Aurea)를 지었다. 네로가 죽고 난 다음 베스파시아누스 황제는 도무스 아우레아 지역에 공공시설을 세우고 자신은 로마의 중심가에서 다소 멀리 떨어진 핀치오 언덕의 살루스투스 정원에 딸린 집에서 살았다. 그가 살던 곳에는 경비병도 없었으며 시민들은 누구나 들어가 볼 수 있었다고 한다.

황궁터가 된 팔라티노 언덕

서기 64년에 이어 서기 80년 봄 로마에 다시 대화재가 발생하여 시내 중심부가 크게 피해를 입었다. 81년 9월 13일 티투스가 죽은 다음 황제로 즉위한 도미티아누스는 네로가 그랬던 것처럼 새로운 궁전을 팔라티노 언덕 위에 구상했다. 그는 즉시 건축가 라비리우스(Rabirius)를 불러 새로운 궁전을 설계하도록 하였고, 10년 이상의 공사기간을 거쳐 서기 92년 거대한 궁전을 완성했다. 이 궁전은 건축가의 이름이 2000년이 지난 지금까지 확실히 전해지는 고대 로마 건축을 가운데 하나이다.

도미티아누스 황제는 로마의 심장부를 넓게 차지하고 있던 도무스 아우레아가 시민들의 지탄을 받았다는 것을 의식해서인지, 궁전터를 팔라티노 언덕으로만 한정했다. 따라서 새 궁전은 광활했던 네로의 황금궁전과는 달리 팔라티노 언덕 위 그리 넓지 않은 평지에서 모든 황실의 기능을 수용해야 했다. 그

팔라티노 언덕 정상 도무스 플라비아가 있던 자리.

도무스 아우구스타나에서 내려다본 키르쿠스 막시무스 터. 건너편에 아벤티노 언덕이 보인다.

래서인지 용도가 다른 여러 공간들이 하나의 틀 속에 마치 잘 계획된 도시처럼 수직 수평으로 매우 짜임새 있게 설계되었다.

이 궁전은 기능적으로 집무 및 공공행사를 수행하는 도무스 플라비아(Domus Flavia)와 황제 관저인 도무스 아우구스타나(Domus Augustana)로 구분되어 있었는데, 시야가 열리는 방향이 각각 달랐다. 즉 도무스 플라비아가 동쪽 포룸 로마눔을 향해 있었던 반면, 도무스 아우구스타나는 서쪽 키르쿠스 막시무스 쪽으로 향해 있었다.

도무스 플라비아는 공공행사와 예식을 수행하는 건물들과 여러 부수 공간들로 이루어져 있었다. 이 궁전은 커다란 회랑정원을 통해 일단 들어서게 되고, 그다음에는 같은 방향으로 더 깊숙하고 좀 더 작은 회랑정원으로 진입하게 되며, 옆쪽으로 다시 똑같은 크기의 회랑정원으로 더욱 깊숙히 진입하면 도무스 플라비아의 중심부에 이르게 된다.

도무스 아우구스타나는 네 개의 펠타이(Peltae, 전설의 아마존 여인들이 쓰던 방패) 무늬로 이루어진 연못이 있는 회랑정원을 중심으로 팔라티노 언덕의 서쪽 경사면 위에 세워졌다. 이곳에는 거대한 홀과 크고 작은 방들, 엑세드라, 분수 등이 있었다. 또 도무스 아우구스타나의 남서쪽 면은 거대한 곡면 회랑 엑세드라로 처리되어, 대경기장 키르쿠스 막시무스 쪽으로 시야가 넓게 열려 있었기 때문에 키르쿠스 막시무스에서 일어나는 모든 행사를 한눈에 훤히 내려다볼 수 있는 일종의 '로얄 박스'였다.

도미티아누스 황제는 궁전을 완성한 다음 바로 옆에 전차경기장을 본뜬 작고 길쭉한 옥외 공간을 덧붙였다. 그 모양이 경기장 같아서 일반적으로 스타디움(stadium)이라고 부르지만, 그 기능은 아직 확실히 알려져 있지 않다. 길이는 1스타디움에 가까운 184미터, 폭은 50미터 정도이니 '키르쿠스'라고 부르기에는 너무 작다. 참고로 '스타디움'이란 그리스의 길이 단위 '스타디온'을 말하는

스타디움. 이곳은 정원과 분수를 갖추고 그 주위로 예술작품들을 진열하여, 황제가 조용히 산책하던 비원이었을 가능성도 있다.

데, 125파수스(약 185미터)에 해당한다. 도미티아누스는 내성적이고 고독을 즐기는 성격에다가 예술을 사랑했다고 하니, 이곳은 정원과 분수 주위로 예술작품들을 진열해놓고 조용히 산책하던 일종의 비원(秘苑)이었을 가능성도 있다.

이 황궁은 팔라티노 언덕 위에 세워진 기존의 궁전들과는 비교가 안 될 정도로 웅장하고 화려했기 때문에, 로마 시민들은 '신들이 거주할 궁전'이라고까지 했다. 또 언덕 위에 세워졌으니 언덕 아래 포룸 로마눔이나 키르쿠스 막시무스에서 올려다보면 더욱더 웅장하고 위엄 있게 보였을 것이다. 당시의 시인 마르티알리스(Martialis)의 표현에 의하면, 이 황궁은 마치 로마의 일곱 언덕을 모두 모아놓은 것 같았다고 한다.

팔라티노 언덕의 정식 라틴어 명칭은 몬스 팔라티누스(Mons Palatinus) 또는 팔라티움(Palatium)이다. 로마인들은 팔라티노 언덕에 세워진 이 궁전을 '팔라티움'이라고도 불렀는데, 이탈리아어로 바뀌면서 'palazzo'가 되었고, 영어권으로 넘어가서는 'palace'가 되었다. 거의 모든 유럽언어에서 '궁전' 또는 '대규모 건물'이라는 뜻으로 쓰이는 이 말은 바로 이 언덕에서 유래되었다.

공포의 황제?

도미티아누스는 황제로서 초기에는 효율적인 행정과 도덕정치를 강조하는 등 선정(善政)을 하다가, 말기에는 원로원을 무시하고 전제군주처럼 자신을 신처럼 떠받들게 했고, 또 밀고제도를 강화하는 등 공포정치를 했다고 전해진다. 그러면서 그는 신변의 위협을 느꼈기 때문에 도무스 플라비아의 중정(中庭) 벽면을 모두 거울처럼 번들거리는 대리석으로 치장하여 누군가가 뒤에서 칼을 뽑아도 알아챌 수 있도록 했다고 한다. 하지만 그는 원로원과 내통하던 황후의 사주를 받은 조카의 시종에 의해 침실에서 암살당하고 말았다. 그의 죽음이 알려지자 원로원은 즉시 그에 관한 기록을 모두

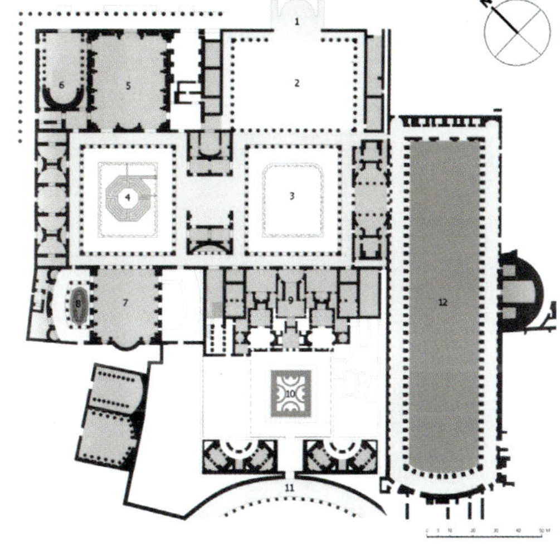

키르쿠스 막시무스와 콜로세움 사이 팔라티노 언덕에 세워진 도미티아누스 황궁 모형(위). 도미티아누스 궁전 평면도: 1. 입구, 2. 중정(회랑정원)1, 3. 중정(회랑정원)2, 4. 중정(회랑정원)3, 5. 접견실, 6. 바실리카 형태의 홀, 7. 연회실, 8. 님페움(분수정원), 9. 황제의 아파트 '도무스 아우구스타나', 10. 분수가 있는 중정(회랑 정원), 11. 키르쿠스 막시무스 쪽으로 열린 엑세드라, 12. 스타디움(옆).

말살하고, 나이가 지긋한 원로의원 네르바를 황제로 추대했다.

도미티아누스의 마지막 비명이 세월에 묻혀버린 지 100여 년이 지난 다음, 셉티미우스 세베루스 황제는 기존의 황궁에 목욕장이 딸린 별궁을 덧붙였고 언덕 남쪽 경사면에 벽돌을 쌓아올려 거대한 축대를 세우고 그 위에 테라스를 축조하여 황궁의 면적을 넓혔다. 이 테라스를 떠받치고 있는 벽돌 구조체의 유적은 지금도 그 웅대한 모습을 보여주고 있다.

3세기 말, 네 명의 황제가 로마제국의 영토를 분할 통치하면서부터 로마가 수도의 기능을 상실하자 팔라티움의 운명도 사양길에 접어들기 시작했고, 로마제국의 수도가 비잔티움으로 옮겨지고 난 다음부터는 완전히 방치되기 시작했다. 세월이 지나면서 북방의 야만족들이 침입하여 로마를 유린할 때 팔라티움도 성할 리 없었다. 폐허 위에는 잡초만 무성하게 자라, 마치 로물루스 시대를 연상케 하듯, 신들도 부러워하던 거대한 로마제국의 황궁은 가축을 방목하는 곳이 되고 말았다.

트라야누스 원기둥. 다키아 전쟁 상황이 빼곡하게 기록되어 있다.

트라야누스포룸과 원기둥

제국의 영토를
땅 끝까지 넓혔노라

도미티아누스 황제가 피살당하자 원로원은 곧바로 나이가 지긋한 원로의원 네르바를 황제로 추대했다. 네르바는 1년 6개월 동안 재위하고 노환으로 사망하기 세 달 전, 출신지를 따지지 않고 오로지 능력과 가능성을 보고 게르마니아에서 군단을 지휘하던 40세의 울피우스 트라야누스 장군을 양자로 삼아 후계자로 선택했다. 트라야누스는 서기 53년 히스파니아(현재의 스페인)의 남부 세비야 근처 이탈리카에서 로마의 한 관리의 아들로 태어나, 군인으로 입신출세하여 로마 역사상 처음으로 이탈리아 본토가 아닌 속주 출신으로서 로마제국의 최고 권력자가 된 인물인 셈이다.

트라야누스 황제의 동상. 그 뒤로 원기둥이 보인다.

황제로 추대 받은 트라야누스는 먼저 게르마니아에서 라인 강 방어망을 확고히 구축하고, 다키아와 경계를 이루는 도나우 강 방어선을 점검하고 나서 로마로 내려왔는데,

자그마치 2년이라는 세월이 걸렸다. 로마 외곽에 도착한 그는 호위병도 없이 마주치는 시민들과 얘기도 나누면서 로마 시내 중심부로 걸어서 들어왔으며 자기 앞에서 어느 누구도 무릎을 꿇지 않도록 했다.

로마에 매우 겸허하게 '데뷔'한 트라야누스 황제는 일하는 데 지칠 줄 몰랐고, 다른 사람들도 자기처럼 일할 것을 요구하는 타입이었으며, 로마제국 최고 통치자로서 오점은 거의 남기지 않았다. 그는 정치가로서는 계몽군주였고 대대적인 개혁보다는 좋은 행정을 펴는 데 역점을 두었다. 또 무력을 배격했지만 필요한 경우에는 과감히 사용했다. 그 좋은 본보기가 아마 다키아(Dacia) 전쟁일 것이다.

서기 1세기 후반 다키아에서 강성대국의 야망을 품은 지도자 데케발루스가 등장했다. 그는 서기 85년에 로마제국 국경을 넘어 모에시아를 공격하여 그곳의 로마 총독을 살해하고, 그곳에 주둔하던 로마 군단을 궤멸시켰으며, 이어 다키아를 공격해온 도미티아누스 황제의 군대를 한번 패주시켰다. 도미티아누스 황제는 다키아에 기술지원을 해주고 포로로 잡힌 로마군을 돈을 조금 주고 돌려받는 조건으로 평화협정을 맺었다. 하지만 이것은 일반 로마인들에게 로마제국이 다키아에 굽실거리는 것으로 비쳐졌다.

신임 황제 트라야누스에게 이런 상황은 로마제국의 자존심이 걸린 문제였다. 이리하여 마침내 서기 101년 군대를 끌고 도나우 강을 따라 직접 다키아 원정길에 올랐다. 무서운 상대가 오자 기겁을 한 데케발루스는 로마가 요구한 강화조건을 무조건 받아들일 수밖에 없었고, 트라야누스는 그의 목숨과 왕위를 그대로 보존해주었다. 하지만 시간이 지나면서 데케발루스는 강화조약을 제대로 지키지 않았다. 트라야누스는 이를 구실 삼아 105년에 다시 다키아를 공략했는데, 그가 내심 노리고 있던 것은 다키아의 무궁무진한 금광이었던 것으로 보인다. 데케발루스는 필사적인 항쟁을 벌였으나 역부족이었다. 모든 것

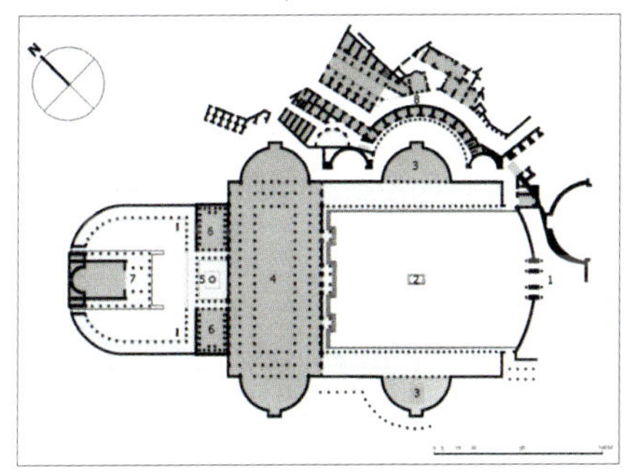

트라야누스 포룸의 모형과 평면도: 1. 입구, 2. 트라야누스의 기마상, 3. 엑세드라, 4. 바실리카 울피아, 5. 원기둥, 6. 라틴 및 그리스어 도서관, 7. 트라야누스 신전, 8. 트라야누스 시장.

을 잃은 그는 로마 기병대가 추격해오자 단도로 자신의 목을 찔러 자결하고 말았다.

트라야누스 황제는 다키아 주변에 사는 여러 지방의 주민들과 수많은 로마인들을 이주시켜 다키아를 완전히 로마화했다. 이곳이 바로 현재의 루마니아이다. 이러한 역사적 배경 때문에 루마니아어는 이탈리아어와 매우 비슷하다.

트라야누스 황제는 다키아의 트란실바니아 지방의 금광을 모조리 파헤친 다음 수많은 전리품과 5만 명에 이르는 포로를 이끌고 로마에 개선했고, 승리를 기념하여 로마제국의 위용에 걸맞는 거대하고 화려한 포룸을 계획했다. 이리하여 아우구스투스 포룸 북서쪽 퀴리날레 언덕 아랫부분에 '팍스 로마나'를 만방에 천명하는 로마 최대의 포룸이 건축가 아폴로도로스에 의하여 세워지게 되었다.

길이 300미터, 폭 190미터에 달하는 이 포룸은 107년에 착공하여 5년 만에 완공했는데, 포룸을 세울 때 가장 큰 문제가 된 것은 부지였다. 왜냐하면 로마의 중심가에는 이미 전임 황제들의 포룸들이 세워져 있어서 평지가 별로 없었기 때문이었다. 그렇지만 그는 이 문제를 해결하는 데 보통사람들이 생각하지 못하던 대담한 계획을 세우고 이를 실행했다. 즉 충분한 부지를 확보하기 위해

트라야누스 포룸 안 바실리카 울피아의 폐허와 그 너머 보이는 원기둥.

캄피돌리오와 퀴리날레 언덕 사이에 말안장과 같은 언덕을 모두 깎아 내렸던 것이다. 이 과정에서 기존에 세워진 건물과 길이 철거되기도 했는데, 그 가운데는 세르비우스 성벽도 일부 포함되었다. 그렇지만 언덕이 깎임으로써 포룸 지역과 북서쪽 평지가 통하게 되어 캄푸스 마르티우스 지역은 로마의 신시가지로 발전할 수 있었다. 이것은 100년 전 아우구스투스가 숙원했던 사업이기도 하다.

트라야누스 포룸은 개선문, 회랑, 바실리카 울피아, 라틴어 및 그리스어 도서관, 다키아 전승기념 원기둥, 신전 등으로 이루어져 있었는데, 기본 틀은 아우구스투스 포룸과 크게 다르지 않았다. 즉 장방형 광장 양변에는 기다란 회랑이 있었으며, 회랑의 주축을 중심으로 양쪽에 커다란 반원형의 공간 엑세드라가 세워져 있었다. 광장의 한쪽 면에는 트라야누스의 씨족 이름인 '울피우스'를 딴 거대한 바실리카 울피아가 세워져 있었고, 그 뒤쪽에는 그리스어 도서관, 라틴어 도서관이 맞붙어 있었다.

돌에 새겨진 전쟁 다큐멘터리

지금 트라야누스 포룸의 유적터를 보면, 바실리카 울피아의 지붕을 지탱하던 돌기둥만 부서진 채로 4열로 서 있고 나머지는 그 흔적만 어렴풋이 짐작할 수 있을 정도이지만, 다키아 전쟁 전승기념 원기둥만큼은 당시의 모습을 거의 그대로 보존한 채 서 있다. 이탈리아어로 콜론나 트라야나(Colonna Traiana)라고 불리는 이 원기둥은 서기 113년 5월 12일 기공식을 가진 후, 거의 2000년이 지난 오늘날에도 그 우아하고 장려한 모습을 거의 그대로 간직한 채 역사적인 면뿐 아니라, 예술적인 면으로 볼 때 매우 귀중한 자료를 후세 사람들에게 제공해주고 있다.

이 원기둥을 받치는 기단의 한가운데에는 내부로 통하는 문이 있고, 문 바로 위에는 다음과 같은 문구가 라틴어로 새겨져 있다.

"SENATUS POPULUSQUE ROMANUS/IMP(eratori) CAESARI DIVI NERVAE F(ilio) NERVAE/ TRAIANO AUG(usto) GERM(anico) DACICO PONTIF(ici) MAXIMO TRIB(unica) POT(estate) XVII, IMP(erator) VI, CO(n)S(ul) VI, P(ater) P(atriae)/AD DECLARANDUM QUANTAE ALTITUDINIS/ MONS ET LUCUS TANT(is oper)IBUS SIT EGESTUS."

이 문구를 간략히 해석해보면 다음과 같다.

"로마의 원로원과 시민이 신격 네르바의 아들이며, 존엄자이며, 게르마니아의 정복자이며, 다키아의 정복자이며, 대제사장이며, 열일곱 번째 호민관이며, 여섯 번째 임페라토르이며, 여섯 번째 집정관인 조국의 아버지 트라야누스에게

트라야누스 원기둥의 기단부분에 새겨진 글. 트라야누스 황제의 공적을 찬양하는 말은 한마디도 없다.

이 공사를 위해 허물어버린 원래 언덕이 얼마나 높았는지를 표시하기 위하여."

이 글에는 트라야누스 황제의 공적을 찬양한다는 말은 한마디도 찾아볼 수 없고, 후세의 환경보호주의자들에게 용서를 구하는 듯, 포룸과 전승기념 원기둥을 세우기 위해 할 수 없이 언덕을 깎아내야 했음을 매우 미안해하는 듯한 말만 보인다. 왜 황제를 찬양하는 문구가 없을까? 겸허했던 트라야누스가 그런 문구를 새겨 넣는 것을 완강히 사양했던 것은 아닐까?

이 원기둥은 단순히 언덕의 원래 높이를 후세에 전하기 위한 목적으로 세운 것만은 물론 아니다. 주된 목적은 다키아 전쟁기록 외에도, 트라야누스 황제의 묘소를 위함이었다. 아우구스투스가 세운 거대한 영묘에 네르바 황제가 묻힌 다음부터는 후세의 황제들이 묻힐 자리가 더 이상 없었던 것이다. 이미 공화정 시대에도 원기둥을 만들어 묘소를 만든 예가 있었으니 트라야누스 원기둥은 묘소로서 기발한 착상은 아니었다. 또 예로부터 포메리움 내부에 해당하는 로마 시내에는 매장이 허용되지 않았음에도 불구하고 이 묘소가 가능했던 것은 옛 관습에 따라 로마 시내에서 개선식을 올린 경우는 시내에 묻힐 수 있는 특권이 주어졌기 때문이다.

이 원기둥은 '100(로마식 피트)의 원기둥'이란 뜻으로 콜룸나 켄테나리아(Columna centenaria)라고도 불렸다. 일반적으로 로마식 1피트는 29.4에서 29.65센티미터 사이이다. 그런데 실제 원기둥만의 높이는 29.76미터이니 실제로는 '101로마식 피트의 원기둥'인 셈이다. 이 사실은 건물마다 적용하는 피트의 기준이 달랐음을 말해준다. 한편 기단까지 포함한 원기둥의 총 높이는 39.83미터가 되는데 이것은 트라야누스 포룸을 세우기 위하여 깎아낸 언덕의 높이와 일치하는 것으로 알려져 있다.

기둥 아랫부분의 지름은 3.7미터이고 기둥 높이의 1/3지점부터는 좁아들기 시작하여 윗부분의 지름은 3.2미터가 된다. 원기둥의 내부에는 185개의 나선형 계단이 원주의 정상까지 이르고 있고, 원기둥 표면에 뚫려진 43개의 창이 내부를 밝히고 있다. 이 원기둥은 35톤이나 되는 높이 1.5미디의 카라라 산 대리석 원통형 블록을 18개 쌓아올린 다음 원기둥의 표면에 나선형으로 감아 올라가면서 조각을 했다.

원기둥 북쪽면 상부에 새겨진 다키아의 왕 데케발루스의 최후의 장면.

원기둥 표면 조각은 두 차례에 걸친 다키아 전쟁(101~102년, 105~106년) 상황과 로마인과 다키아인들의 풍습을 자세하고도 생생하게 묘사하고 있다. 말하자면 돌에 새겨진 전쟁기록인 셈이다.

원기둥 북쪽면 중간 지점에 새겨진 빅토리아 여신. 방패 위에 전쟁사를 기록하고 있다.

그런데 이 조각들은 승리를 축하하는 예식적인 것이라기보다는 요즘으로 말하면 일종의 '다큐멘터리 영화'로, 나선형 띠를 모두 풀어보면 길이가 200미터가 넘는다. 원기둥 표면에 등장하는 인물들은 자그마치 2500여 명에 달하는데, 트라야누스 황제의 모습은 예순 번 이상 보인다. 그리고 로마군은 질서 정연한 가운데 강인하면서도 평온한 모습으로 묘사된 반면, 다키아인들은 혼란에 빠진 채 겁에 질려 자비를 구하는 모습으로 표현되어 있다. 이 부조들은 얼핏 보기에는 아우구스투스의 아라 파치스의 부조들과 일맥상통하는 점이 있지만 아파 파치스의 부조에서 보이는 고전적인 전통에서 완전히 벗어나, 예전에 볼 수 없던 아주 새로운 표현을 구사하고 있다. 이 원기둥을 설계한 건축가는 아폴로도로스로 알려져 있지만, 원기둥 표면에 수많은 부조를 조각한 작가는 누구인지 알려져 있지 않다.

다키아 전쟁 이야기는 기둥 밑부분, 즉 로마군이 도나우 강에 부교를 만들어 진격하는 장면부터 시작하여 위로 전개된다. 그리고 전쟁 이야기의 끝부분에 해당하는 기둥 윗부분에는 다키아 왕 데케발루스의 최후의 모습이 묘사되어 있다. 로마 기병대의 추격을 받던 데케발루스가 나무 아래에서 한쪽 무릎을 꿇은 채 자결하기 위해 단도로 자신의 목을 찌르려고 하는 그의 최후는 비애감을 느끼게 한다.

그런데 작가는 전쟁 이야기를 사건별로 나누어서 하고 있지 않다. 장면은 끊어지지 않고 계속 이어지기 때문에 작가가 하는 얘기를 잘 '들으려면' 조각의 세부묘사에 시선을 멈출 수가 없다. 작가는 전쟁의 상황이 고조될 때에도 목소리를 높이지 않는다. 그래서 전쟁 이야기가 단조롭지 않게, 마치 음악처럼 굴곡을 이루며 흘러가고 있다. 즉 사건의 진행이 빨랐다 느렸다가 하면서 흐르고 있는 것이다. 또 작가는 자기가 본 것을 얘기하는 것이 아니라, 자기가 아는 것 내지는 남들로부터 전해들은 것을 표현하고 있는 것 같다. 그래서인지 화면에 풍경은 없고 단지 어떤 사건이 일어나는 현장만을 보여주고 있다. 또 정확한 비례나 원근법을 완전히 무시하고 있는데, 가령 성벽의 높이는 난간 높이 정도밖에 되지 않고, 전투 장면에서 군인들의 크기는 성벽보다도 훨씬 더 크다. 즉 작가는 전쟁을 이야기해주는 것이 무엇보다도 더 중요했던 것이었다. 다시 말해, 눈에 보이는 사실을 사진처럼 그대로 표현하는 것이 아니라 전해들은 이야기를 실감나게 보여주고 있는 것이다.

원기둥에서 정확히 중간이 되는 지점에는 날개를 단 승리의 여신 빅토리아가 방패 위에 전쟁사를 기록하고 있는 듯한 모습으로 제1차와 2차 다키아 전쟁을 구분하고 있다. 날개 달린 같은 승리의 여신이라도, 그리스의 니케(Nike) 여신은 신들의 가호를 하늘에서 가져오는 수호신이지만, 로마의 빅토리아 여신은 다른 신들의 의사를 전달하는 것이 아니라 스스로 생각하고 기록한다. 즉 빅토리아 여신은 어떤 사건이나 사실을 기록하는 '역사' 그 자체의 상징인 것이다.

햇빛도 전쟁을 이야기하는 데 한몫을 하고 있다. 로마와 같이 햇빛이 많은 곳에서는 음영 차이가 뚜렷하기 때문에, 상세한 부분들까지 감상하기에 좋다. 작가는 이러한 자연 조건도 염두에 두었을지 모른다. 햇빛이 원기둥 표면에 떨어지는 각도와 강도에 따라 부조의 느낌이 달라질 수 있다는 것을 미리 세심하게 생각했는지, 부조의 높낮이를 조율하면서 원기둥의 평면을 처리한 것으로 보인다.

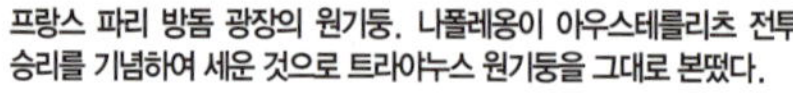

프랑스 파리 방돔 광장의 원기둥. 나폴레옹이 아우스테를리츠 전투 승리를 기념하여 세운 것으로 트라야누스 원기둥을 그대로 본떴다.

오스트리아 빈에 세워진 카를 성당. 입구에 트라야누스 원기둥을 본뜬 원기둥이 두 개 세워져 있다.

고대 로마의 책은 파피루스나 양피지를 둘둘 말아서 만들었는데, 이러한 두루마리 책을 '볼루멘(volumen)'이라고 불렀다. 영어의 'volume'은 여기에서 유래한다. 원기둥의 좌우에는 라틴어 도서관과 그리스어 도서관이 있었으니, 원기둥이 두루마리 책 볼루멘을 상징하는 모양으로 되어 있는 것이 아닐까? 그런데 원기둥 높은 부분에 있는 부조들은 제대로 볼 재간이 없으니 '다큐멘터리 영화'를 어떻게 감상할 수 있을까? 당시 바실리카 울피아와 도서관의 테라스에서는 원기둥의 부조를 가까이 볼 수 있었겠지만, 띠를 따라 나선형으로 돌아 올라가면서 감상하는 것은 불가능했다. 그러면 사람들이 제대로 보지도 못할 부조들을 왜 힘들여 만들었을까? 이 의문은 아직도 풀리지 않고 있다. 율리우스 카이사르가 『갈리아 전쟁기』를 썼던 것처럼, 트라야누스 황제도 제1, 2차 다키아 전쟁기를 시적인 낭독체로 표현한 『다키아 전쟁기』를 남겼다고 하는데 혹시 도서관 안에 그 내용을 일목요연하게 다른 식으로 전시했던 것은 아닐까? 다키아 전쟁은 로마제국 역사에서 큰 부분을 차지하지만, 『다키아 전쟁기』를 비롯해 이에 관련된 기록은 대부분 분실되어 상세한 내용은 알 수가 없다. 현재의 우리가 접할 수 있는 제대로 된 기록이라면 바로 이 원기둥이다. 즉 이 원기둥의 부조는 『다키아 전쟁기』를 형상화한 것이나 다름없는 것이다. 단, 승리자의 시각으로만 일방적으로 기록되었기 때문에 얼마나 객관적인지는 도저히 알 수 없다.

트라야누스 황제는 파르티아 원정 중에 갑자기 병이 드는 바람에 총사령관에 하드리아누스를 임명하고 로마에 돌아오다가, 64세 생일을 한 달 앞둔 117년 8월 9일, 눈을 감고 말았다. 개선마차를 타고 로마에 입성한 것은 그의 유골함이었다. 유골함은 그의 유언에 따라 원기둥을 받치는 기단부분에 안치되었다. 원기둥 꼭대기에는 트라야누스가 신격화된 것을 상징하듯 그의 청동상이 하늘을 배경으로 세워졌다. 높은 곳에서 왼손에 창을 들고 서서 지평선 너머 멀리 시선을 던지던 그의 모습은 중세에 사라져버리고 지금은 그 자리에 델라포르타가 1587년에 제작한 베드로의 청동상이 세워져 바티칸 언덕을 바라보고 있다. 베드로는 예수 그리스도로부터 복음을 땅 끝까지 전하라는 명을 받은 사도였고, 트라야누스는 로마제국의 영토를 땅 끝까지 넓히려던 황제였다.

트라야누스 시장의 반원형 공간 엑세드라. 언덕이 무너지지 않도록 하는 구조적인 역할도 한다.

트라야누스 시장터

로마 중심가의
쇼핑몰

트라야누스 황제의 포룸과 바실리카 울피아는 당시의 기준으로 보면 여러모로 극히 보수적인 건축물이고, 어떻게 보면 의도적으로 옛날 건축을 답습했다고 말할 수도 있다. 물론 예전의 건축에 비하면 규모가 워낙 크기 때문에 그것만 가지고도 새로운 건축이라고 말할 수 있을지 모르겠지만. 또 다키아 전쟁 상황을 기록한 원기둥과 같은 혁신적인 요소도 있긴 하다. 그런데 원기둥의 경우 형태상으로 매우 새롭기는 하지만 내용적으로 엄밀하게 따지고 보면 아우구스투스의 아라 파치스의 개념과 근본적으로 크게 다를 바 없다. 트라야누스 포룸도 100년 전 아우구스투스 포룸을 거의 그대로 따르고 있다. 로마제국 초대 황제의 건축을 표본으로 삼았다는 것은 정치적인 홍보를 위해 세운 공공건축의 형태를 그대로 답습했다는 의미이다. 그런데 이러한 시대에 전혀 다른 면을 보여주는 건축이 있다. 포룸과 같이 철저하게 고전적이고 보수적인 건축 바로 옆에 콘크리트와 벽돌만을 사용한 매우 자유로운 형태의 건축물이 있다.

고대 로마의 건축가들은 건물을 설계할 때 형태적으로 좌우대칭이 되는 것을 신성한 법칙처럼 받아들이고 이것을 철저하게 지켰다. 지형이 불규칙해서 건물을 좌우대칭으로 세울 수 없을 경우에는 융통성을 발휘하여 지형에 알맞은 형태의 건물을 세웠다. 그리하여 유기적이고 자유스러운 형태의 건축물도

트라야누스 포룸의 옆 언덕에 세워진 시장터. 가운데 솟은 탑은 중세에 세워진 것이다.

세워질 수 있었는데, 이와 같은 건축물은 콘크리트와 벽돌로 세우는 것이 가장 바람직했다. 콘크리트와 벽돌로는 원하는 형태를 만들기가 쉽기 때문이다.

자유로운 형태의 건축

트라야누스 포룸의 동쪽에는 마치 포룸 유적의 배경처럼 붉은 벽돌로 이루어진 유적지가 있다. 건축물이라면 당연히 좌우대칭이어야 하던 시대에, 이 유적지의 건축물은 전혀 다른 모습을 하고 있다. 먼저 이 유적지와 트라야누스 황제의 포룸이 만나는 곳에 세워진, 반원형으로 돌아가는 곡면으로 된 엑세드라가 눈길을 끈다. 그 뒤쪽 언덕 너머에는 중세에 세워진 높은 벽돌탑이 있어서 멀리서도 이곳의 위치를 금방 알아볼 수 있다.

이 유적지에 관한 사료는 별로 없기 때문에, 당시에 어떻게 불렀는지 알 수 없다. 현재는 '트라야누스의 시장들'이란 뜻의 이탈리아어 '메르카티 디 트라야노(Mercati di Trajano)'라고 부르는데, 단수가 아닌 복수를 쓴 것은 이곳이 재래식 노천시장이 아니라 건축가가 구석구석 계획한 상업용 다층 건물들이 모여 있는 단지이기 때문이다. 이곳에는 퀴리날레 언덕과 캄피돌리오 언덕이 마주치는 지점을 깎아 만든 테라스를 중심으로 170개 이상의 점포들이 도열해 있었다고 하니까 요즘으로 치면 '쇼핑센터' 또는 '쇼핑몰'이라고 할 수 있겠다.

비아 비베라티카의 상점들. 이곳에는 퀴리날레 언덕과 캄피돌리오 언덕이 마주치는 지점을 깎아 만든 테라스를 중심으로 170개 이상의 점포들이 늘어서 있었다. 그러니까 이곳은 요즘말로 하면 고대 로마의 '쇼핑센터' 또는 '쇼핑몰'이라 할 수 있다.

로마에서 시장은 전통적으로 포룸 로마눔 지역에 형성되어 있었지만, 베스파시아누스 황제가 '평화의 포룸'을 세우고 나서 시장터가 이곳으로 옮겨졌다. 시장 건물은 도미티아누스 황제 때 착공된 것으로 보이는데, 이곳에 사용된 벽돌에 찍힌 직인을 보면 그가 죽은 후에 설계가 완전히 변경되어 서기 2세기 초반에 완성된 것으로 판단된다. 이곳에 시장을 만든 것은 퀴리날레 언덕의 깎인 부분이 무너지지 않도록 하고, 동시에 그것을 감추기 위한 목적도 있었다.

이 시장터에서 가장 높은 지점은 트라야누스 원기둥 높이와 일치하기 때문에 원래 언덕 높이에 해당한다. 이 '쇼핑몰'은 퀴리날레 언덕과 캄피돌리오 언덕이 마주치던 곳을 계단식으로 깎아서 만든 터 위에 세운 것으로, 경사진 땅을 최대한 이용했으며 다른 기념비적인 건축과는 달리 상업건축이기 때문에 전적으로 기능 위주로 설계되어 있다. 시장터 중간부분에 만들어진 테라스는 외부통로 구실을 한다. 중세시대 실제 테라스에 면한 점포에서 음료수를 팔았는지는 모르지만 '음료수의 길'이란 뜻의 비아 비베라티카(Via Biberatica)라는 이름이 붙여졌다. 이곳에서 트라야누스 포룸을 내려다볼 수 있으니, 포룸과 시장 사이의 시각적 관계도 세심하게 계획했던 것으로 보인다.

트라야누스 포룸과 같은 지면에 있는 커다란 반원형 공간 엑세드라는 트라야누스 포룸의 벽선 밖으로 튀어나온 엑세드라를 받아주는 듯하면서도, 딱딱할 정도로 철저하게 좌우대칭으로 설계된 포룸에 형태상 매우 자연스럽게 접목되어 있다. '볼록 엑세드라'와 '오목 엑세드라' 사이의 공간은 길이고 엑세드라 뒤쪽으로 부정형으로 펼쳐지는 공간들은 지형을 따라 유기체처럼 배치되어 있다.

엑세드라 아래층에는 11개의 점포가 원호(圓弧)를 따라 도열해 있는데, 점포의 안쪽 벽은 축대처럼 언덕이 무너지지 않도록 지탱하고 있고, 안쪽 벽에 수

엑세드라의 왼쪽 끝에 있는 실내 공간은 강당이나 학교로 사용되었을 것으로 짐작된다.

퀴리날레 언덕에 있는 입구 홀(좌). 2층으로 된 입구 홀의 점포들(우).

직을 이루는 약 8미터의 세로벽은 점포들을 똑같이 구획할 뿐 아니라 안쪽 벽을 보강해주는 기능을 한다.

엑세드라의 양쪽 끝에 있는 실내 공간은 강당이나 학교로 사용되었을 것으로 짐작되는데, 그 천장 역시 반구형으로 이루어져 있다. 엑세드라의 왼쪽 끝 바깥벽을 보면 윗부분은 내부를 밝히는 여덟 개의 커다란 창으로 이루어져 있으며, 그 그림자는 장식이 거의 없는 바깥벽에 강한 음영효과를 준다. 여덟 개의 창이 차지하는 면적은 바깥벽 면적의 3분의 2 정도이고, 바깥벽은 궁륭형 천장을 지탱하기 위한 최소한의 벽체로 이루어져 있다.

트라야누스 시장터는 넓고 크지만 목욕장이나 궁전과 같은 다른 공공건축에서 보이는 거대한 실내 공간은 찾아볼 수 없다. 어디까지나 시장이라는 기능을 충족하기만 하면 되는 공간을 만드는 것으로 충분했던 모양이다. 퀴리날레

트라야누스 포룸의 엑세드라와 시장터가 접하는 부분.

언덕으로 오르는 길에 있는 널찍한 입구 홀은 유일하게 위아래로 틔어 있는 실내 공간으로 옛날에도 시장터의 입구였을 것으로 추정된다.

건축가 아폴로도로스

위대한 지도자는 각 분야에 훌륭하고 뛰어난 참모들을 잘 선택하고 그들이 최대의 능력을 발휘할 수 있도록 해주는 사람이다. 전투를 효율적으로 수행하던 데 뛰어났던 트라야누스 황제가 거느린 뛰어난 참모들 중에는 아폴로도로스(Apollodoros)가 있다. 그의 이름을 라틴식으로 표기하면 아폴로도루스(Apollodorus)가 되는데, 그는 시리아의 다마스쿠스 출신의 그리스계 사람으로 아르키텍투스(architectus), 즉, 건축가였다. 물론 당시는 건축가와 토목공학자의 구분이 확실하지 않았기 때문에, 요즘으로 치면 그는 토목엔지니어이면서 건축가였다.

그런데 누가 트라야누스 시장을 설계했을까? 당시의 건축가의 이름이 지금까지 알려진 예는 그리 많지 않으니 확실히 알아내기란 쉽지 않다. 물론 트라야누스 황제의 오른팔 건축가 아폴로도로스가 가장 유력하지만, 그가 설계했다고 확정지을 만한 사료는 아무리 찾아봐도 없다. 공간 구성이 극히 고전적이며 보수적인 트라야누스 황제의 포룸과 이와는 정반대로 공간 구성이 극히 현대적이라고까지 말할 수 있을 정도로 자유로운 시장터를 비교해볼 때 쉽게 정답이 나오지 않는다. 그렇지만 이 두 가지의 전혀 다른 성격의 건축이 매우 자연스럽고 또 유기적으로 잘 연결되어 있다는 점을 감안해보면, 이 정도의 창의력을 발휘할 수 있는 건축가는 아폴로도로스 밖에 없었을 것으로 학자들은 보고 있다.

아폴로도로스는 교량 축조에 관한 연구 논문도 남겼다고 하지만, 불행히도 전해 내려오지 않는다. 트라야누스 원기둥에는 도나우 강 다리 기공식을 하는 트라야누스 황제 곁에 서서 얼굴을 마주보고 있는 아폴로도로스의 모습을 볼 수 있다. 그는 다키아 원정 때 도나우 강에 석소나리를 딘시일에 놓아 적을 놀라게 했는데, 전쟁 중에 다리나 요새를 순식간에 건설하는 것은 적의 심리를 제압하는 강한 무기가 되었다. 라인 강을 건너는 목조다리를 불과 열흘 만에 놓아 적을 놀라게 했던 옛날의 카이사르처럼, 트라야누스 황제도 아폴로도로스의 능력을 십분 활용했던 것이다.

다키아 전쟁이 끝난 다음, 로마에서 트라야누스 포룸과 다키아 전승기념 원기둥을 비롯하여 도무스 아우레아가 있던 언덕 위에 거대한 트라야누스 목욕장을 세운 그는 당대 최고의 '아르키텍투스'였고, 평화 시에는 황제의 오른팔이 되어 로마의 영토를 최대로 넓힌 트라야누스 황제의 건설 야망을 실현시켜준 장본인이었다.

거대한 빈 공간으로 이루어진 판테온의 내부.

판테온

모든 신을 위한 신전에서 유일신을 위한 성전으로

캄피돌리오 언덕에서 북서쪽을 바라보면 로마의 지붕들 사이로 바로크 시대에 세워진 성당들의 쿠폴라가 수평선을 뚫고 나오고 있다. 이곳이 바로 로마의 평지인 캄푸스 마르티우스(마르스 들판) 지역으로, 고대 로마인들이 언덕에서 로마 시가지를 내려다볼 때 가장 먼저 눈에 띈 건물은 단연 판테온이었을 것이다. 그것은 판테온의 형태가 유별나서가 아니라 판테온의 둥근 지붕이 온통 금박으로 덮여 있어 마치 태양처럼 눈부신 광채를 발했기 때문이다.

이탈리아 건축 · 도시계획 용어에 '테수토 우르바노(tessuto urbano)'라는 말이 있다. 이 말은 우리말로 '도시 맥락' 정도로 옮겨질 수 있겠는데, '테수토'는 '직조(織造)된 천'을 말하므로, 도시의 짜임새를 하나의 직조체로 본다고 할 수 있다. 판테온은 마치 수예작품처럼 도시의 전체 맥락 속에 '짜맞춰' 있다.

현재 캄푸스 마르티우스 지역의 길은 옛날과 마찬가지로 마차 한 대가 겨우 지나갈 수 있을 정도로 매우 좁다. 그리고 이 지역의 길들은 미로 같아서 자칫하면 길을 잃어버리기 일쑤이다.

판테온 주변의 골목길들도 마찬가지이다. 좁고 미로 같은 골목길이 끝나는 곳에 갑자기 거대한 판테온이 눈앞에 등장한다. 판테온 앞에는 이 거대한 건물의 덩치에 알맞을 만한 크기의 광장이 펼쳐져 있고, 광장 한가운데에 있는 분

판테온의 정면. 매우 간결하면서도 품위가 있다.

수는 조용히 물을 뿜고 있다. 현재의 광장이 있는 지역의 지면은 고대 로마 시대에는 지금보다 3미터 정도 낮았으며, 판테온 앞에는 직사각형의 길쭉한 회랑으로 된 광장이 펼쳐져 있었다. 즉 판테온으로 들어가려면 판테온 쪽으로 시야를 집중시키는 투시도적인 광장을 거쳐 계단을 타고 올라가게 되어 있었다.

일단 판테온 안에 들어서면, 속세로부터 갑자기 격리된 듯한 느낌이 든다. 골목길과 광장에서 들리던 소음은 어디론가 사라지고, 폭풍우 지난 후의 바다와 같은 잔잔한 분위기에 휩싸이게 된다. 판테온의 내부는 거대한 빈 공간으로 이루어져 있는데, '흙을 이겨서 그릇을 만드는 경우, 그릇으로서의 쓰임새는 그릇 가운데를 비움으로써 생긴다(埏埴以爲器 當其無 有器之用)'라는 노자의 말을 음미하게 한다. 고대 이집트나 수메리아, 크레타와 미케네, 그리고 에트루리아와 그리스 등 로마보다 시대적으로 앞선 문명권에서는 판테온처럼 '비어 있는 내부 공간'이 무엇인지 전혀 알지 못했다. 이런 '비어 있는 공간' 안에서는 눈앞의 공간뿐만 아니라 눈에 보이지 않는 등 뒤의 공간도 느껴진다. 사진이나 그림으로는 이러한 공간의 체험을 제대로 전달할 수가 없다는 점이 아쉽다.

모든 신에게 바쳐진 신전

'신(神)'을 그리스어로 theos라고 한다. '판테온'은 Pan(모든)+theos(신)＋on(건물, 장소를 나타내는 그리스식 접미사), 즉 '모든 신(神)들에게 바쳐진 신전', '범신전'이란 뜻이다. 판테온은 지금도 원래의 모습을 거의 그대로 간직하고 있는 고대 로마의 건축물이다. 그리고 판테온은 현재 성당으로 쓰이고 있기 때문에 어떻게 보면, 고대 로마의 건축물 가운데 원래의 기능 그대로 유지하고 있는 유일한 건물이라고 할 수도 있겠다. 물론 경배의 대상이 '모든 신'에서 '유일신'으로 바뀌었지만……. 판테온은 역사적인 인물의 묘소로도 사용되고 있다. 그래서 통일 이탈리아 왕국의 초대 왕을 비롯해 1520년 37세의

판테온은 역사적인 인물들의 묘소로도 사용되고 있다. 요절한 르네상스의 천재 예술가 라파엘로의 묘소도 이곳에 있다.

나이로 요절한 르네상스 천재 예술가 라파엘로의 묘소도 있다.

판테온의 정면 윗부분에는 라틴어로 "M.AGRIPPA.L.COS. TERTIUM FECIT"이라고 쓰여 있다. '세 번째(TERTIUM) 집정관(COS = CONSUL) 루키우스의 아들(L) 마르쿠스 아그리파(M. AGRIPPA)가 했다(FECIT)'라고 해석할 수 있는데, 이는 아그리파가 집정관을 세 번째 지낼 때인 기원전 25년에 세웠다는 의미이다.

판테온은 원래 기원전 27년에서 25년 사이에 아그리파가 자신이 세운 공공 목욕장 바로 옆에 '복수의 유피테르(Jupiter Ultor)' 신에게 바치기 위해 세웠는데, 실제로는 아우구스투스에게 지어 바친 것이다. 이 신전은 당시 로마 시민들이 국가에 대한 긍지를 갖게 하기 위해 지은 상징적인 건축물로, 이곳에는 유피테르 신상을 비롯해 다른 여러 신들의 석상이 안치되어 있었다. 그 가운데 율리아 씨족의 수호신인 일곱 개 행성의 신들이 있었는데, 전쟁의 신 마르스와 베누스 신상은 율리우스 카이사르의 조상신인임을 돋보이게 했다. 아그리파는 아우구스투스의 석상도 이곳에 안치할 계획이었으나 아우구스투스의 단호한 반대로 포기했다고 한다.

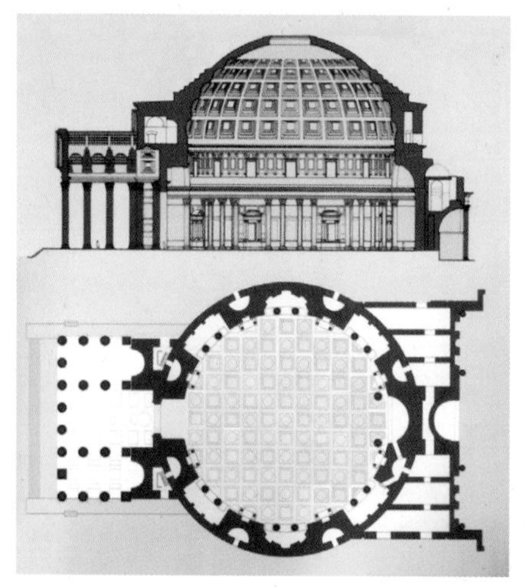

판테온의 단면도와 평면도. 원통 외부의 반지름은 100로마식 피트이고, 내부의 반지름은 외부의 3/4에 해당하는 75로마식 피트이다.

아그리파가 세운 판테온은 여러 번의 화재로 전소되어 도미티아누스 황제가 복원했지만, 서기 110년경 하드리아누스 황제는 판테온을 아예 완전히 새로 지었다. 하드리아누스는 로마제국의 구석구석을 돌아보며 다른 민족의 문화에 지대한 관심을 보였으며, 건축에 매우 조예가 깊은 황제였다. 판테온을 황제 자신이 직접 설계했는지 아니면 다른 건축가가 설계했는지 확실하지 않지만, 어쨌든 그의 입김이 세었으리라는 것은 두말할 나위 없다.(당대 최고의 건축가로 꼽히던 아폴로도로스의 이름은 판테온의 건축가로 전혀 거론되지 않는다.)

한편, 콜로세움 바로 앞 벨리아 언덕 위에는 '베누스와 로마 신전'의 유적이 있다. 하드리아누스 황제가 직접 설계했다고 전해지는데, 문제는 이곳에 안치될 베누스 여신상의 높이가 지붕보다 더 컸다. 말하자면 설계를 잘못했다는 뜻이다. 이에 아폴로도로스가 황제에게 핀잔을 주자 비위가 상한 하드리아누스는 자신의 스승과 다름없는 노(老)건축가를 처형하고 말았다고 한다. 그런데 하드리아누스는 판테온을 본래 아그리파가 세웠다는 사실을 청동 글씨로 판테온 입구 윗부분에다가 그대로 붙이게 했다. 반면 건축가로서의 능력을 자만하던 하드리아누스 황제는 자신의 이름을 어디에도 새겨 넣지 않았기 때문에 판테온의 건축가 또는 판테온을 세운 건축주로서의 하드리아누스 황제의 이름은 2000년 동안 완전히 잊혔다. 하지만 하드리아누스 황제는 판테온을 완전히 다른 형태의 건축으로 복원했다. 아그리파가 세웠던 판테온은 원통형이 아닌 직사각형 평면의 신전으로 여겨지며, 입구는 현재와 달리 남쪽을 향해 있었다고 한다.

천체와 우주의 상징

간결하면서도 품위 있는 외형을 지닌 판테온은 신전 건축이란 면에서 보면 매우 파격적이다. 그 형태는 입구의 삼각지붕이 있는 부분과 내부의 원통형 공간으로 나눌 수 있다. 신전의 입구를 신상 안치소(naos) 앞(pro)에 있다고 하여 그리스어로 프로나오스(pronaos)라고 한다. 판테온의 프로나오스는 16개의 거대한 이집트 산 화강암 통돌 기둥들이 지붕을 받치고 있는데, 일반적으로 신전 건축에서 프로나오스 안쪽에는 기둥이 없는 것이 원칙이지만, 판테온에서는 이런 원칙이 무시되어 있다. 그리고 일반적으로 신상 안치소는 사제만 들어갈 수 있는 좁은 공간인 데 반해, 판테온에서는 넓은 내부 공간 그 자체가 신상 안치소였으며, 사제뿐 아니라 누구나 안에 들어가 종교의식을 할 수 있었다.

판테온의 쿠폴라는 위로 갈수록 더 가벼운 재료를 사용했으며 쿠폴라가 밖으로 벌어지려고 하는 힘은 두꺼운 원통형 벽체 로툰다(rotunda)가 받아주고 있다. 이 로툰다를 지탱하는 기초는 깊이 4.5미터, 폭 7.5미터의 거대한 콩크리트 '링'으로 이루어져 있다. 기초공사 중 링 바깥부분이 더욱 보강되었는데, 이것은 이전 시대의 건축가 라비리우스가 세운 궁전 팔라티움의 기초가 가라앉는 것을 보고 놀랐기 때문에 취한 안전조치였다.

판테온의 기본 형태는 원통 위에 반구(半球) 모양의 쿠폴라를 얹힌 형태라고 할 수 있는데, 공간은 10로마식 피트를 기본단위로 하는 숫자와 기본도형으로 특이하게 구성되어 있다. 예를 들면, 원통 외부 지름은 200로마식 피트이고, 원통 내부 지름은 3/4에 해당하는 150로마식 피트이다. 원통 내부의 지름과 바닥에서 반구 안쪽 정상까지의 높이는 똑같이 150로마식 피트(약 44미터)이다. 그렇다면 내부 공간에 지름 150로마식 피트의 구형(球刑)을 끼어 넣을 수 있다는 뜻이다. 또 앞의 그림에서 보듯, 정점을 A라고 하고 바닥 평면에서 벽감이 세로벽과 교차하는 지점을 각각 B, C라고 하면, ABC는 정확하게 정삼각형을 이룬다.

고대인들은 이러한 수의 조화나 기본도형과 기본고형체에 신성한 의미를 부여했다. 정삼각형, 정사각형, 정육면체, 원통형, 피라미드와 원뿔형 등과 같은 도형이나 고형체는 모두 하나의 구형 속에 담을 수 있는데 이것은 우주의 형상이며 천체의 모습이었던 것이다.

또 정상에 뚫린 지름 30로마식 피트(약 9미터)의 구멍은 행성의 중심인 태양을 상징했다. '눈'이란 뜻의 오쿨루스(oculus)라고 하는 이 구멍은 판테온의 내부를 밝히는 유일한 광원(光源)이며 제사 지낼 때 연기가 밖으로 빠져나가게 한다. 오쿨루스를 통해 위에서 내부로 들어오는 햇빛은 내부를 구석구석 고르게 밝혀주는데, 마치 하늘이 판테온의 내부 공간 구석구석에 스며 내려오는 듯한 느낌을 준다. 또 비가 오면 안으로 그대로 떨어져 판테온의 내부 공간이 외부 공간과 완전히 격리된 것이 아님을 보여준다. 당시, 지름이 30로마식 피트(약 9미터)나 되는 천장의 구멍을 같은 재료를 사용하여 완전히 덮을 수 있는 기술은 없었다. 이 정도 규모의 쿠폴라에서는 아무리 가벼운 석재와 시멘트를 사용해도 자체의 무게 때문에 그대로 주저앉기 때문이다.

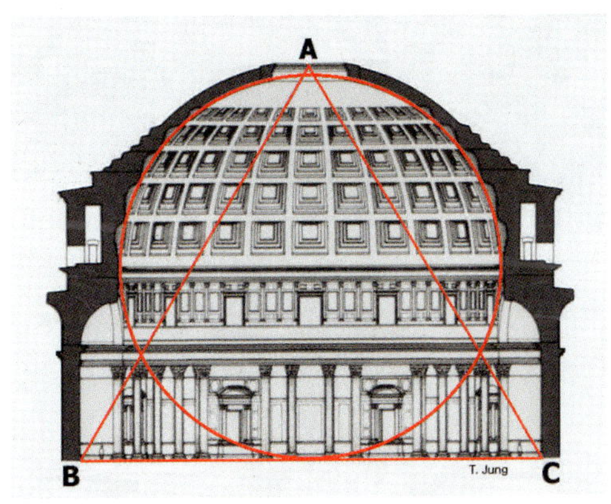

판테온의 지름과 바닥에서 반구의 정상까지의 높이는 똑같다. 즉 내부의 공간에는 완벽한 구형(球刑)을 꼭 끼어 넣을 수 있다. 또 ABC는 정삼각형을 이루고 있다.

오쿨루스를 중심으로 천장의 격자는 다섯 열의 동심원을 이루어져 있는데, 이것은 우주가 다섯 개의 동심구(同心球)로 된 천구가 겹쳐져 있는 것으로 생각한 고대인들의 천체관을 그대로 반영한다. 또 각 열마다 있는 28개의 격자는 달의 공전주기, 즉 음력의 한 달인 28일을 의미하는 것으로 보인다. 옛날에는 각 격자마다 청동별들이 장식되어서 천장은 천구(天球)처럼 보였을 것이고, 지붕에는 금박을 입혔으니 판테온은 태양과 같은 인상을 주었을 것이다. 또 천구를 상징하는 쿠폴라를 받치는 원통 벽체에 있는 일곱 개의 벽감은 다섯 개의 행성과 해와 달을 상징했고, 동시에 벽체의 하중을 줄여주었다.

천체와 우주를 상징하는 판테온은 로마제국 황제들을 위한 신전이며, 로마

판테온의 바깥벽. 벽에 '끼어 있는' 아치는 벽의 하중을 줄여줄 뿐 아니라, 벽체 안에 신상을 안치할 빈 공간을 확보할 수 있게 한다.

제국 제1인자의 권력을 상징하는 곳이었다. 하드리아누스는 이 거대한 빈 공간 안에 원로원과 시민들을 모아놓고 새로운 법을 공포할 때 단순한 황제가 아니라 우주의 법을 제정하는 신성한 황제로 각인되도록 연출했을 것임에 틀림없다.

신전 건축의 원전

608년 동로마제국 황제 포카스가 판테온을 교황 보니파치우스 4세에게 기증한 이후, 로마 최고의 범신전은 '순교자들의 성모 마리아 성당(Santa Maria dei Martiri)'으로 변모되었다. 기독교의 입장에서 보면 이교도의 신전에서 기독교 성전으로 바뀐 것이다. 그 덕택에 판테온은 다른 고대 로마의 건축물과는 달리 '채석장'으로 전락하지 않고, 지금까지 그나마 제대로 잘 보존되어 내려왔다. 그럼에도 불구하고 판테온도 '수난'을 당한 적이 있다.

판테온의 입구의 거대한 청동문.

1624년 교황 우르바노 8세는 25세의 젊은 예술가 베르니니(1598~1680)에게 베드로 대성당 안에 있는 베드로의 묘소를 덮는 거대한 제단을 제작하기 위해 판테온에 있던 청동 구조물과 청동 장식물들을 모조리 뜯어오도록 했다. 우르바노 8세는 바르베리니(Barberini) 가문 출신인데, 당시 로마 시민들은 "바르바리(야만인)도 하지 않는 짓을 바르베리니가 했다(Quod non fecerunt barbari, fecerunt Barberini)"라고 빈정댔다. 다행스럽게도 판테온 입구의 거대한 청동문은 지금도 2000년 전의 모습 그대로 남아 있다.

하드리아누스 영묘와 다리.

하드리아누스 영묘

천사가 지키는 문화 황제의 무덤

로마제국의 국경을 최대로 넓힌 트라야누스 황제를 뒤이은 아일리우스 하드리아누스 황제는 국경을 넓히는 것보다는 내실을 기하는데 총력을 기울였다. 그래서 그가 치세하는 동안 로마제국은 평화와 복지를 누렸다.

서기 76년 히스파니아(스페인) 남단에서 태어난 하드리아누스는 선제 트라야누스의 먼 친척이다. 하드리아누스는 황제로 지명 받은 트라야누스가 로마에 그를 데리고 갈 정도로 신임을 받고 있었고, 트라야누스의 일족과 결혼했다. 트라야누스 황제가 후계자를 지명하지 않고 타계하자, 하드리아누스는 트라야누스의 황후 플로티나의 총애를 받고 황제 자리에 올랐는데, 이 과정에서 어떤 일이 있었는지는 아직 아무도 모른다. 그렇지만 하드리아누스는 군단의 강력한 지지를 받았기 때문에 정통성에 대한 시비는 거의 없었다.

건축과 예술에 대한 조예가 매우 깊었던 황제 하드리아누스.

그는 뛰어난 군인이자 탁월한 정치가였고, 박식하고 재기가 넘쳤으며, 미술, 음악, 건축, 문학 등 거의 모든 예술 분야에 조예가 깊었으며, 또한 여행을 무척이나 좋아했다. 그는 치세 21년 중 자그마치 12년 동안 로마제국의 구석구석을 돌아다녔다고 하니 1주일에 4일은 여행을 한 셈이다. 물론 이 여행은 로마제국 국경 내부를 굳게 다지기 위한 정치적인 목적을 띠고 있었지만 말이다. 여행을 많이 한 그는 세상을 보는 시야가 매우 넓은 통치자였으나 그의 성격은 변덕스럽고 무자비한 면도 없지 않았기 때문에 죽은 후에 원로원은 그의 모든 업적과 기록을 없애버리는 '담나티오 메모라이' 형벌을 내리려고 했다. 다행스럽게도 그의 후계자 안토니누스는 하드리아누스의 명예를 손상시키지 않기 위해 최선을 다했다. 안토니누스는 선황에 대한 충성이 지극하여 '충성스런'이란 뜻의 '피우스(Pius)'라는 말이 이름에 덧붙여져 '안토니누스 피우스(Antoninus Pius)'라고 불리었다.

이중 성격의 박학다식한 황제

선제 트라야누스가 건축가 아폴로도로스에게 건축을 모두 일임한 것과는 정반대로 하드리아누스는 자신이 직접 건축 설계하는 것을 즐겼다. 그는 판테온을 완전히 새로운 모습으로 재건했고, 콜로세움 바로 앞 벨리아 언덕에 '베누스와 로마 여신'에게 바치는 신전을 독특한 모습으로 세웠으며, 123년경에 로마 근교 티볼리에 광대한 별장을 착공했다. 하드리아누스를 이탈리아어로는 아드리아노(Adriano)라고 하기 때문에 티볼리의 별장은 보통 빌라 아드리아나(Villa Adriana)라 불린다. 그런데 말이 빌라이지 이곳에는 신전, 경마장, 도서관, 박물관 등 웬만한 시설과 여러 가지 기능을 갖춘 건축물들이 모여 있는 건축 단지였다. 말하자면 하드리아누스 황제의 환상적인 착상으로 세워진 하나의 작은 도시였다. 이 '작은 도시'의 배치도를 보면, 시대를 앞질러갔다고 할 만큼 현대적이다. 하드리아누스 황제는 광대한 로마제국의 여러 속주를 여행하면서 고대 이집트의 웅장한 건축에서 섬세한 그리스 건축에 이르기까지, 그가 본 것 가운데 가장 아름답고 기이하면서도 인상 깊은 것들을 이곳에 재현했다고 하는데, 일부 사학자들에 의하면 황제 자신이 모든 건물을 설계하고 공사감독까지 했다고 한다. 그러나 빌라가 완공될 무렵 그는 병에 걸리면서 성격이 걷잡을 수 없을 정도가 되어 원로원과 적지 않은 마찰을 초래하기도 했다.

친자식이 없던 하드리아누스 황제는 30대 초반의 젊은 원로원 의원 아일리우스 카이사르를 양자로 받아들여 후계자로 삼았다. 하지만 아일리우스 카이사르는 곧 요절했고, 안토니누스를 후계자로 지목했지만, 그를 잃은 슬픔은 병든 황제의 마음을 짓눌렀다. 병이 악화되자 그는 아름다웠던 추억을 생생하게 재현한 그의 별장에서 여생을 보내는 것이 오히려 더 고통스러웠다고 한다. 그는 안토니누스의 권고에 따라 바다가 보이는 나폴리 근교에서 요양하다가, 서기 138년 7월 10일, 62세를 일기로 세상을 떠났다. 그의 유골은 다음해에 테베레 강변에 자신이 세운 영묘에 묻혔다.

아우구스투스 영묘와 다른 참신한 형태

아우구스투스가 캄푸스 마르티우스 지역에 자신의 영묘를 세운 지 약 150년이 지난 다음, 하드리아누스는 자신과 후세 황제들의 묘소로 쓸 거대한 영묘를 계획했다. 왜냐하면 아우구스투스의 영묘에는 서기 98년 네

하드리아누스 영묘의 모형.

르바 황제가 묻힌 이후 더 이상 자리가 없었기 때문이다. 그는 테베레 강 건너편 바티칸 언덕 언저리에 도미티아누스 황제의 개인 정원이 있던 곳에 터를 잡았는데, 이곳은 아우구스투스 영묘가 있는 곳에서 그리 멀지 않다. 영묘를 세울 무렵, 그는 황후 사비나와의 관계가 좋지 않았던 데다가 관능적인 미소년 안티노우스에게 완전히 반해 있었기 때문에 로마 시민들로부터 평판이 좋지 않았다.

이 영묘에 관해서는 사료가 많지 않기 때문에 정확히 언제인지는 알 수 없지만, 대략 서기 130년경에 축조되기 시작한 것으로 여겨지며, 하드리아누스 황제가 사망한 지 1년이 지난 서기 139년에 안토니누스 피우스 황제에 의해 완성되었다.

하드리아누스 황제는 로마제국의 시조 아우구스투스 영묘와 비교되는 것을 꺼려했기 때문에 캄푸스 마르티우스 지역이 아닌, 테베레 강 건너편에 조심스럽게 영묘 자리를 잡은 것으로 여겨진다. 또한 그는 건축에 조예가 깊고 상상력이 풍부한 사람이었기 때문에, 다소 수수하게 세워진 아우구스투스의 영묘와는 다른 뭔가 새로운 영묘를 보여주고 싶었을 것이다. 그러기 위해서는 아우구스투스의 영묘와 어느 정도 거리를 두는 것이 좋았을 것이다.

하드리아누스 황제의 영묘는 세월이 흐르면서 로마를 지키는 성이 되었다. 원통형 성벽의 표면에는 하드리아누스 황제 영묘의 벽의 흔적이 보인다.

아우구스투스 영묘에 요절한

조카 마르켈루스가 가장 먼저 안장된 것처럼, 하드리아누스의 영묘에는 그가 아끼던 아일리우스 카이사르가 가장 먼저 묻혔다. 이어서 하드리아누스 황제와 황후 사비나부터 시작해 안토니누스 피우스 황제와 가족들, 마르쿠스 아우렐리우스 황제와 가족들, 셉티미우스 세베루스 황제와 황후 율리아 돔나, 작은 아들 게타, 그리고 카라칼라 황제에 이르기까지 약 100년 동안 후세 황제들과 가족들의 묘소로 사용되었다.

6세기 비잔틴의 사학자 프로코피우스에 의하면, 이 영묘는 대리석으로 장식된 정사각형의 기단 위에 지름이 64미터, 높이가 21미터나 되는 거대한 원통형의 단층 탑이 올려 있었으며 이 탑의 바깥벽은 도리아식 기둥과 대리석상들로 장식되어 있었고, 그 위에 흙으로 커다란 능(陵)이 세워져 있었으며, 그 윗부분에는 네 마리의 말이 끄는 마차를 탄 하드리아누스 황제의 금빛 청동상이 있었다고 한다. 이 영묘는 당시 로마 시에 있는 건축물 가운데 콜로세움 다음으로 웅장한 건축물이었다고 전해진다.

'거룩한 천사의 성'과 '천사의 다리'

캄푸스 마르티우스 지역에서 영묘로 진입하는 것을 수월하게 하고 강 건너 지역을 주택지로 개발할 목적으로, 하드리아누스 황제는 서기 130년에서 134년 사이 영묘 앞에 다리를 세웠다. 안토니누스 피우스 황제는 하드리아누스의 씨족명을 따서 이 다리를 폰스 아일리우스(Pons Aelius)라 불렀다. 캄푸스 마르티우스 지역에서 다리에 한 발을 내디디고 영묘를 바라보면, 시야가 영묘 쪽에 집중되기 때문에 기념비적인 성격이 매우 강해진다. '천사의 다리'라고 불리는 이 다리는 1800년 동안 그대로 보존되어 있다가 19세기말 테베레 강 양변에 제방이 세워지면서 다소 개축되었다. 이

테베레 강과 '거룩한 천사의 성'.

다리를 지탱하는 다섯 개의 아치 가운데 중간의 세 개는, 축조된 원래의 형태 그대를 보존하고 있다.

하드리아누스 황제가 타계한 후, 이 영묘는 격동하는 로마의 역사와 함께 그 기능도 바뀌어 3세기 후반에는 테베레 강 하류 지역을 방어하는 아우렐리아누스 성벽의 일부가 되어 로마를 지키는 견고한 보루가 되었고, 10세기에는 바티칸 궁전을 방어하는 요새가 되었다. 또한 1527년 독일 용병에 의한 로마 약탈 기간 중에는 포위된 교황 클레멘스 7세가 이곳에 피신해 있기도 했다. 그 후에는 정치범들이 수감되고 처형되는 악명 높은 감옥이 되기도 했는데, 프랑스의 극작가 빅토리앙 사르두가 서기 1800년의 로마를 배경으로 쓴 희극 〈라토스카〉와 이를 각색한 푸치니의 오페라 〈토스카〉에서도 이곳의 분위기를 알 수 있다. 오페라에서 화가 카바라도시는 그의 연인 토스카와의 아름다웠던 추억을 회상하면서 먼동이 트는 로마의 하늘을 배경으로 아리아 〈별은 빛나건만(E lucevan le stelle)〉을 부른 뒤 총탄에 맞아 쓰러지고, 토스카는 성 아래로 몸을 던져 연인의 뒤를 따른다.

하드리아누스 영묘는 12세기 이후부터 오늘날까지 '거룩한 천사의 성'이란 뜻의 카스텔 산탄젤로(Castel Sant'Angelo)라고 불리는데, 이 이름은 옛 전설에서 유래한다. 509년, 교황 그레고리우스는 당시 로마를 황폐화하던 페스트를 퇴치하기 위해 기도하던 중에 천사의 환상을 보게 된다. 천사는 영묘의 꼭대기에서서 칼집에 칼을 집어넣고 있었는데, 이는 신의 은총이 내린 것을 뜻했다. 그 후 이 천사를 기념하여 예배당이 세워졌고, 이어서 천사의 모습이 대리석으로 조각되어 세워졌으며, 18세기 중엽에 청동상으로 바뀌었다.

오늘날 이 성 안에는 교황의 방, 감옥 등이 그대로 남아 있어 지난날 격동의 역사를 말해주고 있지만, 광대한 로마제국의 영토를 지키고 내실을 기한 하드리아누스 황제는 자신의 묘소가 후손들의 부끄러운 역사를 상징하는 곳으로 사용될 줄은 꿈에도 생각해보지 못했을 것이다.

캄피돌리오 언덕 입구에 있는 인술라의 유적.

고대 로마의 서민아파트 인술라

영광의 그늘에 가려진 서민들의 애환

캄피돌리오 언덕의 북쪽면에는 중세의 성당 '산타 마리아 인 아라첼리'가 있는데, 이 성당으로 오르는 계단 왼쪽 아래에 사람들이 잘 거들떠보지 않는 이름 없는 유적이 있다. 바로 인술라 유적이다. 인술라(insula)는 '섬'이란 뜻으로, 고대 로마의 서민들이 살던 다층공동주택을 일컫는 말이었다.

19세기 후반 거대한 통일기념관이 세워지면서 캄피돌리오 언덕 주변의 중세 및 르네상스 건물들이 많이 헐려 나갔는데, 산타 마리아 인 아라첼리 성당 아래 있던 조그만 성당을 철거하면서 인술라의 유적이 발굴되었다. 헐린 성당은 고대 로마의 아파트 폐허 위에 세워져 있었기 때문에 인술라 유적에는 성당의 종탑 흔적뿐 아니라 14세기의 성모 마리아 벽화도 희미하게 보였다.

고대 로마인들의 아파트

인술라는 서기 2세기에 세워진 것으로 추정되며, 규모는 6층으로 약 380명이 살았던 것으로 추측되지만 이곳에서 언제까지 사람들이 살았는지는 알 길이 없다. 이것이 인술라 유적에 관해 알려진 모든 정보이다. 서기 350년경의 기록에 의하면 로마에는 개인 소유 단독주택은 1782채밖에 되지 않았고, 인술라는 4만 6602동이 있었다고 한다.

현재 로마 시내에 유일하게 남아 있는 6층으로 된 인술라에는 약 380명이 살았던 것으로 추정된다.

도시의 인술라는 주로 임대용이었다. 로마는 수도권 인구 집중으로 인하여 땅값이 비쌌기 때문에 임대료도 매우 높았다. 인술라는 일반적으로 6, 7층으로 되어 있었으며, 1층은 상점이나 작업장으로 이용되었는데, 유럽 도시의 건물들은 현재도 대부분 이와 유사한 형태를 지니고 있다.

고대 로마인들은 도시 안의 단독주택을 도무스(domus), 도시 밖 전원 단독주택을 빌라(villa)라고 했다. 로마 시내에서 도무스에 살 수 있을 정도로 부유한 사람들은 그리 많지 않았다. 이들을 제외한 대부분의 로마 시민들은 인술라에서 임대료를 내면서 살았으니, 부자나 가난한 사람이나 같은 인술라에서 서로 벽을 맞대고 사는 경우가 많았다. 물론 같은 인술라 안이라도 부유한 사람들은 넓은 공간에서 살았고 서민들은 매우 좁은 공간에 살았겠지만.

날림공사와 조악한 주거환경

고대 로마의 건축을 얘기할 때, 우리는 먼저 신전, 궁전, 경기장, 고가수로, 도로, 교량 등 대규모의 건축이나 고도의 시공기술을 발휘한 건축물을 연상하게 된다. 그리고 그 실용성과 견고함을 보고 우리는 경탄해 마지않는다. 그런데 서민들이 사는 인술라는 어땠을까? 경탄이 아니라 경악을 금할 수 없다.

인술라의 높이는 건물의 구조적 안정과 도시 미관 때문에 이미 율리우스 카이사르의 도시계획법에 의해 70로마식 피트(약 20.8 미터), 즉 6층 정도로 제한되어 있었다. 그러나 기초를 너무 얕게 파거나 벽을 너무 얇게 만들어서 건물이 하중을 견디지 못하고 무너지는 경우가 허다했다. 인술라 붕괴사고로 목숨을 잃는 사람들이 적지 않았던 것이다.

2세기 초의 풍자시인 유베날리스는 날림공사와 부실공사에 대해 한마디 했다.

"숲으로 덮인 언덕 중턱에 있는 시원한 프라이네스테(현재의 팔레스트리나)나 볼시니에 사는 사람들이 집이 무너질까 걱정하는 것을 본 적이 있는가? 대부분의 우리는 얇은 판자들을 얼기설기 엮어 세워 만든 도시에 살고 있다. 인술라 건물 주인은 금 간 낡은 벽을 누더기처럼 적당히 가려놓고, 언제 무너져 내릴지 모르는 천장 밑에 세 들어 사는 사람에게 오늘밤도 편히 자라고 한다."

또 시인 마르티알리스는 인술라의 계단을 끝없이 올라가야 했다고 불평했다. 당시 엘리베이터는 있었지만, 손으로 작동하는 것이기 때문에 서민들의 주거 환경에 사용한다는 것은 생각할 수 없었다. 한편 인술라의 창문은 비교적 많고 넓었기 때문에 창문을 열면 환기를 제대로 할 수 있었고, 창문을 닫으면 어느 정도 추위를 막을 수 있었다. 그러나 인술라와 인술라 사이의 간격이 너무 좁아서 창을 열고 건너편 인술라에 사는 사람과 손을 잡을 수 있을 정도였으니 햇빛이 실내로 들어오는 경우는 아주 드물었다. 또 한 아파트에는 한 가족이 사는 것이 원칙이었으나 임대료가 워낙 비쌌기 때문에 여러 세대가 함께 사는 경우가 보통이었다.

고대 로마인들은 우리식 온돌과 비슷한, 뛰어난 난방 시스템을 갖고 있었다. 로마식 온돌은 바닥뿐 아니라 벽에도 열기가 흐르도록 했다. 그런데 서민 인술라에는 이러한 난방 시스템이 전혀 없었으며, 인술라에서 연기를 밖으로 끌어내는 법을 몰랐기 때문에 난로나 벽난로도 없었다. 난방시설로는 연통이 없는 화덕을 이용했지만 이것을 갖춘 집이 그리 많지 않았기 때문에 가난한 사람들은 난방이 전혀 없는 집에서 추위를 견딜 수밖에 없었다. 그러니 집에서 따뜻한 음식을 해먹는다는 것은 꿈에도 생각할 수 없는 일이었다. 또 추위를 막기 위해 창문을 닫았기 때문에 환기가 제대로 되지 않아 실내의 공기가 나빴으며 일부러 빵을 태워 악취를 제거하기도 했다. 한편 화덕이 있는 경우에는 가스 중독으로 인한 사망자가 많았으며, 화재를 유발하는 경우도 있었다. 벽은 석재이지만 대들보는 모두 목재로 되어 있었기 때문에 불이 나면 인술라는 그대로 주저앉았다.

황제들은 로마에 물이 부족하지 않도록 수로를 세웠기 때문에 로마의 공공 목욕장과 분수에는 물이 넘쳐흘렀다. 그런데 사람이 사는 집에는 물이 쉽게 연결되지 않았다. 건물 주인의 명의로 수도를 인술라까지 연결할 수는 있었지만, 수도세가 엄청나게 비싼데다가 허가받기도 매우 까다로웠으며 건물 주인이 죽는 경우에는 허가가 즉시 취소되었다. 따라서 서민들은 거리에 있는 공공분수나 수도를 이용할 수밖에 없었다.

고대 로마인들의 하수시설은 뛰어났다. 그럼에도 불구하고 인술라에 사는 서민들은 불편을 겪으면서 살았는데 아마 가장 불편했던 점은 화장실이 없었

로마 근교 오스티아에 있는 고대 로마 인술라의 모형. 인술라의 1층은 상점이나 작업장으로 이용되었다. 현재도 대부분의 유럽 도시의 건물들은 이와 유사한 형태를 지니고 있다.

다는 점일 것이다. 화장실은 1층에 사는 사람만 만들 수 있었는데, 기존의 하수 시설에 관을 연결하면 그만이었다. 그러니까 오물은 하수구를 통해 모두 테베레 강으로 흘러갔다. 지하층에 공동화장실을 갖춘 인술라도 있었지만 그 수는 매우 드물었다. 따라서 사람들은 거리나 광장에 있는 공공화장실을 이용할 수밖에 없었다. 위층에 사는 사람들은 밤에 용변 보러 밖에 나가기가 귀찮아서, 집 안에서 요강에 용변을 본 후 창문을 열고 길바닥 아래로 오물을 몰래 내버리곤 했다. 그래서 밤에 길가는 사람 머리 위에 오물 세례가 쏟아지는 경우가 허다했으며, 이러한 일로 한밤중에 언쟁이 붙고 법정까지 가곤 했다.

또한 웬만한 쓰레기는 창문을 열고 길 아래로 버리는 것이 예사였는데, 쓰레기 중에는 행인의 머리 위에 떨어지면 매우 위험한 물건도 있었다. 다음과 같은 유베날리스의 글이 당시 상황을 단적으로 말해준다.

"높은 창문에서 못 쓰는 그릇이나 깨진 도자기들, 또 길바닥에 떨어지면 도로 포장에 자국이 날 정도로 무거운 물건들이 당신의 머리 위에 떨어진다는 것을 고려해볼 때, 유서도 안 쓰고 남의 집에 저녁식사 초대를 받고 대문을 나선다면 당신은 정말로 우둔한 사람이오."

소음 공해와 엉망인 주소 체계

"모든 길은 로마로 통한다"는 말처럼, 고대 로마는 넓은 제국의 영토를 시스템화하고 도로를 건설하는 데 뛰어난 역량을 발휘했다. 그러나 이와는 반대로 로마 시내의 길들은 가파른 비탈길과 포장이 제대로 안 된 길이 많아 통행이 매우 불편했으며, 게다가 길은 좁아서 마차가 쌍방통행할 수 있는 경우가 극히 드문, 폭 3미터 이하의 길이 많았다. 또 낮에는 좁은 길에서 외쳐대는 장사꾼들과 행인들의 소리가 진동했다.

당시에도 교통 혼잡과 주차난이 극심하여 시내통행을 제한했다. 이미 기원전 45년 율리우스 카이사르는 렉스 율리아 무니키팔리스(Lex Iulia Municipalis)라는 도시행정법을 제정하여, 특수한 경우를 제외하고 말이나 소가 끄는 수레가 대낮에 도심을 통과하는 것을 금지했다. 짐을 실은 수레는 해가 진 후부터 동이 틀 때까지만 통행이 허가되었는데, 이 법은 나중에 약간의 수정이 가해졌지만 로마제국이 멸망할 때까지 근본적으로 그대로 적용되었다. 제정 시대의 로마 시의 인구를 80만에서 100만 명으로 추산하고, 로마 시민들이 1년에 소요하는 밀의 양을 모두 30만 톤 정도로 추산해본다면, 밀을 실은 수레 수백 대가 매일 밤 로마의 좁은 길을 비집고 지나다녔다는 계산이 나온다. 그렇다면 밤마다 좁은 길바닥에서 들려오는 소음이 어떠했을지 쉽게 짐작이 간다. 이에 대해 유베날리스는 한탄조로 또 한마디 했다.

"사람들은 소음 때문에 음식을 제대로 소화시키지 못해 병을 얻는다. 게다가 이런 병자들 대부분은 소음 때문에 밤에 잠을 제대로 이룰 수 없어 죽어간다. 로마에서는 돈 많은 자가 아니면 누가 밤에 제대로 잠을 잘 수 있단 말인가?"

또 주소체계가 제대로 되어 있지 않아서 시내의 길들은 주요한 도로만 빼고는 길 이름도 번지수도 없었다. 귀족들은 통신을 담당하는 노예들을 거느리고 있었지만, 로마 시내 통신은 복잡하고 어렵기 짝이 없었다. 이것은 통신 담당 노예의 능력이 부족해서도 아니고, 거리가 멀어서 그런 것도 아니었다. 노예는 자기가 갈 곳을 확실히 알고 있지 않으면, '포룸 뒤에 있는 신전 근처에서 오른쪽 골목으로 돌아 언덕길로 오르면 올리브 나무가 있고, 올리브 나무에서 왼쪽으로 두 번째 골목에 들어서서 세 번째 집' 따위의 주소에 만족해야만 했다.

인술라에 살던 2000년 전 고대 로마 서민들의 이러한 모습은 아득한 옛날 일이지만 왠지 그들의 애환이 남의 일로만 느껴지지는 않는다. 지금 인술라 유적 주변에는 그 당시처럼 좁은 길이라고는 전혀 없는데도 소음이 진동하고 있다. 주변으로 자동차와 오토바이들, 그리고 경찰차와 앰뷸런스가 굉음을 토하며 제멋대로 질주하고 있는 것이다. 유베날리스가 지금 살아 있다면 뭐라고 빈정거릴까 사뭇 궁금해진다.

종말과 새로운 시대를 향하여

Chapter 5

로마제국 후기

마르쿠스 아우렐리우스 원기둥. 트라야누스 원기둥과 비교해보면, 높이와 비례, 기능 등 모든 면에서 다를 것이 없다.

마르쿠스 아우렐리우스 원기둥

기울어지는 국운을 예고하는 승전 기념비

로마 중심부를 남북으로 가로지르는 도로 비아 델 코르소의 중간쯤 위치한 콜론나 광장(Piazza di Colonna) 한가운데에는 마르쿠스 아우렐리우스 원기둥(Colonna di Marco Aurelio)이 서 있다. 트라야누스 원기둥과 비교해보면 높이로 보나 비례로 보나 기능으로 보나 다를 것이 하나도 없다. 트라야누스 원기둥보다 나중에 세운 모방작이다. 모방을 해도 그냥 적당히 한 것이 아니라 아주 철저하게 모방했기 때문에 자세히 보지 않으면 제대로 구분할 수 없다.

이 광장에는 원래 마르쿠스 아우렐리우스 황제 신전이 있었으나 그 흔적은 현재 전혀 남아 있지 않다. 또 원기둥 꼭대기에는 원래 황제의 금빛 청동상이 세워져 있었는데 중세 때 없어졌고, 트라야누스 원기둥 위에 베드로의 동상이 올려진 것처럼, 사도 바울의 동상이 올려져 바티칸 언덕 쪽을 바라보며 서 있다. 이 두 개의 원기둥은 로마가 기독교의 수도로서의 위용을 갖추면서 '기독교 전파의 두 기둥' 베드로와 바울을 떠받치고 있기 때문에 파손되지 않고 지금까지 잘 보존되어 왔다.

마르쿠스 아우렐리우스 원기둥의 북쪽에는 이탈리아 수상관저 키지 궁(Palazzo Chigi)이, 서쪽에는 이탈리아 주요 일간지 『일 템포』 본사 건물이 광장을 둘러싸고 있다. 신문사 건물에는 이탈리아어로 '시간'이라는 뜻의 'Il Tempo'라는 커다란 글씨가 선명하게 보인다. 겨울에 태양의 고도가 낮아지면 원기둥은 마치 해시계의 중심축처럼 광장과 주변 건물 벽면에 긴 그림자를 던진다. 그럴 때면 〈일 템포〉는 신문사 이름이라기보다는 오히려 '시간'이라는 뜻으로 더욱 강하게 느껴진다.

흔들리는 국경

하드리아누스 황제는 젊은 마르쿠스 아우렐리우스를 양자로 받아들이고, 안토니누스 피우스의 후계자로 지목했다. 안토니누스 피우스 황제는 선제 하드리아누스의 원에 따라 마르쿠스 아우렐리우스와 아일리우스 카이사르(하드리아누스가 후계자로 지목했다가 요절했다)의 아들 루키우스 베루스 두 사람을 후계자로 지명했다. 161년 3월 17일 안토니누스 피우스 황제가 타계한 다음, 마르쿠스 아우렐리우스의 원에 따라 루키우스 베루스도 함께 황제가 되었다. 그러니까 로마제국 사상 처음으로 동시에 두 사람이 황제가 된 것이다.

캄피돌리오 언덕에 있는 마르쿠스 아우렐리우스 황제 기마상.

로마제국의 황제가 바뀌자, 완충국 아르메니아에 눈독들인 파르티아 왕국이 전쟁을 도발했다. 이리하여 거의 50년 동안 유지되어오던 평화가 흔들리기 시작했다. 파르티아가 로마제국 국경을 뚫고 들어오자, 마르쿠스 아우렐리우스는 162년, 루키우스 베루스에게 긴급 사태에 대처하도록 했다. 루키우스 베루스는 군단 지휘경력도 없었을 뿐더러 유흥을 즐기는 총각 황제라 전쟁수행과 국정에 크게 도움이 되지 않았지만, 마르쿠스 아우렐리우스는 그를 자신의 어린 딸 루킬라와 결혼시키고 황제로서의 체통을 세우도록 했으며, 유능한 장군들을 붙여주었다. 로마군은 적을 퇴치하고 파르티아의 영토 안으로 진군했다. 하지만 사막과 같은 방대한 땅을 지키는 것이 쉬운 일은 아니었기 때문에 더 이상 진군하지 않고 아르메니아와 에우프라테스 강 상류의 땅 정도만 카파도키아에 합병시켰고, 이 전쟁에서 크게 활약한 시리아 출신의 젊은 장군 아비디우스 카시우스에게 새 정복지를 통치하는 임무를 주었다.

166년, 파르티아 전쟁을 승리로 끝내고 루키우스 베루스와 마르쿠스 아우렐리우스는 나란히 로마에 개선했다. 그런데 전혀 예상하지 못했던 재앙이 찾아왔다. 오리엔트에서 '페스트'라는 끔찍한 '전리품'도 함께 가져온 것이다. 당시 이로 인한 희생자가 얼마나 되는지 정확히 알 수 없지만, 게르만족과 마주보는 라인 강 국경 지역에도 수많은 사망자가 속출했다. 엎친 데 덮친 격으로 바로 그해, 발트 해 지역에 살던 고트족이 남하하는 바람에 도나우 강 너머 살던 여러 게르만족들과 사르마티족이 남쪽으로 밀려 로마제국의 국경을 뚫고 내려왔고, 그 가운데 특히 콰디족과 마르코만니족은 알프스 산맥을 넘어 이탈리아 반도의 북동쪽 도시 아퀼레이아를 공략하기까지 했다. 또 다른 야만족들은 발칸 반도로 침입하여 그리스와 소아시아까지 손을 뻗치고 있었다. 두 명의 황제는 파르티아 전쟁 승리를 축하할 겨를도 없이 북부 국경방어에 총력을 기울여야 했다.

마르쿠스 아우렐리우스 황제는 페스트로 황폐화된 로마의 군단을 새로 편성하여 야만족을 격퇴하고 원래의 국경선을 되찾았고, 그런 김에 아예 도나우 강 너머에 사르마티족과 마르코만족들을 정착시키고 그곳을 속주화하려 했다. 그러던 사이 루키우스 베루스가 169년 병으로 급서했다. 마르쿠스 아우렐리아누스 황제는 그의 시신을 하드리아누스 영묘에 안장하러 로마에 내려왔으나, 곧 다시 도나우 강 전선으로 달려갔다.

그 후 여생의 대부분을 오늘날 오스트리아의 수도 빈(Wien)인 빈도보나에서 보내게 되는데, 175년에는 로마제국 동쪽 영토에서 놀라운 소식이 들려왔다. 아비디우스 카시우스가 마르쿠스 아우렐리우스 황제가 죽은 줄 알고 황제로 자처하고 나선 것이었다. 하지만 마르쿠스 아우렐리우스 황제가 반란군을 진압하러 동쪽으로 진군하려 할 때 아비디우스 카시우스는 부하의 손에 살해당하고 말았다. 마르쿠스 아우렐리우스 황제는 그를 용서할 수 있는 기회를 놓쳤다고 안타까워했다고 한다.

마르쿠스 아우렐리우스 황제가 오리엔트 국경을 다시 정립하고 로마에 돌아오자, 이번에는 브리탄니아와 아프리카가 반란과 폭동으로 술렁거렸고, 도나우 강 국경에서 콰디족과 마르코만니족이 다시 전쟁을 일으켰다. 그는 16세의 아들 콤모두스를 데리고 다시 급히 전선으로 달려갔다. 그가 지휘하는 로마군은 승리하고 있었지만, 죽음의 그림자는 그의 병약한 몸을 서서히 엄습하고 있었다. 황제로 등극한 지 꼭 20주년이 되던 180년 3월 17일, 59세 생일을 한 달 앞두고 마르쿠스 아우렐리우스는 도나우 강이 보이는 빈도보나의 야전 막사에서 죽음이 찾아오는 것을 조용히 기다렸다.

트리야누스 원기둥을 모방한 작품

마르쿠스 아우렐리우스 원기둥은 게르만족과의 전쟁에서 승리한 것을 기념하여 마르쿠스 아우렐리우스 황제가 세상을 떠난 다음 콤모두스 황제가 세운 것으로 여겨지며, 연대적으로 보면 트라야누스 원기둥보다 대략 80년 후의 일이다.

원기둥의 표면을 빈틈없이 채운 조각. 트라야누스 원기둥에서 보이는 자연스럽고 정교한 헬레니즘 풍의 조각과는 달리 세련미가 많이 떨어지고 단순해보이지만, 바로 그것이 이 원기둥의 매력이다.

이 원기둥은 트라야누스 원기둥보다 14센티미터가 낮은 29.62미터로, 100로마식 피트에 더 가깝다. 기단을 포함한 높이는 42미터가 넘으며, 지름이 3.7미터가 되는 카라라 대리석 원통 28개를 쌓아올렸는데, 기둥 상부가 좁아지는 트라야누스 원기둥과는 달리 밋밋한 원통기둥이다. 즉, 아래나 위나 지름이 동일하다. 원기둥 내부에는 203개의 나선형 계단을 통하여 정상부의 테라스까지 올라가게 되어 있으며, 56개의 작은 창문을 통해 들어오는 빛으로 원기둥의 내부를 밝힌다.

원기둥의 표면을 보면, 수많은 인물들을 새긴 20개의 띠가 나선형으로 감아 올라가고 있는데, 띠의 높이는 모두 1미터가 넘는다. 원기둥의 아랫부분을 보면 부교(浮橋)를 띄워 도나우 강을 건너가는 로마군들의 모습이 보이고, 중간에는 승리의 여신 빅토리아의 모습이 보이며, 빅토리아 여신 아랫부분에는 마르코만니족과의 제1차 전쟁(서기 172년~173년), 윗부분에는 사르마티족과의 제2차 전쟁(서기 174년~175년)을 기록하고 있는데 전쟁을 묘사하는 방법도 트라야누스 원기둥과 매우 비슷하다.

새로운 표현의 조각

원기둥 표면을 감싸는 부조를 보면, 트라야누스 원기둥에서 보이는 자연스럽고 정교한 헬레니즘 풍의 조각과는 완전히 다름을 느낄 수 있다. 어떻게 보면 세련미가 많이 떨어지고 단순하다고 말할 수 있겠는데 그것이 오히려 매력이 된다. 이 원기둥의 부조는 더 '도들도들'하다. 즉 등장인물들의 볼륨은 훨씬 더 부풀어져 있고, 훨씬 더 간결하고 도식화되어 있으며, 훨씬 더 조형적이고, 표현이 훨씬 더 강렬하다. 다시 말해 고전적인 비례가 없어지고, 표현이 즉각적이며 확실하다. 이런 관점으로 본다면, 이것은 다음 시대 즉 고대 로마 후기 예술양식을 예고하는 것이라고 말할 수 있겠다. 즉 트라야누스 원기둥의 조각보다는 4세기 초반 콘스탄티누스 개선문을 장식하는 조각에 더 가까운 셈이다.

원기둥 표면에 조각된 전쟁기록은 에피소드 중심이기 때문에 게르만 전쟁의 흐름을 제대로 파악하기 힘들다. 전쟁기록은 서기 172년 로마군이 카르눈툼 근교에서 도나우 강을 건너가는 장면부터 시작되고, 띠를 따라 올라가면 전쟁의 양상은 점점 고조된다. 전쟁 말기에 해당하는 부분에는 파괴되는 집들, 참수당하는 포로들, 도망가는 야만족 여인의 머리를 로마군이 손으로 끌어당기는 모습, 울부짖는 아이의 모습 등 잔인하고 처참한 장면들도 적나라하게 표현되어 있다. 중간중간에 마르쿠스 아우렐리우스 황제는 철학자답게 평온한 자태로 등장하는데, 사위 폼페이아누스와 함께 있는 모습도 보인다.(마르쿠스 아우렐리아누스는 루키우스 베루스가 죽자 과부가 된 딸 루킬라 황후를 폼페이아누스 장군과 재혼시켰다.)

이러한 여러 광경들 중에서 가장 흥미로운 것은 '뇌우(雷雨)의 기적'으로 인해 적군이 막심한 피해를 보는 장면이다. 이 전투는 172년경에 있었던 것으로 여겨지며, 전투상황은 40년 후 그리스 출신 원로의원이며 역사가였던 디오 카시우스가 다음과 같이 기록하고 있다.

뇌우의 기적. 두 팔을 벌리고 신령과 같은 모습을 한 것은 포위가 된 로마군을 구한 뇌우를 의인화한 것이다.

"전투 중에 로마군이 위기에 빠졌을 때, 그 위기에서 로마군을 구해준 것은 신의 섭리라고 말할 수밖에 없다. 콰디족이 그들에게 유리한 지형으로 로마군을 몰아넣고 포위하자 로마군 병사들은 방패를 빈틈없이 맞붙이고 용감히 싸웠다. 그러다가 야만족들은 공격을 멈추었다. 햇볕이 내리쬐는 평원에서 로마 병사들이 더위와 갈증에 지치게 되면 쉽게 모두 생포할 수 있을 것이라고 생각했기 때문이다. 수적으로 훨씬 더 많은 야만족은 로마군이 어느 곳에서도 물을 구할 수 없도록 완전히 포위했다. 지칠 대로 지친 로마군은 전투 중에 입은 상처와 내리쬐는 햇빛과 갈증으로 고통당하면서 싸울 수도 물러설 수도 없는 절망의 상황에 놓여 있었다. 그들은 뜨거운 햇볕에 그을리면서 자신의 위치를 지키고 있을 수밖에 없었다. 바로 그때였다. 신의 섭리인지는 모르겠지만, 갑자기 구름이 몰려오더니 장대 같은 빗줄기가 그들 위에 쏟아지기 시작했다. 이에 대해 마르쿠스 아우렐리우스와 동행하던 이집트의 마술사 하르누피스가 주문을 외어, 여러 신들 중 특히 공기의 신 메르쿠리우스를 불러 비를 내리게 했다는 얘기가 있다."

뇌우는 로마군과 야만족을 함께 덮쳤지만 야만족은 갑자기 바뀐 전황으로 대혼란에 빠졌고, 목을 축인 로마군은 전열을 가다듬고 용감히 싸워 승리했다고 한다. 이집트 마술사의 마법에 의한 기적은 물론 터무니없는 얘기이다. 왜냐면 마르쿠스 아우렐리우스와 같이 인간의 이성을 지고의 선(善)으로 삼던 철학자 황제가 마술을 믿었을 리가 없었고 또 마술사를 데리고 다녔다는 기록도 전혀 없기 때문이다.

뇌우의 기적에 대해 전혀 다른 이야기도 전해진다. 포위된 로마군 병사들은 모두 멜리테네(현재 터키의 서해안 도시) 출신의 기독교 신자들이었는데 절망 속에서 간절히 기도하자 그들이 믿는 신이 기적을 내렸다고 한다. 또 기적의 소식을 접한 마르쿠스 아우렐리우스 황제는 이들을 '제12 번개 군단(XII Fulminata, 로마 최정예 군단)'으로 불렀고, 평소 기독교를 무시했지만 기독교 신자들에게 경의를 표했다고 한다. 원기둥에서 뇌우는 의인화된 신과 같은 모습으로 조각되어 있다. 그런데 승리를 로마군의 용맹으로 돌리지 않고 '신의 섭리'로 돌린 것은 당시 로마 사회의 심리적 불안을 말해주는 것은 아니었을까?

트라야누스 원기둥과 마르쿠스 아우렐리우스 원기둥에 등장하는 황제의 모습을 자세히 보면 여기에도 차이가 있다. 트라야누스는 옆모습으로, 마르쿠스 아우렐리우스는 정면으로 등장한다. 이것은 황제의 위엄에 대한 개념이 바뀌었다는 뜻이다. 즉 트라야누스는 부관들과 함께 얼굴을 맞대고 있는 사실적이며 현실적인 인간의 모습을 한 황제로 묘사된 반면, 마르쿠스 아우렐리우스는 싸우는 황제가 아니라 사태를 평정하는 거룩한 신과 같은 황제로 묘사되어 있다. 마르쿠스 아우렐리우스 황제가 오리엔트식의 세습 왕조처럼 권력을 자기 친자식 콤모두스에게 세습했으니, 콤모두스 황제는 이 원기둥을 세우면서 황제의 위엄의 개념을 오리엔트식으로 바꾸었던 것일까?

마르쿠스 아우렐리우스 황제는 무엇보다도 먼저 스토아학파 철학자로서 후세에 잘 알려져 있다. 그가 전장에서 틈틈이 그리스어로 쓴 『명상록』은 오늘날까지 전해져 내려오는데, 당시 로마 사회 최고의 도덕적 가치기준을 기록한 사료로서 그 중요성은 매우 크다고 하겠다. 하지만 마치 운명의 장난처럼, 이러한 황제가 지배하던 로마는 수많은 전쟁과 재앙으로 점철되어 있었으며, 황제의 정신세계가 고명한 빛으로 밝혀져 갈 때 로마제국의 영광에 할당되었던 시간은 끝나가고 멸망의 그림자가 로마제국의 운명 위에 서서히 드리워지기 시작했다.

그러고 보면 마르쿠스 아우렐리우스 원기둥은 고대 로마의 역사에서 로마의 국운이 내리막길에 접어든 시간을 알려주는 시계침과 같다는 생각이 든다. 원기둥 그림자 속에서 『명상록』 중의 한 구절을 떠올려본다.

"우주의 모든 존재들을 생각해보라. 그 속에서 너의 존재는 얼마나 미소한가. 무한한 시간을 생각해보라. 그중에서 너에게 할당된 시간은 얼마나 짧은 순간에 불과한가. 모든 운명을 생각해보라. 그중에서 네가 차지하고 있는 부분은 얼마나 작은 부분인가."

셉티미우스 세베루스의 개선문을 통해서 본 포룸 로마눔. 개선문의 아치 사이로 멀리 보이는 간결한 티투스의 개선문과 대조가 된다. 두 개선문 사이에 지붕이 있는 곳은 율리우스 카이사르가 화장된 자리이다.

셉티미우스 세베루스 개선문

지워져버린 문구에
얽힌 비밀

포룸 로마눔에서 캄피돌리오 언덕으로 오르는 비탈길이 시작되는 곳에 개선문이 서 있다. 돌무더기로 변해 형체를 제대로 알아볼 수 없는 다른 유적들에 비하면 지금도 옛 모습을 거의 그대로 간직하고 있다. 이 개선문은 서기 203년 원로원과 로마 시민들이 셉티미우스 세베루스와 그의 두 아들에게 헌정한 것으로, 규모를 보면 높이 21미터, 폭 23미터, 두께 11미터에 달하는데, 간결하고 단순한 티투스 개선문과는 달리 기둥들이 개선문 표면 밖으로 튀어나와 강한 그림자를 수직으로 드리우기 때문에 명암의 대비가 매우 강하다.

개선문의 앞면과 뒷면에는 여백이라고는 찾아볼 수 없을 정도로 여러 장면들이 빼곡하게 조각되어 있다. 세월에 씻겨 내려간 흔적이 너무나 역력하지만 개선문 윗부분에 여러 줄로 길게 새겨져 있는 라틴어 문장만큼은 확실히 보인다. 이 긴 문장을 구성하는 글씨들은 하나하나 매우 공들여 새겨져 있고 그 위에 청동 글씨를 박았던 자국이 보인다. 사실 개선문이나 신전, 묘비 등에서 보이는 이러한 글씨들은 후세에 로마 문자의 글씨체를 정립하는데 표본이 되었다.

라틴어 문장 중에서 다섯 번째 줄에 쓰인 문구 "OB REM PVBLICAM RESTITVITAM IMPERIVMQVE POPVLI ROMANI PROPAGATVM(국가의 일체성을 되찾고 로마 시민의 제국을 확장했기 때문에)"은 이 개선문이 왜 세워졌는지를

셉티미우스 세베루스 개선문은 포룸 로마눔의 북동쪽, 캄피돌리오 언덕 위로 올라가는 비탈길이 시작되는 곳에 세워져 있다.

알려주는 단서가 된다.

셉티미우스 세베루스는 광대한 로마제국 영토를 종횡무진 누비면서 내전을 치렀으며, 로마제국의 동쪽 국경과 서북쪽 국경을 건드리는 외적들을 맞아 싸운 군인 황제였다. 이 글에서 말하는 '국가의 일체성'은 정적 니게르 및 알비누스와 치른 내전을 뜻하며, '제국의 확장'은 파르티아와의 전쟁에서 승리한 것을 뜻한다.

개선문의 표면이 너무 닳아서 돌에 새겨진 형상들을 제대로 알아보기 힘들지만, 셉티미우스 세베루스가 치른 전투 상황은 조금이나마 느낄 수 있다. 포룸 로마눔에 면한 쪽 부조들을 보면, 왼쪽에는 로마군들이 진지를 떠나는 모습과 전투장면, 군대를 향해 연설하는 황제의 모습, 그리고 니시비스(Nisibis) 시의 탈환이 묘사되어 있고, 오른쪽에는 에데사(Edessa)를 포위 공략하는 장면, 황제의 연설, 그리고 아그바르 왕과 아르메니아인들의 항복을 받는 모습 등이 묘사되어 있는데, 사건의 묘사는 트라야누스 원기둥이나 마르쿠스 아우렐리우스 원기둥처럼 아래에서부터 위로 진행되고 있다.

이러한 부조들은 이미 공화정 시대 중반에 개선장군이 전투에 임하는 모습을 묘사할 때 주로 사용하던 구도를 그대로 따르고 있다. 그리고 마르쿠스 아우렐리우스의 원기둥 표면 부조와 비슷하기 때문에 그 원기둥에서 사용된 도식을 그대로 사용했지 않았을까 하는 생각도 든다. 또 셉티미우스 세베루스 황제는 오리엔트 지방에서 전쟁을 치르면서 그곳의 미술품들을 로마로 많이 보냈기 때문에 당시의 오리엔트 미술이 개선문의 조각에 어느 정도 영향을 끼친 듯하다.

이제 다시, 라틴어 문장의 네 번째 줄을 한번 눈여겨보자. "OPTIMVS FORTISSIMISQVE PRINCIPIBVS" 그런데 뭔가 이상하다. 다른 표면과 달리 누군가 원래의 글을 지우고 그 위에 다시 글을 박았던 흔적이 보인다. 즉 누군가가 글씨를 조작을 했다는 뜻이다. 그렇다면 누가 그랬을까? 또 왜 그랬을까?

운명의 숫자 7

기원후 146년 북아프리카의 렙티스 마그나(Leptis Magna)에서 태어난 셉티미우스 세베루스는 로마제국 사상 최초의 아프리카 출신 황제이다. 그는 마르쿠스 아우렐리우스 황제와 콤모두스 황제 밑에서 공을 세워 판노니아와 일리리아 지방의 사령관이 되었다. 그는 그리스의 아테네에서 철학을, 로마에서는 법률을 공부한 지성을 갖춘 군인으로, 정직하고 대쪽 같은 성격에 혈기가 왕성했으며, 현실감각이 있었기 때문에 군대 내에서 그를

셉티미우스 세베루스 황제는 로마제국 역사상 최초의 아프리카 출신으로, 3세기에 보기 드물게 제명대로 살다 간 황제인데, 혼란기에 무려 18년 동안 로마제국을 통치했다.

따르는 사람이 많았다. 그런데 그에게는 엉뚱한 면도 있었다. 강직하고 강인한 성격과는 달리 점성술에 아주 깊게 빠져 있었다.

고대 로마 사람들은 7을 셉트(sept)라고 했다. '라틴어의 딸'인 이탈리아어와 스페인어에서는 7을 각각 sette, siete라고 하고, 프랑스어와 루마니아어에서는 옛날대로 sept로 표기한다. (September(9월)는 원래 일곱 번째 달이었다.) 옛날 사람들은 7을 이상적인 숫자로 생각했다. 로마는 일곱 언덕 위에 세워졌고, 로마왕정 시대의 왕도 일곱 명이었고, 일주일도 7일이니 말이다. '셉티미우스 세베루스'라는 이름에서 셉트(Sept)는 '7'이란 뜻이다. 그래서 그는 자신이 큰 인물이 될 운명의 사람이라고 생각하고 있지 않았을까? 또한 그는 시리아에 체류하던 중에 첫 부인이 죽자 점성술가의 말을 듣고 에메사 부근에 떨어진 운석 조각을 신처럼 모시고 있던 제사장의 딸 율리아 돔나와 재혼하여 아들 둘을 얻었다. 율리아 돔나는 지성을 갖춘 여인으로 그 주변에는 항상 지식인과 문화인들이 몰렸다.

황제 자리를 향하여

콤모두스는 로마를 공포의 도가니에 몰아넣었으며 국정에는 완전히 무관심했다. 결국 서기 192년 12월 31일에 암살당했고, 당시 근위대장 라이투스가 마르쿠스 아우렐리우스 황제의 친구이며 고문이었던 66세의 원로의원 출신의 로마 시장 페르티낙스를 황제로 추대하자, 원로원은 전격 이를 승인했다. 페르티낙스는 해방노예가문 출신으로 사회의 밑바닥부터 성장해 군대에서 산전수전을 겪으며 큰 경력을 쌓은 인물이었다. 신임 황제는 군대와 사회 모든 방면에 걸쳐 '구조 조정'을 실시했는데 그중에는 근위대도 포함되어 있었다. 그러자 그를 추대했던 라이투스는 혜택은커녕 오히려 손해를 당하게 될 것 같아지자 그를 제거하기 위한 음모를 꾸몄다.

당시 판노니아 사령관으로 있던 셉티미우스 세베루스는 이상한 꿈을 꾸었다고 한다. 포룸 로마눔에서 페르티낙스 황제가 타고 있는 말에서 떨어지고 자기가 그의 말에 올라탔더니 모든 사람들이 자기를 우러러보더라는 것이었다. 서기 193년 3월 28일, 페르티낙스는 황제 자리에 오른 지 불과 87일 만에 결국 근위대에 의해 살해당하고 말았다. 근위대는 로마제국의 황제 자리를 '경매'에 부쳤고, 근위대에게 거금을 희사할 것을 약속한 거부 율리아누스가 황제가 되었다.

이런 소식이 속주에 퍼지자 군단들이 술렁거리기 시작했다. 판노니아 군단은 셉티미우스 세베루스를, 시리아 군단은 페스케니우스 니게르 총독을, 그리고 브리탄니아에서는 클로디우스 알비누스 총독을 황제로 추대했다. 셉티미우스 세베루스는 먼저 클로디우스 알비누스와 권력을 나눠 갖기로 협약하고는 군대를 이끌고 로마로 진군했다. 그리고 셉티미우스 세베루스가 로마에 입성하기도 전에 황제가 된 율리아누스는 상황을 저울질해본 근위대에 의해 살해당하고 말았다. 무혈입성한 셉티미우스 세베루스는 로마에 한 달 동안 머물면서, 기존의 근위대를 해산하고 피살당한 페르티낙스 황제를 신격화하여 원로원과 로마 시민들을 안심시켰다.

셉티미우스 세베루스는 일단 로마에 기반을 굳힌 다음, 서기 194년 시리아에서 페스케니우스 니게르와 일전을 벌여 그의 군대를 완전히 격파했다. 그러고는 클로디우스 알비누스와 공식적으로 공동 황제가 되었지만 권력을 독차지하고 세습왕조를 세울 계획을 하고 있었다.

7년간의 안정

194년 페켄니우스 니그로를 제압한 해에 제1차 파르티아 전쟁이 발발했다. 로마가 내전으로 혼란한 틈을 타서 파르티아가 로마제국의 국경을 침범한 것이다. 셉티미우스 세베루스는 이를 복잡한 국내 정치를 바깥으로 돌릴 수 있는 기회로 삼았다. 그의 군대는 에우프라테스 강을 건너 니시비스까지 쳐들어갔다. 그곳에서부터 메소포타미아 지방의 아라비아인들을 굴복시키고 티그리스 강을 건넜다. 이때 클로디우스 알비누스의 위협이 커지자, 로마로 돌아온 즉시 갈리아로 진군하여 197년 그를 리옹에서 격파했다. 목이 잘린 정적의 시체는 강에 던져졌고, 잘린 목은 로마로 가져와 클로디우스 알비누스파 원로의원들의 간담을 서늘하게 했다. 이때부터 셉티미우스 세베루스는 천하무적이 되었고, 클로디우스 알비누스를 지지한 원로원 의원들을 무자비하게 처형했다. 그는 그해에 메소포타미아 지방을 침입한 파르티아군을 물리치기 위하여 다시 동방으로 떠났다.

제2차 파르티아 전쟁에서는 파르티아의 수도를 점령하여 전쟁을 성공적으로 끝낸 후, 202년 로마로 되돌아왔다. 그리고 다음해 파르티아에서 노획한 금으로 원로원과 로마 시민들의 이름으로 유피테르 신전으로 오르는 길목에 개선문을 세웠다. 개선문이 세워진 곳은 바로 셉티미우스 세베루스가 꿈에서 본 페르티낙스 황제가 말에서 떨어진 지점이었다.

셉티미우스 세베루스는 로마에서 7년 동안 비교적 안정된 삶을 살면서 로마에 오랜만에 건축 열기를 불어넣었다. 이때 팔라티노 언덕의 황궁이 증축되었고 거대한 공공목욕장 건립계획도 세워졌다.

사후 7년도 되기 전에 몰락한 새 왕조

서기 208년, 칼레도니아(오늘날의 스코틀랜드)의 부족이 브리타니아의 국경을 유린하자, 셉티미우스 세베루스 황제는 두 아들을 데리고 그곳으로 향했다. 그는 브리타니아 섬을 모두 점령할 계획이었으나 꿈을 이루지 못하고 211년 에부라쿰(Eburacum, 오늘날의 요크York)에서 65세의 일기로 타계하고 말았다.

그는 3세기에는 보기 드물게 제명대로 살다 간 황제였다. 그는 내세울 것이 별로 없는 비천한 가정에서 태어나 최고 권력자의 자리에 올라 18년 동안 대로마제국을 통치했는데, 생의 마지막 순간에 자신의 삶을 회고하면서 "나는 내가 하고자 하는 일은 다 이루었다. 그러나 모든 것이 헛된 일이었다"라고 고백했

셉티미우스 세베루스 개선문에 새겨진 '전쟁 다큐멘터리'. 사건은 아래에서 위로 진행된다.

카라칼라는 동생 게타를 살해하고 그에 관한 기록과 형상들을 모두 지우고 파괴했다. 개선문 윗부분에 쓰인 문장 가운데 네 번째 줄에 있었던 동생의 이름을 지워버리고, 다른 말로 대체해버린 흔적이 남아 있다.

다고 한다.

자신의 대를 이어줄 두 아들을 애지중지했던 셉티미우스 세베루스는 두 아들 카라칼라와 게타 사이의 반목이 심각한 것을 알고는 제국을 공동으로 통치하도록 유언했다. 황제 임종 소식이 로마에 전해지자, 로마에서는 카라칼라가 황제 주치의로 하여금 아버지를 독살하도록 했거나 아니면 아버지를 죽였다는 소문이 퍼졌다. 또 카라칼라와 동생 게타 사이의 경쟁심과 적개심 때문에 로마는 정치적으로 대혼란에 빠졌다. 아버지의 유언대로 카라칼라는 게타와 로마를 공동으로 통치했지만 1년 후, 어머니 율리아 돔나 앞에서 동생을 살해하고 동생이 자기를 죽이려고 했기 때문에 정당방위로 그를 죽였다고 원로원에 공포했다. 그는 동생과 조금이라도 관련된 사람들은 모조리 처형하고, 동생에 관한 기록과 형상들을 모두 지우고 파괴하고 말았다. 이리하여 개선문 윗부분에 새겨진 문장 중 네 번째 줄에 쓰여 있던 동생의 이름을 지워버리고, 다른 말로 대체해버렸던 것이다.

그 후 카라칼라는 자신을 환생한 알렉산드로스 대왕이라 여기고 파르티아 원정을 떠나 고전을 면하지 못했고, 파르티아 공주에게 청혼했다가 딱지를 맞는 등의 경거망동을 일삼자 원로원과 로마 시민들은 그로부터 등을 돌리고 있었다. 그때 그에게 반감을 품은 일부 병사들이 근위대장 마크리누스를 지지한다고 하자, 마크리누스는 이 말이 카라칼라의 귀에 들어갈 것을 두려워한 나머지 경호대를 사주하여 217년 카라칼라를 살해하고 말았다. 남편과 자식들을 모두 잃은 돔나 율리아는 유폐된 채로 식음을 전폐하고 눈을 감고 말았다.

세베루스 왕조의 영광을 영원히 상징할 개선문은 로마의 심장부에 세워져 오늘날까지도 그 모습을 지키고 있지만, 셉티미우스 세베루스의 대를 이어줄 직계 가문은 7년을 채우지 못하고 완전히 몰락해버리고 말았다. 생전에 셉티미우스 세베루스 황제는 광대한 로마제국의 영토를 종횡무진하면서 굳건한 세습왕조를 뿌리내리기를 꿈꾸었지만, 그의 말대로 모든 것이 헛된 꿈이었다. 개선문의 꼭대기에는 네 마리의 말이 이끄는 개선마차에 올라탄 황제와 그의 두 아들을 조각한 청동상이 있었다고 하는데, 지금은 모두 그의 헛된 꿈처럼 모두 사라져버리고 아무것도 남아 있지 않다.

거대한 카라칼라 목욕장의 유적 일부.

카라칼라 목욕장

빈곤층도 누리던
최고부유층의 향락

카라칼라가 살해당한 후, 원로원 승인절차도 제대로 밟지 않고 황제가 된 마크리누스는 로마 땅을 밟아보지도 못하고 1년 2개월 만에 권좌에서 쫓겨나 도망가다가 살해당했고, 율리아 돔나의 여동생 율리아 마이사는 군대로부터 크게 인기를 끌던 카라칼라의 후광을 입고 14세의 어린 손자를 황제로 옹립하는데 성공했다. 이 소년은 셈족의 태양신 엘 가발(El-Gabal)의 세습 제사장이었기 때문에 로마에서는 라틴식으로 엘라가발루스라고 불렸다. 그는 오리엔트에서 로마에 오자마자 흥청망청 호화판 생활에다가 로마인들이 보기에 눈꼴사나운 행동만 골라하다가 이를 못마땅하게 여긴 막후 실력자 율리아 마이사의 명을 받은 근위대에 의해 4년 후에 살해당하고 말았다. 그 후 그의 사촌 세베루스 알렉산데르가 황제로 즉위하여 13년 동안 비교적 안정된 정치를 폈지만, 게르만족과의 저자세 외교에 불만을 품은 라인 강 방어군단 병사들에 의해 살해당하고 말았다. 이로써

동생을 살해하고 권력을 독점한 카라칼라.

셉티미우스 세베루스 황제와 직접 간접으로 관련된 후손들은 모두 대가 끊기고 말았다. 셉티미우스 세베루스 왕조는 로마 역사에서 불명예 퇴장을 했지만, 그래도 후세에 내세울 만한 거대한 건축물을 남겼으니, 이것이 바로 카라칼라 목욕장이다.

대규모 호화판 목욕장

아벤티노 언덕 남쪽에는 거대한 '카라칼라의 목욕장(Terme di Caracalla)' 벽돌 유적이 있다. 셉티미우스 세베루스가 그의 장남을 황제 후계자로 지명하면서 안토니누스라고 불렀기 때문에, 이 유적의 정식 명칭은 라틴어로 테르마이 안토니니아나이(Thermae Antoninianae)이고 이탈리아어로는 간단히 테르메 안토니니아네(Terme antoniniane)이다. 이 목욕장의 위치는 대전차경기장 키르쿠스 막시무스에서 비아 아피아가 시작되는 곳을 향하여 로마 외곽 쪽으로 걸어서 15분 정도면 도착할 수 있는 곳이다. 지금도 이 주변은 조용한 녹지대이니, 당시 로마 시민들은 복잡한 도심을 벗어나 별천지

카라칼라 목욕장 모형.

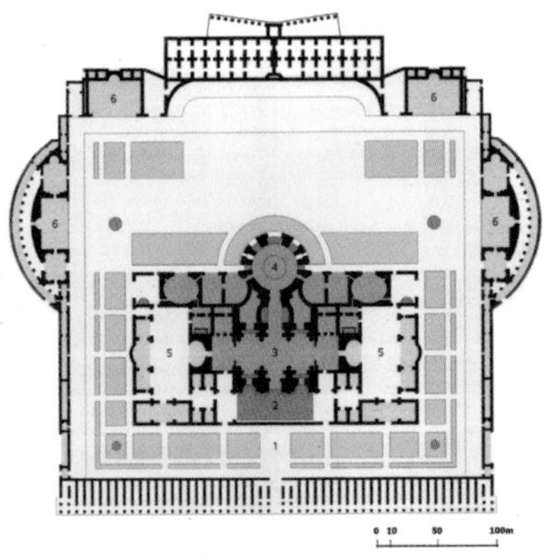

카라칼라 목욕장의 평면도: 1. 정원, 2. 수영장, 3. 중앙 홀, 4. 열탕, 5. 체력단련실, 6. 엑세드라 부속 홀

카라칼라 목욕장의 입구 부분 유적.

안에서 삶의 즐거움을 만끽했을 것이다.

카라칼라 목욕장은 서기 211년에 착공되어 216년에 목욕장의 중앙부를 완성하면서 개장했는데, 당시까지만 하더라도 로마 사상 최대 규모를 자랑했다. 이와 같은 기념비적 규모의 목욕장 건축은 네로 황제 때 처음으로 등장했고, 트라야누스 황제 때 더욱 발전되었으며, 카라칼라 황제 때 절정을 이루었다.

오늘날 이탈리아에서는 아무리 가난한 사람이라도 식사만큼은 부유한 사람들 빰칠 정도로 격식을 갖추는데, 고대 로마에서는 아무리 가난한 사람이라도 공공목욕장에서만큼은 부자들과 똑같이 삶의 즐거움을 만끽할 수 있었다. 그것이 가능했던 이유는 입장료가 매우 저렴하거나 아예 없었기 때문이다.

카라칼라 목욕장에는 목욕뿐 아니라 경기장, 운동시설, 도서관, 공연장, 산책로 등이 갖추어져 있었으며, 예술품을 감상할 수도 있었다. 이곳에서 사람들

카라칼라 목욕장의 바닥 모자이크.

은 친구들이나 새로운 사람들을 만날 수 있었으며, 요즘 이탈리아 사람들처럼 귀가 쨍쨍할 정도의 목소리로 열을 올리며 정치나 사회문제를 토론할 수 있었고, 연예인과 같은 유명인들의 이야기 등을 하면서 담소를 즐겼다. 다시 말해, 이곳은 신분과 나이, 직업에 상관없이 누구나 서로 만날 수 있는 곳으로 육체와 정신을 건강하게 하던 장소였다. 거대한 공공목욕장은 지구상 어느 나라도 생각해보지 못한 사회복지시설이었으며, 여러 사회계층을 하나로 결속하던 공공시설이었다.

카라칼라는 목욕장에 물을 끊임없이 공급하기 위하여 새로운 수로를 세웠고, 222년에서 235년 사이 엘라가발루스와 세베루스 알렉산데르는 실내를 극도로 화려하게 단장했으며 목욕장 주위 상점들과 기타 다목적공간으로 이루어진 성곽과 같은 거대한 '울타리'를 세웠다. 규모는 외곽 벽까지 포함하여 1만 1000제곱미터나 되며 목욕장의 중심부는 220미터×114미터가 되니 베드로 대성당의 규모와 거의 맞먹는다.

이 목욕장은 프리기다리움(frigidarium, 냉탕실)이라는 거대한 중앙 홀을 중심으로 여러 가지 작은 부속 공간들이 좌우 대칭으로 배치되어 있다. 중앙 홀을 덮는 둥근 볼트형 지붕과 칼리다리움(calidarium, 열탕실)을 덮는 쿠폴라(돔)가 밖으로 벌어지려고 하는 힘은 다른 부속 공간들이 흡수하도록 역학적으로 절묘하게 설계되어 있다. 또 천장의 재질은 다공질(多孔質)의 투포로 되어 있는데, 보통 돌보다는 훨씬 가볍기 때문에 넓은 공간을 덮을 지붕을 과감하게 설계할 수 있었던 것으로 보인다. 이것은 원통형의 칼리다리움(열탕실)의 지붕에도 그대로 적용되었는데, 원통의 지름이 35미터 정도 되니까 판테온에 비하면 조금 작고 천장은 반구형(半球形)으로 된 판테온에 비해 훨씬 납작하다. 그런데 그 넓은 내부 공산을 덮는 지붕을 어떻게 돌과 시멘트만으로 만들 수 있었는지는 아직도 확실히 해명되지 않고 있다. 또 건축적으로 흥미로운 것은 태양열을 이용했다는 점이다. 즉, 칼리다리움(열탕실)에는 높고 커다란 유리창이 남서향으로 나 있는데, 이것은 오후 태양빛을 실내로 받아들여 '온실 효과'를 최대한으로 얻기 위한 것이었다.

카라칼라 목욕장의 거대한 내부 공간.

카라칼라 목욕장은 한번에 1600명을 수용할 수 있었으며 하루에 평균 5000명이 목욕을 즐길 수 있었다고 하니, 목욕장 종사자들도 수없이 많았을 것이다. 카라칼라 목욕장은 하나의 작은 도시와 다름없었다. 그런데 많은 인원을 수용할 수 있는 목욕장의 물을 데우려면 엄청난 양의 땔감을 필요로 했다. 당시 땔감은 주로 장작이었고, 그로 인해 수많은 산림이 훼손되었다. 땔감은

푸치니의 오페라 〈투란도트〉 야외 공연의 한 장면. 카라칼라 목욕장 유적은 한때 야외 오페라 무대로 사용되기도 했다. 여름에 비가 거의 오지 않는 로마에서 유적지는 품위 있는 무대로 활용되기도 한다.

주로 북아프리카에서 들여왔는데, 아이러니하게도 그곳 주민들은 숲이 없어지자 야생동물들의 위협에서 해방되었으며 더 넓은 농토를 얻을 수 있었다고 한다. 자연훼손으로 인한 득도 있었던 셈이다.

목욕장 지하에는 당시의 최신 시설을 모두 갖추고 있었다. 땔감을 실은 수레나 더러워진 수건들을 실은 수레가 양방향으로 오갈 수 있을 정도의 넓은 통로를 갖추고 있었고, 관리자들을 위한 통로는 좌우상하로 쉽게 이동할 있도록 설계되었다. 또 방앗간 시설을 갖추어 하수구로 버려지는 물의 일부를 이용하기도 했다. 이 외에도 태양신 미트라스를 섬기던 거대한 경당도 있었는데, 이는 당시 사회가 불안정해지자 마음을 의지할 수 있는 강력한 유일신을 찾는 사람들이 많아졌다는 뜻으로도 볼 수 있다. 미트라스교도 유일신과 구원사상이 있었기 때문에 초기 기독교 입장에서 보면 최대의 경쟁 종교였다. 거대한 규모와 화려함을 자랑하던 카라칼라 목욕장은 로마제국이 패망의 길로 접어든 후에는 수로 관리를 제대로 하지 못하는 바람에 그 기능을 잃어가다 서기 537년 고트족이 로마를 포위할 때 수로들을 완전히 끊는 바람에 폐허가 된 채 역사 속으로 묻히고 말았다. 외부에서 물의 공급이 끊어지자, 로마 시민들은 옛날처럼 다시 테베레 강물과 우물에 의지할 수밖에 없었다.

아우렐리아누스 도시성벽의 유적

아우렐리아누스 도시성벽

로마의 멸망을 늦추려던
군인 황제가 세운 방어벽

카라칼라가 암살당한 후에 등장하는 황제들은 제명대로 살지 못하고 약속이라도 한 듯 차례차례 모두 남의 손에 죽음을 당했다. 이 혼란기 중에 그래도 통치자의 자질을 갖고 군대의 규율을 회복한 데키우스 황제는 로마의 사회 규율도 제대로 잡는다는 구실로 기독교를 체계적으로 박해하기 시작했지만, 재위 2년 만에 야만족과의 전투에서 아들과 함께 전사하고 말았다. 그 후 재위한 발레리우스 황제 역시 기독교를 더욱더 박해하여 기독교도의 재산까지도 몰수했는데, 260년 페르시아의 왕 샤푸르 1세의 산세에 빠져 포로가 되고 말았다. 로마 역사상 황제가 적에게 처음으로 생포되는 바람에 로마제국과 황제의 권위는 완전히 바닥에 떨어지고 말았다.

야만족들의 위협은 발레리우스 황제의 아들 갈리에누스 황제 때 더욱 심해졌다. 갈리에누스는 아버지를 구해낼 엄두도 못 내고 국경방어를 위해 동분서주했다. 그 사이 갈리아와 히스파니아에는 갈리아 제국이, 오리엔트에는 팔미라 왕국이 성립되어 로마제국으로부터 떨어져나갔고, 군사적 능력이 부족했던 갈리에누스는 268년 측근 기병대장의 쿠데타로 살해당하고 말았다. 그를 이은 클라우디우스 고티쿠스 황제는 뛰어난 전략가로 고트족을 제압했지만 270년 재위 2년 만에 전염병으로 죽고 말았다. 원로원은 그의 동생 퀸틸리우

약 19킬로미터에 달하는 아우렐리아누스 도시성벽.

스를 황제로 정했으나, 군대가 클라우디우스 고티쿠스 황제의 기병대장 도미티우스 아우렐리아누스를 황제로 옹립하자 황제지명 결정을 철회할 수밖에 없었다.

아우렐리아누스는 서기 214년 속주 일리리아의 가난한 농부의 아들로 태어나 군인으로 성공한 사람으로, 정치가로서의 안목도 있었다. 그는 기울어지는 로마제국의 운명을 조금이라도 늦추기 위해 중대한 결단을 내렸다. 즉 도미티아누스 황제가 쌓은 국경 방어용 요새방벽 리메스(limes)를 포기하고 로마제국 내의 주요 도시가 각자 알아서 스스로 방어하도록 한 것이다. 이 결정은 로마제국이 멸망의 길로 들어섰다는 것을 공식화하는 것과 다름없는 것이었다.

아우렐리아누스 도시성벽의 안쪽.

그는 로마 시 둘레에 높고 긴 벽돌방벽을 세웠는데, 당시 공병들은 모두 전선에 나가 있었기 때문에 민간 건설업자들 중심의 노동력을 동원할 수밖에 없었다. 그리하여 서기 271년 로마 시 주변에는 푸리우스 카밀루스가 쌓은 성벽의 길이에 거의 두 배에 달하는 장장 19킬로미터의 성벽이 그 모습을 나타내기 시작했고, 275년에는 어느 정도 방어 기능을 발휘할 수 있게 되었으며, 완공이 된 것은 아우렐리아누스 황제의 뒤를 이은 프로부스 황제 때였다. 이 긴 성벽을 불과 4년 만에 세웠다는 것은 야만족의 침입이 임박했음을 느꼈기 때문이었을 것이다.

로마에는 푸리우스 카밀루스 이래 600년 동안, 국력이 밖으로만 뻗어나가

피라미드와 오스티아로 연결되는 성문 포르타 오스티엔세. 성벽을 세우면서 공사기간을 단축하고 건축자재를 절약하기 위하여, 기존의 공공건축물이나 개인건축물들, 고가수로의 일부분, 심지어 피라미드와 서민들의 집들도 성벽의 일부로 편입되어 버렸다.

던 시대에는 전혀 찾아볼 수 없던 '도시성벽'이라는 새로운 건축이 등장하게 되었다. 당시 서양에서 이와 같은 대규모의 도시방어용 성벽은 어느 곳에도 없었다. 그런데 '서양에서 최대'라는 것에 로마 사람들은 자부심을 느꼈을까? 과거 엄청난 영토를 정복하여 도시를 방어하는 성벽이 전혀 필요하지 않았던 로마의 입장에서 보면, 이것은 결코 자랑할 일이 못 된다. 이 방벽이 세워짐으로써 로마는 수세에 몰린데다가 도시로서 더 이상의 확장이 금지되는 선고를 받은 셈이었다.

서양에서 가장 긴 도시성벽

벽돌을 쌓아올려 만든 이 성벽은 긴급한 상황에서 '방어'라는 기능이 충분히 발휘되면 그만이었기 때문에, 군더더기가 없이 간결하고 지형지물을 최대한으로 이용해 전쟁시 최대의 효과를 발휘할 수 있도록 설계되었다. 또 공사기간을 단축하고 건축자재를 절약하기 위해 기존의 공공 건축물, 개인 별장, 고가수로의 일부분, 심지어 케스티우스의 피라미드와 서민들이 사는 집들도 성벽의 일부로 편입되어 버렸는데, 이런 식으로 만들어진 '이질적인 성벽'은 전체 성벽 길이의 10분의 1 정도가 된다. 성벽은 로마 시내에 있는 황제들의 사유지와 주요 공공시설을 최대한 보호할 수 있도록 했다. 예로 로마 외곽에 있는 카라칼라 목욕장과 같은 대규모의 건축물들도 성벽 안에 보호되도록 했는데, 이것은 로마가 포위되는 경우 대규모의 건축물이 적의 요새로 사용될 수도 있기 때문이었다.

성벽은 북쪽으로는 현재 포폴로 광장이 있는 핀치오 언덕까지, 서쪽으로는 테베레 강 너머 쟈니콜로 언덕까지 방어했다. 성벽은 높이 6~8미터, 두께 3.5미터이며, 30미터 간격마다 감시탑을 세웠다. 또 주요 도로가 통과하는 곳에는 성문을 만들었다.

방벽은 세월이 지나면서 더욱 보강되었다. 4세기 초, 막센티우스 황제는 기존의 방벽이 로마 방어에 충분하지 않은 것으로 평가하고 성벽 주위에 깊은 해자를 만들어 방어시설을 더욱 보강했으며, 5세기 초 호노리우스 황제는 고트족의 침입 위협이 점점 피부에 와 닿기 시작하자 방벽과 탑을 12미터로 높였다. 그리고 성문 입구는 하나로 줄였으며, 주요 성문의 안쪽에는 제2 방어선이 되는 성문을 이중으로 하나 더 만들었다. 이때 하드리아누스의 영묘가 테베레 강 건너편을 지키는 보루가 되었을 것으로 보인다.

6세기 기록에 의하면 아우렐리아누스의 방벽은 383개의 감시탑, 14개의 성문과 5개의 보조 이중 성문, 116군데의 초소, 2066개의 투석기 발사용 개구부를 갖추고 있었으며, 활을 쏘기 위한 흉벽은 2066개였다고 한다. 그런데 이러한 물샐틈없는 방위망에도 불구하고 5세기 초 알라릭이 이끄는 고트족은 뚫

비아 아피아로 통하는 산 세바스티아노 성문. 성벽과 성문은 로마제국 말기 호노리우스 황제 때 크게 보강되었다.

린 북동쪽 성문을 통과해 성내로 들어와 로마를 완전히 유린하고 말았다.

그 후로 방벽은 원래의 모습을 거의 그대로 유지하면서 여러 번 복원되지만, 날이 갈수록 심화되는 로마의 교통량을 해결하기 위해 방벽 곳곳이 헐려나갔다. 그래서 마치 이가 빠진 것처럼 잘려나간 부분도 많다. 또 자동차가 지나갈 수 있도록 하기 위해 군데군데에 커다란 '구멍들'을 뚫기도 했다.

신의 자리를 넘본 아우렐리아누스

태양교에 심취해 있던 아우렐리아누스 황제는 '무적의 태양신(Sol Invictus)' 숭배를 국가 차원에서 공식화하고 로마 전통신보다 우선시 했다. 그는 태양신 숭배의 최고 사제로서 일 년 중 낮의 길이가 가장 짧은 동지가 지난 후 낮의 길이가 막 길어지기 시작하는 시점인 12월 25일을 태양신의 탄신일로 정했는데, 기독교에서 예수 그리스도의 탄신일을 12월 25일로 정한 것은 바로 이러한 관습을 그대로 받아들였기 때문이다.

한편 275년 도나우 강변 전선시찰을 마치고 메소포타미아 지방을 완전히 손아귀에 넣기 위해 오리엔트 지방으로 향하던 중, 아우렐리아누스 황제에게 잘못을 저질러 처벌을 두려워한 비서 에로스가 몇몇 경호대 장교들에게 황제가 그들을 처벌할 것이라고 말했다. 그러자 황제의 칼 같은 성격을 너무나 잘 알고 있던 이들은 에로스가 한 거짓말을 곧이듣고 먼저 손을 썼다. 아우렐리아누스 황제는 재위 4년 9개월 만에 침실에서 어이없이 암살당하고 말았다. 그는 자기 자신을 방어하는 성벽만큼은 제대로 세우지 못했던 셈이다.

디오클레티아누스 목욕장 터 위에 세워진 레푸블리카 광장.

디오클레티아누스 목욕장

천사의 선율이 울려 퍼지는 로마제국 최대의 목욕장

서기 275년 아우렐리아누스 황제가 피살당한 후, 원로원은 역사가 타키투스의 후손인 75세의 마르쿠스 클라우디우스 타키투스를 황제로 천거했으나, 그는 재위 6개월 만에 노환으로 죽고 말았다. 그 후 10년도 안 되는 기간 동안 플로리아누스, 프로부스, 카루스, 카리누스, 누메리아누스 등 이름도 외우기 힘들 정도의 많은 사람들이 황제 자리에 잠깐 올라섰다가는 모두 제명대로 못 살고 사라졌다. 로마의 역사는 이미 기울대로 기울어져가고 있었는데, 그래도 이를 다시 한 번 일으켜보려는 인물이 등장했다.

로마제국의 분할 통치

누메리아누스 황제의 경호대장 디오클레티아누스는 발칸 반도 달마티아 지방 해방노예의 집안에서 태어나서 군대에서 잔뼈가 굵은 사람으로 강직한 성격과 결단력이 있는 야심가였다. 졸병 시절 갈리아 지방에서 근무하던 중, 어느 여관집 여주인이 그를 물끄러미 보더니 "당신은 멧돼지를 죽이고 나서 황제가 될 것이요"라고 했다. 그는 평소에 멧돼지 사냥을 즐겼기 때문에 이 말을 대수롭지 않게 생각했다. 세월이 지난 후, 누메리아누스 황제가 근위대장 아페르의 손에 살해당하자 디오클레티아누스는

디오클레티아누스 황제.

그를 체포하여 처형했는데, '아페르'의 뜻은 공교롭게도 '멧돼지'였다. 서기 284년, 군대는 디오클레티아누스를 황제로 추대했다. 여관집 여주인의 말이 맞아떨어진 것이다. 이를 예언한 여관집 여주인은 다름 아닌 갈리아의 토속종교 드루이드교의 여사제였다.

디오클레티아누스 황제는 로마제국의 영토가 너무 넓어 한 사람이 효율적으로 통치하기가 힘들 뿐 아니라, 방대한 로마제국의 국경을 방어하기 위해 국경에서 먼 거리에 있는 로마에서 명령을 하달한다는 것을 비효율적이라고 생각하고, 로마제국의 수도를 소아시아의 니코메디아로 옮겼다. 아마 마음속으로는 황제들이 제명에 못 살고 살해당하는 로마에 발을 디디지 않는 것이 상책이라고 생각했을지도 모른다. 그는 로마제국을 동부와 서부로 나누어 자신은 동부를 맡아 통치하고, 서부는 같은 고향 출신인 막시미아누스 장군을 서기 286년에 황제로 내세워 통치하도록 하고, 서부의 수도는 로마가 아니라 밀라노로 정했다. 이리하여 로마는 역사상 처음으로 수도의 지위를 잃어버렸다.

그는 황제의 임기를 20년으로 못 박고, 황제가 죽거나 퇴위할 때를 대비해서 부황제를 선출했다.(황제는 '아우구스투스', 부황제는 '카이사르'라는 칭호를 붙였다.) 디오클레티아누스는 갈레리우스를, 막시미아누스는 콘스탄티우스를 부황제로 미리 지명해두었다. 이리하여 실제로는 네 명이 로마제국을 분할 통치하는 이른바 '테트라르키아(Tetrarchia)' 체제가 성립되어, 황제가 죽으면 로마제국이 더 이상 무정부 상태에 빠지지 않도록 제도적으로 안전장치를 마련했다. 게다가 서로 정략결혼을 하여 유대관계를 강하게 했다.

레푸블리카 광장에서 본 고대 로마 최대 규모를 자랑하던 디오클레티아누스 목욕장의 유적. 이 유적은 미켈란젤로에 의해 성당으로 개조되었다.

한편 콘스탄티우스는 헬레나라고 하는 여관집 딸과의 관계에서 태어난 아들이 있었는데, 이름이 콘스탄티누스였다. 콘스탄티우스는 부황제에 걸맞는 지체 높은 여자와 결혼하라는 막시미아누스 황제의 압력에 못 이겨 헬레나를 버리고 막시미아누스의 양녀 테오도라와 정략결혼하고 말았다.

네 명의 황제 중에 최고 권력자는 물론 디오클레티아누스였다. 그는 50만 명이 넘는 군대를 유지하기 위해 시민들에게 과중한 세금을 부과했으며, 계획경제를 엄격하게 실행하여 로마제국 전체를 마치 철의 장막으로 통제된 국가처럼 탈바꿈시켰다. 게다가 자신은 유피테르의 화신이고 막시미아누스는 헤라클레스의 화신이라고 하며 자신들을 신으로 받들도록 했다. 또한 초창기에는 기독교에 대해 관대하다가 후에는 부황제 갈레리우스의 사주를 받고 기독교를 무자비하게 탄압했다.

서슬이 퍼렇던 디오클레티아누스는 황제 임기 20년을 채운 다음 아무런 미련 없이 스스로 물러났다. 그는 스팔라툼(오늘날의 크로아티아 남서해안의 스플리트)에 거대한 궁전을 짓고, 퇴위한 다음에는 정치에는 코끝도 안 내밀고 꽃과 채소를 가꾸면서 살다가 313년에 눈을 감았다.

건설 욕망이 컸던 디오클레티아누스 황제

디오클레티아누스 황제는 건설욕망이 매우 컸던 사람이기도 했다. 그는 서부황제 막시미아누스의 관할지역인 로마에 관심을 쏟아 포룸 율리움, 원로원 건물 등 로마 중심부의 역사적 건물을 모두 새롭게 복구하도록 했는가 하면 로마의 인구 밀집 지역에 로마제국 최대의 목욕장을 건설하도록 했는데, 이 공사를 위해 기독교 신자 1만 명을 동원하여 강제노동 시켰다고 한다. 이 목욕장은 390미터×370미터의 대지 위에 235미

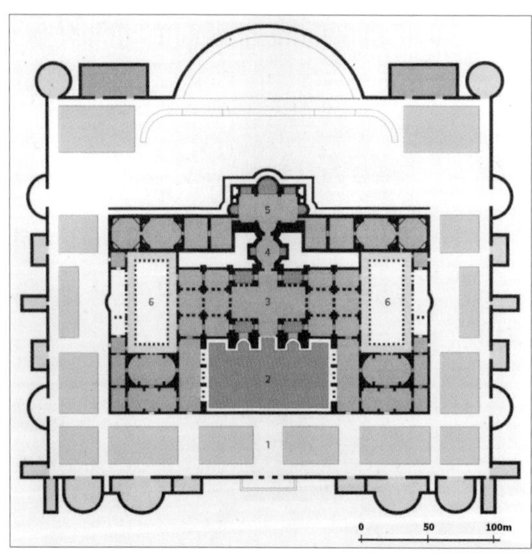

디오클레티아누스 목욕장의 평면도: 1. 정원입구, 2. 수영장, 3. 중앙 홀(성당으로 개조되었다.), 4. 온탕(성당 입구로 개조되었다.), 5. 열탕, 6. 체력단련실

터×150미터, 그러니까 거의 1만 평에 가까운 규모였다.

이곳에서 발견된 대리석판에 새겨진 기록을 보면 디오클레티아누스의 공동황제 막시미아누스가 298년 로마를 방문했을 때 목욕장 건립 부지를 구입해 8년 동안 공사하여, 서기 305년 5월 1일과 306년 7월 25일 사이에 문을 연 것으로 보인다. 이 목욕장은 한꺼번에 3000명을 수용할 수 있었다고 하니 카라칼라 목욕장의 두 배나 되는 어마어마한 수용능력을 갖춘 규모였다. 목욕장의 중앙 홀을 차지하는 프리기다리움(냉탕)의 면적은 66미터×48미터나 되고 높이는 거의 30미터나 되며 벽면과 바닥은 화려한 대리석으로 장식되어 있었다고 하니 이 엄청난 내부 공간에 들어서면 그야말로 경탄하지 않을 수 없었을 것이다.

그런데 로마제국의 운명이 기울어지고 있는 판국에 어째서 예전보다 훨씬 더 크고 훨씬 더 화려한 공공건물을 세웠을까? 디오클레티아누스가 자신을 다른 신도 아닌 로마의 최고신 유피테르의 화신이라고 한 것은 로마의 전통을 다시 되살려보려는 의도였다. 이러한 관점으로 본다면, 웅장한 건물을 세우는 것도 로마 시민들에게 위대한 로마 제국의 자긍심을 불어넣기 위한 의도가 아니었을까?

르네상스의 노장 미켈란젤로의 손길

디오클레티아누스 목욕장은 6세기까지 사용되고 이후에는 폐허로 방치되었다. 이 목욕장의 마지막 물방울이 마른지 거의 1000년이 지난 1561년, 교황 피우스 4세는 이곳에서 강제노동으로 순교한 기독교 신자들을 추모하기 위해 86세의 노인 미켈란젤로를 불러 목욕장 폐허를 성당으로 개축하도록 했다. 1563년 두 르네상스의 노인, 즉 교황과 미켈란젤

16세기 중반 미켈란젤로가 디오클레티아누스 목욕장의 중심부를 개조하여 만든 성당 내부의 현재 모습. 이곳은 거대한 중앙 홀이 있던 곳이다.

로는 폐허로 변한 고대 로마의 경이로운 건축물을 3년 만에 거룩한 기독교 성전으로 탈바꿈시켰다.

200여 년이 지난 1749년, 건축가 반비텔리는 로마의 달라진 도로망에 맞추어 성당 입구를 테피다리움(온탕)이 있던 서쪽 면으로 바꾸었다. 오늘날 지름이 20미터가 되는 원통형 공간 테피다리움을 지나 성당 안에 들어서면 십자형으로 교차하는 엄청나게 거대한 공간과 마주치게 되는데, 이곳이 바로 디오클레티아누스 목욕장의 핵심부에 해당하던 프리기다리움(냉탕실)이었다. 지금도 당시 목욕장의 웅대한 내부 공간을 그대로 체험할 수 있는 것이다.

디오클레티아누스 목욕장의 거대한 엑세드라의 유적 터 위에 세워진 레푸블리카 광장. 옛 이름은 에제드라 광장이다.

한편 목욕장 바깥의 서쪽 외부 공간에 해당하던 엑세드라(에제드라) 부분은 1896년에서 1902년 사이에 커다란 광장으로 변모되어 에제드라 광장(Piazza Esedra)이라고 불렸는데, 이것이 바로 오늘날의 레푸블리카 광장(Piazza Repubblica)이다. 이 광장의 한가운데에는 20세기 초에 세워진 매력적인 '요정들의 분수'에서 뿜어나오는 물보라가 높이 흩날리고 있다.

디오클레티아누스 목욕장을 개조하여 만든 성당의 이름은 '천사들과 순교자들의 성모 마리아 대성당(Basilica di Santa Maria degli Angeli e dei Martiri)'이다. 순교자들이란 디오클레티아누스 때 박해받은 기독교 신자들을 말한다. 오늘날 부활절과 크리스마스 기간 중에는 세계적인 음악가들이 참여하는 성대한 종교 음악회가 이곳에서 열린다. 1700년 전 목욕 인파들의 목소리가 궈전을 울리던 거대한 실내 공간에는 이제 거룩한 음악이 마치 천사의 선율처럼 구석구석 울려 퍼지는 것이다.

카타콤베 내부. 시신을 매장할 작은 구덩이들이 갱도를 따라 층층으로 만들어졌다.

카타콤베

부활을 기다리며 잠자는 곳

디오클레티아누스 황제는 기독교 조직을 타파하기 위해 공무원이나 군대 조직에 침투한 기독교 신자들에 대해 일제 검거령을 내렸다. 서부황제 근위대에 세바스티아누스라는 젊은 장교가 있었는데, 기독교 신자라는 이유로 체포되어 서기 298년 사형대에 올라 동료 근위대 장교들이 쏘는 화살을 온몸에 맞고 쓰러졌다. 그의 유해는 비아 아피아에 있는 체칠리아 메텔라의 묘소 근처 지하 공동묘지에 안장되었고, 후에 그는 성인으로 추서되어 이탈리아어로 산 세바스티아노(San Sebastiano)라 불렸다.

그의 무덤이 있는 지역은 화산재가 축적되어 형성된 곳으로, 지하에는 시멘트의 원료가 되는 폿졸라나가 풍부했고, 폿졸라나를 채취하기 위해 파놓은 굴이나 웅덩이가 많던 곳이었다. 이곳을 그리스어로는 'kata kymbas'라고 불렀는데, 'kata'는 영어의 at에 해당하는 전치사이고 'kymbas'는 '움푹 파인 땅', 즉 '돌을 채취해내고 움푹 파인 곳'이란 뜻이다. 다시 말해 'kaka kymbas'는 '땅이 움푹 파여져 있는 곳에'라는 뜻이다. 고대 로마의 지하 공동묘지를 뜻하는 카타콤바(catacomba)라는 표현은 바로 여기서 유래한다. 이탈리아어에서는 일반적으로 복수형인 '카타콤베(catacombe)'를 쓰고 있다. '카타콤베'는 원래 현재의 산 세바스티아노 성당의 지하에 있는 묘소를 지칭하는 말이었다.

산 세바스티아노 성당의 산 세바스티아노의 모습.

2세기에 접어들면서, 로마에서는 동방의 종교와 유대인들의 관습과 기독교의 영향으로 시체를 화장하는 풍습에서 매장하는 풍습으로 바뀌었다. 그런데 로마 주변에는 공화정 시대부터 이미 별의별 종류의 묘지들이 빽빽하게 들어서 있었기 때문에 새로운 공동묘지를 만들 만한 장소가 더 이상 없었다. 그리하여 지하에 공동묘지를 만들어 시체를 매장하는 방법이 생겨나게 되었다. 로마를 비롯해 이탈리아와 북부 아프리카의 여러 도시에 카타콤베가 만들어졌다. 카타콤베는 시체를 매장할 작은 구덩이들이 갱도를 따라 층층으로 만들어졌고, 또 그 갱도들이 여러 층으로 이루어지면서 점차 그 규모가 커지기 시작했다. 그야말로 지하에 '네크로폴리스'가 건설되기에 이르렀다. 네크로폴리스(necropolis)란 그리스어로 '죽음(necros)'과 '도시(polis)'가 합성된 말로, '죽은 자들의 도시'라는 뜻인데, 다름 아닌 공동묘지를 지칭하는 말이다.

그런데 기독교인들은 죽음에 대한 개념이 보통 사람들과 달랐다. 초기 기독교 신자들은 공동묘지를 코이메테리움(coementerium)이라고 불렀는데, 이 말은

'잠자는 곳'이란 뜻의 그리스어 코이메테리온(koimeterion)에서 유래한다. '공동묘지'를 이탈리아에서는 cimitero라고 하고, 영어에서는 cemetery라고 한다. 그런데 기독교인들이 공동묘지를 부활의 의미를 담아서 '잠자는 곳'이라고 하자, 이교도들도 덩달아서 공동묘지를 '잠자는 곳'이란 뜻의 라틴어 '도르미토리움(dormitorium)'이라고 부르게 되었다. 기숙사를 뜻하는 영어의 dormitory도 '잠자는 곳'이란 뜻이다.

서기 313년 밀라노 칙령 이후, 로마의 '네크로폴리스'가 기독교의 영향권 아래에 들어간 이래로, 후세 기독교 신자들은 순교자들의 무덤에 가능하면 가까이 묻히기를 원했다. 그리하여 카타콤베는 더욱더 크게 확장되었다. 5세기 말부터 카타콤베는 공동묘지로서 더 이상 사용되지 않았지만, 이곳에 묻힌 순교자들을 위한 예배는 9세기까지 지속되었다. 그 후 순교자들의 유골은 로마 성내의 여러 성당이나 다른 도시로 옮겨졌다. 한편, 기독교 신자들이 박해를 피해 카타콤베에 숨어서 집회를 가졌다고 전해지지만 사실과는 다르다.

로마에서 현재까지 발굴된 카타콤베는 70여 개나 된다. 이 카타콤베들은 로마 여러 곳에 흩어져 있는데, 거미줄처럼 얽힌 갱도의 길이를 모두 합치면 100킬로미터가 넘는다. 현재 사람들이 가장 많이 찾는 곳은 비아 아피아에 있는 산 세바스티아노 카타콤베와 성 칼리스투스의 카타콤베와 그 부근에 있는 도미틸라의 카타콤베 등이다.

무언의 메시지

이집트나 에트루리아의 무덤에서 고대인들의 종교와 사상과 예술을 접할 수 있듯이, 카타콤베에서도 초기 기독교 신자들의 신앙을 엿보게 해주는 예술을 접할 수 있다. 초기 기독교의 예술이란 1세기부터 6세기까지의 예술을 말하는데, 근본적으로 그리스와 로마의 고전 예술에 뿌리

기독교도의 상징 물고기와 그리스도의 상징인 X와 P를 겹친 무늬. 그리스 문자 X와 P는 라틴문자로는 CH와 R이다. 즉 Christos(크리스토스, 그리스도)를 뜻한다.

를 두고 있다. 묘소를 장식하는 관습은 지중해 연안 여러 나라에서 볼 수 있다. 지하 묘소에서 보이는 예술은 서사적이거나 신화적이다. 역사적 에피소드 또는 종교의식에 관련된 내용을 담고 있으며, 그림이나 조각, 상징물 등이 주류를 이룬다.

카타콤베의 초기 기독교인들의 신앙은 예수 그리스도의 부활에 집중되어 있었다. 따라서 카타콤베의 벽화나 조각, 석판 또는 벽면에 새겨 넣은 형상들과 낙서를 보면 모두 신앙과 깊은 관계가 있으며, 부활과 관련된 주제가 많다. 그 중에는 이교도들의 관습을 그대로 받아들여 기독교화 한 것도 적지 않다. 예를 들어 카타콤베의 석관에서 보이는 예수 그리스도의 형상은 선한 목자의 모습을 하고 있는데, 이것은 양을 어깨에 메고 있는 오르페우스의 모습을 그리스도로 각색한 것이다. 또 이교도들은 공작새를 '영원한 삶'을 상징하는 데 사용했는데, 초기 기독교 신자들 역시 공작을 신앙의 상징물로 받아들여 깊은 의미를 부여해, 공작새는 단순히 영원한 삶이 아니라 '영혼의 영원한 삶'을 상징하게 되었다. 한편 이도교 가운데 내세관이 있던 사람들은 저승의 삶을 어둠침침한 그늘과 비밀과 신비의 구름에 휩싸인 것으로 보았기 때문에 이교도의 예술에서는 죽음이란 고통과 슬픔, 그 자체였다. 반면에 초기 기독교 신자들은 부활을 믿었기 때문에 죽음은 더 이상 음침하고 슬픈 것이 아니었다.

카타콤베에는 닻이나 물고기처럼 기독교 신앙을 상징하는 표시들이 있다. 닻은 위험한 항해를 마치고 항구에 도착하여 정박할 때 쓰인다. 따라서 안정과 안전, 그리고 희망을 의미한다. 닻을 거꾸로 그리면 그리스 알파벳의 타우(T)가 되는데, 이는 십자가와 비슷하다. 따라서 닻은 예수 그리스도의 십자가와 부활을 통해 '구원'이라는 안전한 항구에 다다르는 것을 뜻했던 것이다. 또한 물고기는 기독교인들이 즐겨 사용하던 상징이었다. 예수 그리스도는 제자들에게 사람을 낚는 어부가 되라고 했다. 물고기는 그리스어로 ΙΧΘΥΣ인데, 이것을 라틴식 표기로 옮기면 ICHTHYS가 된다. 이 말은 공교롭게도 Iesus(예수) CHristos(그리스도) THeou(신의) Yios(아들) Soter(구원자)의 첫 글자를 모은 것도 된다. 이 표현은 초기 기독교 신자들의 신앙고백을 함축한 것으로, 비문(碑文)이나 낙서에서도 종종 보이는데, 초기 기독교인들의 무언의 기도를 듣게 해준다.

양을 어깨에 메고 있는 오르페우스의 모습을 그리스도로 각색했다.

초기 기독교 신자들이 카타콤베에 그린 프레스코 벽화를 보면, 몇 가지 제한된 색깔만을 쓰고 있으며, 붓놀림은 간단하고, 생동감이 넘친다. 어떻게 보면 1800년대 말 인상파 화가들의 그림을 연상시키기도 하는데, 차이가 있다면 인상파 그림은 대상이 명확하지 않고 흐린 경향이 있지만, 카타콤베의 그림에서는 대상이 명확하다.

건축이나 예술적인 관점에서 볼 때, 카타콤베에는 시각적인 아름다움을 추구한 흔적이 보이지 않는다. 다만 무덤을 만들고 또 그것을 장식하면서, 죽은 자들이 다시 일어설 날을 기다리며 '잠자고 있는' 어두운 공간을 신앙의 빛으로 밝히

카타콤베의 예배소.

려고 한 흔적은 뚜렷하다.

카타콤베에서는 말이 별로 필요하지 않다. 이곳 분위기 자체가 말을 하고 있기 때문이다. 카타콤베는 시끄러운 세상에서 방향을 잃고 헤매는, 또 겉모습에 혼을 잃고 살아가는 병든 현대인들에게 깊은 메시지를 던져주고 있다. 이 메시지는 소리가 없다. 그러나 분명하다.

거대한 내부 공간을 엿볼 수 있는 막센티우스 바실리카의 유적.

막센티우스 바실리카

반항아 황제의
무산된 꿈

콜로세움에서 북쪽으로 뚫린 대로 데이 임페리알리(Via dei Fori imperiali) 거리를 따라가다 보면 왼쪽 벽에 고대 로마의 영토 확장을 보여주는 커다란 네 개의 대리석판 지도가 있다. 이것은 고대 로마의 영광을 되찾고 싶어 했던 독재자 뭇솔리니가 이탈리아 국민들에게 대제국의 역사를 고취시키기 위해 만든 것이었다. 그런데 그의 꿈은 연합군의 이탈리아 반도 상륙으로 인해 얼마 가지 못하고 완전히 무산되고 말았다.

네 개의 지도가 있는 벽 바로 뒤에는 막센티우스 바실리카의 폐허가 그 웅대한 모습을 드러내고 있는데, 1700년 전 이 거대한 건물을 착공한 막센티우스 황제도 고대 로마의 옛 영광을 되찾고 싶어 했던 지도자였지만, 정적(政敵) 콘스탄티누스의 로마 진군으로 인해 그의 꿈은 완전히 무산되고 말았다. 이 건물은 착공자의 이름을 따서 보통 막센티우스 바실리카라고 하는데, 콘스탄티누스가 변경하여 완성했기 때문에 '콘스탄티누스 바실리카'라고도 한다.

다시 무정부 상태로

임기 20년을 채우고 황제 자리에서 물러난 디오클레티아누스와 막시미아누스는 서기 305년 니코메디아와 밀라노에

막센티우스 바실리카의 유적과 고대 로마의 발전상을 보여주는 지도.

서 동시에 퇴위식을 올렸는데, 로마 역사상 이와 비슷한 일은 기원전 1세기 독재관 술라가 권좌에서 스스로 물러난 다음 처음이자 마지막이었다.

디오클레티아누스가 만든 '4인 체제' 테트라르키아는 그 기능을 발휘했다. 미련 없이 정치권을 떠난 디오클레티아누스는 스플리트(현재 크로아티아의 남서해안)에 세운 궁전에서 정원이나 가꾸면서 눈을 감을 때까지 정치에는 코끝도 내밀지 않고 조용히 살았고, 막시미아누스는 이탈리아 남부에 거처를 잡았다.

두 명의 황제가 물러난 후, 동부에서는 갈레리우스와 막시미누스 다이아가, 서부에서는 콘스탄티우스와 세베루스가 각각 아우구스투스(황제)와 카이사르(부황제)가 되었으니 테트라르키아는 완벽하게 돌아가고 있었다. 그러나 문제는 후계자 선발에서 제외된 막시미아누스의 아들 막센티우스와 콘스탄티우스의 아들 콘스탄티누스였다. 이 혈기왕성한 두 젊은이는 앞길이 막히고 말았으니

포룸 로마눔에서 본 막센티우스 바실리카 유적. 막센티우스는 웅대한 건축물을 세워 자신의 입지를 내세우려고 착공했으나, 이 건물을 완성한 사람은 그의 정적 콘스탄티누스이다.

실망과 분노를 금할 수 없었을 것이다.

콘스탄티누스는 브리타니아(현재의 영국) 북방에서 아버지와 함께 전투를 벌이면서 군단의 신임을 얻었다. 그러다가 306년 아버지가 갑작스런 병으로 세상을 떠나자 브리타니아 군단은 즉각 콘스탄티누스를 황제로 옹립했다. 그런데 테트라프키아 체제에서는 부황제 세베루스가 자동적으로 황제로 승격되기 때문에, 콘스탄티누스는 그와 충돌하는 것보다는 부황제 직위를 맡고 동부 황제 갈레리우스의 승인을 받았다.

하지만 막센티우스는 스스로 황제임을 선포하고 퇴위한 아버지 막시미아누스를 끌어들여 신임 서부황제 세베루스를 제압하고 이탈리아와 북아프리카를 완전히 장악했다. 이에 동부의 갈레리우스 황제는 몸소 군대를 끌고 이탈리아로 진군하여 이들을 위협했고 막시미아누스는 콘스탄티누스에게 지지를 요청했다. 콘스탄티누스는 갈레리우스와의 정면대결은 피하고 막시미아누스가 제의한 서부 황제직은 수락했다. 서부에서 콘스탄티누스, 막시미아누스, 막센티우스 세 사람이 힘을 합쳐 동부 로마를 견제하는 세력으로 등장하자 갈레리우스는 퇴위한 디오클레티아누스에게 중재를 요청하여 막시미아누스를 일선에서 물러나도록 하고, 콘스탄티누스에게는 부황제 직위만 인정하고 공석이 된 서부 황제 자리에 리키니우스를 지명한 다음 막센티우스를 찬탈자로 규정했다.

그 후 막시미아누스는 콘스탄티누스와의 협약을 어기고 자신의 세력을 키우다가 결국 콘스탄티누스에 의해 죽음을 당했고, 또 갈레리우스 황제도 병으로 죽었다. 콘스탄티누스는 게르만족의 침입을 막기 위해 서부 황제 리키니우스와 손을 잡았다. 이에 위협을 느낀 막센티우스는 동부 부황제 막시미누스 다이아와 손을 잡았지만, 막시미누스 다이아는 리키니우스에 의해 곧 제거 당하고 말았다. 이제 콘스탄티누스와 막센티우스는 서로 정적이 되어 312년에 정면으로 대결하게 되었다.

로마의 위엄을 되찾으려 했던 막센티우스

스스로 황제가 된 막센티우스는 로마의 새로운 창건자로서 수도의 지위를 잃어버린 로마에 새로운 로마를 건설하기 위해 거대한 공사를 벌여, 서기 306년에 시내 중심부에는 상상할 수 없을 정도로 웅대한 바실리카를 착공했고, 비아 아피아 연변에 전차경기장이 딸린 새로운 궁전을 지었다. 그는 갈레리우스 황제의 딸 발레리아 막시밀라와 결혼하여 아들을 하나 낳았는데, 수도 로마의 역사적 전통과 위엄을 되찾는다는 의미에서 아들의 이름을 로마의 건국 시조 이름을 따서 로물루스라고 지었다. 그는 어린 아들에

막센티우스가 죽은 아들 로물루스를 신격화하여 세운 신전. 당시의 청동문은 거의 그대로 보존되어 있다.

게 집정관직을 주고 자신의 후계자로 임명했지만, 309년 어린 나이(15세 정도로 추정된다)에 죽고 말았으니 이때부터 그의 꿈은 하나씩 깨어지기 시작했던 것이다. 막센티우스는 새로 세운 궁전에 영묘를 만들어 아들의 시신을 안장했고 그를 신격화하고 포룸 로마눔 지역 안 바실리카 곁에 신전을 세웠다.

막센티우스의 바실리카는 그때까지 로마에 세워진 바실리카 중에서 규모가 가장 컸다. 이곳에는 정치, 행정, 법률, 경제에 관련된 국가기관들이 자리 잡고 있었다.

바실리카의 전체적인 구조는 매우 명료하고 간결하면서도 놀라운 조화를 이루고 있었다. '바실리카'라는 건축 형태는 일반적으로 긴 변과 짧은 변으로 된 장방형 평면으로 이루어져 있고 내부 공간은 열주(列柱)로 구획되어 있는데, 이 바실리카의 내부 공간은 열주가 아닌 아치 구조의 벽체로 구획되고 있으며, 지붕은 이미 1세기 이전부터 목욕장 건축에서 사용되던 거대한 십자형 궁륭 구조로 되어 있었다. 목욕장을 세우면서 거대한 실내 공간을 만들던 기술을 그대로 적용한 셈이다.

거대한 '채석장' 건물

이 바실리카는 1394년 로마 대지진 때 지붕이 모두 무너져 내리는 바람에, 그때부터 르네상스에 이르기까지 채석장으로 완전히 탈바꿈했는데 아마 고대 로마의 건축 중에서 이것처럼 큰 채석장이 된 건물은 없었을 것이다. 내부에 있던 14.5미터나 되는 여덟 개의 원기둥 중 남은 하나는 1613년 산타 마리아 마죠레 성당 앞 광장으로 이전되어 지금까지 기념비처럼 서 있다.

막센티우스 바실리카의 지붕 높이는 35미터나 되었는데, 16세기 초 브라만테는 베드로 대성당을 계획하면서 판테온과 이 바실리카를 혼합한 거대한 건

막센티우스 바실리카 안에 있던 14.5미터나 되는 원기둥 중 하나는 1613년 산타 마리아 마죠레 성당 앞 광장 앞에 기념비처럼 세워졌다.

축물을 구상했다. 다시 말해 베드로 대성당의 내부 공간을 보면 바실리카의 원래 모습이 어느 정도 규모였는지 상상할 수 있다.

한편 '바실리카'라는 건축 형태는 후세에 세워지는 기독교 성전의 전형이 되어 거대한 성당도 바실리카(이탈리아어 발음은 '바질리카')라고 부르게 되었다. 바실리카 구조는 무엇보다도 많은 신도를 수용하기에 적합했는데, 특히 짧은 변에 입구를 만들어 내부 공간을 깊고 더욱 성스러운 느낌이 들게 했다.

콘스탄티누스 개선문. 윗부분에 세워진 문구를 통해 이 개선문이 어떤 연유로 세워졌는지 알 수 있다.

콘스탄티누스 개선문

고대 로마의 종말을 고하고
새로운 시대를 여는 기념비

콜로세움 앞 광장 서쪽에는 개선문이 서 있다. 해 질 무렵, 개선문 그림자는 콜로세움 앞까지 길게 드리워진다. 이 개선문에 관한 역사적 문헌은 전혀 남아 있지 않다. 그러나 다행히도 윗부분에 다음과 같이 새겨진 긴 문구를 보면 어떤 연유로 세워졌는지는 알 수 있다.

"IMP(eratori) CAES(ari) FL(avio) CONSTANTINO MAXIMO P(io) F(elici) AVGVSTO S(enatus) P(opulus) Q(ue) R(omanus) QVOD INSTINCTV DIVINITATIS MENTIS MAGNITVDINE CVM EXERCITV SVO TAM DE TYRANNO QVAM DE OMNI EIVS FACTIONE VNO TEMPORE IVSTIS REM PVBLICAM VLTVS EST ARMIS ARCVM TRIVMPHIS INSIGNEM DICAVIT"

콘스탄티누스 바실리카(또는 막센티우스 바실리카)에 있던 거대한 콘스탄티누스의 석상 파편.

간단히 번역해보면 다음과 같다.

"콘스탄티누스 황제에게 / 신의 영감과 숭고한 정신으로 나라를 위해 정의의 무기로 폭군과 그의 일파들에게 복수하였으므로 이에 로마의 원로원과 시민은 승리의 증표로 이 개선문을 헌정했다."

그런데 여기서 '신의 영감으로(INSTINCTV DIVINITATIS)'란 말은 도대체 무엇을 의미할까?

로마 역사상 첫 종교전쟁?

기독교도들은 이교도를 '파가누스(paganus)'라고 불렀다. 이 말은 행정구역 분할에 따른 최소 토지 단위였던 파구스(pagus)에서 유래되는데, '시골'이란 뜻으로도 쓰였다. 기독교 전파는 도시에서는 비교적 쉬웠지만, 전통에 얽매여 새로운 개념의 종교를 받아들이는 데에 인색했던 시골 사람들에게는 보통 어려운 일이 아니었다. 그래서 기독교도들은 전통신을 굳게 믿는 사람들을 '파가누스'라고 불렀던 것이다. '이교도(의)'라는 뜻의 영어 pagan은 여기서 유래한다.

콘스탄티누스는 갈리아에서 그의 아버지와 함께 310년경부터 태양신을 숭배하고 있었고 기독교에 대해서는 관대했다. 한편 그의 정적 막센티우스는 무자비한 폭군으로 알려져 왔지만 기독교에 대해서는 콘스탄티누스보다 오히려 더 관대했다고 최근에 밝혀지고 있다.

서기 312년 콘스탄티누스는 막센티우스 군대의 1/4 밖에 되지 않는 4만 명의 군대를 이끌고 북부 이탈리아의 베로나를 공략한 다음 막센티우스와 마지막 일전을 벌이기 위해 로마로 내려오고 있었다. 그런데 대낮에 갑자기 하늘에서 십자가와 함께 "이 표상(表象)으로 이기리라(In hoc signo vinces)"라는 문구를 보았고 그날 밤 꿈에도 똑같은 광경을 보고는, 이를 기독교 신의 계시로 받아들이고 그리스도를 상징하는 표상을 그린 군기를 앞세우고 진군했다고 전해진다. 10월 27일, 그는 막센티우스의 군대와 로마 북부 삭사 루브라(Saxa Rubra)에서 격전을 벌였는데, 막센티우스는 패배하여 퇴각하다가 밀비우스 다리가 있

개선문에 묘사된 밀비우스 다리 전투 장면.

는 곳에 설치한 부교(浮橋)가 뒤집히는 바람에 테베레 강에 떨어지고 말았다. 무거운 갑옷을 입었으니 그의 시체는 찾기도 힘들었다. 이 전투를 보통 밀비우스 다리 전투라고 하는데, 밀비우스 다리(Pons Milvius)는 아직도 건재하며 이탈리아어로는 폰테 밀비오(Ponte Milvio)라고 한다.

콘스탄티누스는 원로원과 로마 시민들의 환영을 받으면서 로마에 입성했다. 그런데 막센티우스에게 승리했다고 싸움이 완전히 다 끝난 것이 아니었다. 왜냐하면 리키니우스가 있었기 때문이다. 콘스탄티누스는 다음해인 313년에 밀라노에서 그와 회동하여 로마제국을 공동 통치하기로 협정을 맺고 기독교를 공인하는 칙령을 발표했다. 또한 몰수되었던 기독교 재산을 모두 교회에 돌려주었다.

그런데 기독교를 최초로 공인한 황제는 따지고 보면 콘스탄티누스가 아니라 기독교를 철저하게 박해했던 황제 갈레리우스였다. 밀라노 칙령은 갈레리우스의 칙령을 더 보완한 것이었다. 기독교 박해는 303년 디오클레티아누스 치하에서 절정을 이루었다가 311년 4월 30일 갈레리우스 황제가 로마제국의 최고 통치자의 이름으로 기독교 박해를 종료하고 기독교 박해가 완전히 실패한 정책이었음을 인정하는 칙령을 발표했던 것이다. 게다가 그는 기독교도들

밀비우스 다리(폰테 밀비오)의 현재 모습.

에게 자기 자신들만을 위해 기도하지 말고 제국과 황제의 안녕을 위해서도 기도하라고까지 요청했다. 이러한 결정이 콘스탄티누스나 리키니우스의 압력에 의해 취해진 조치인지는 알 수 없지만, 전해 내려오는 얘기에 의하면 갈레리우스는 중병에 걸리자 기독교 신자들이 믿는 신이 자기에게 저주를 내린 것으로 생각하고 기독교를 인정함으로써 구원받기를 원했다고 한다. 그는 칙령을 발표하고 며칠 후에 죽고 말았다.

박해받던 기독교는 313년부터 로마제국에서 합법적인 종교가 되었다. 은둔생활을 하던 디오클레티아누스 황제까지도 세상을 떠났으니, 이로써 기독교를 적대시하던 세대들은 모두 역사의 뒷전으로 밀려나고 말았던 것이다.

콘스탄티누스는 기독교 세력을 등에 업고 로마제국의 제1인자가 되어 새로운 왕조를 건설할 야망을 품고 있었다. 그런데 그 다음해 리키니우스가 자신의 부하를 후계자로 임명했다. 이것은 테트라르키아 체제로 되돌아가는 것을 꺼려하던 콘스탄티누스에게 도저히 용납할 수 없는 일이었다. 또한 리키니우스는 콘스탄티누스에 대해 강한 호감을 갖고 있던 동부 로마의 기독교 신자들에 대해 점점 더 강경한 태도를 취하기 시작했다. 두 사람 간의 위기는 전쟁으로 치닫게 된다. 결국 콘스탄티누스는 동쪽으로 진군하여 그를 몰아내어 로마제국을 완전 독차지하게 되었고, 전처(前妻)에게서 태어난 장남 크리스푸스와 황비 파우스타에서 태어난 콘스탄티누스 2세와 콘스탄티우스 2세를 후계자로 삼아 완전히 새로운 왕조를 구축했다.

콘스탄티누스는 기독교의 입장에서 보면 단순한 '황제'가 아니라 '대제'이지만, 크리스푸스와 황비 파우스타 사이의 관계를 의심해 두 사람을 참혹하게 죽임으로써 인간적으로 큰 오명을 남기기도 했다. 서기 337년 니코메디아에서 임종하기 직전 세례를 받았다고 하는데, 그때 자신이 인간적으로 저지른 악행에 대해 신의 자비를 구했을지도 모르겠다.

'중고품'으로 만든 개선문

콘스탄티누스 개선문은 밀비우스 다리 전투의 승리를 기념해 서기 315년 7월 25일에 완성됐는데, 이날은 콘스탄티누스의 황제 등극 10주년 기념일이었다. 높이 대략 25미터가 되는 이 개선문은 고대 로마 1200년 역사에서 로마의 심장부에 마지막으로 세워진 기념비로, 현재 로마에 남아 있는 세 개의 개선문 가운데 규모가 가장 클 뿐 아니라 보존 상태도 가장 양호하다. 그런데 이 개선문은 예술적인 관점에서 그리 큰 점수를 얻지 못하고 있다. 콘스탄티누스 시대는 국운이 이미 많이 기울어져 있었기 때문에 이전 시대에 비해 건축, 예술, 기술 등 여러 분야가 매우 퇴조해 있었고, 또 수도를 비잔티움으로 이전하는 작업이 326년부터 시작되었기 때

개선문 표면을 장식하는 부조. 두 개의 원 아래 띠에는 베로나 공성전이 묘사되어 있다.

문에 로마에는 건축이나 예술을 국가 차원에서 부추길 일이 없었다. 개선문에서 콘스탄티누스의 전쟁기록을 묘사한 조각이 띠를 두른 듯 새겨져 있는데, 이 조각들은 예전에 보이던 섬세한 조각과는 달리 손길이 많이 가지 않은 단순화된 조각이라서 왠지 변방의 분위기가 느껴지며, 귀족적이라기보다는 민중적으로 보인다. 그리고 기독교가 이미 널리 퍼져 있던 시리아의 예술과 일맥상통하는 부분도 많다. 또한 당시의 건축가들은 지진이나 화재로 파괴된 전 시대의 황제들이 세운 기념비나 건축물에서 뜯어온 파편이나 조각을 새로운 건축에 사용하는 것을 예사로 여겼기 때문에 이 개선문에는 이전 시대의 황제들의 기념물과 건축물에서 떼어온 조각들이 많이 보인다. 이러한 이유로 어떤 학자는 이 개선문이 이미 이전 시대에 세워진 것을 개조한 것이라고 주장하기도 한다.

개선문 윗부분에 있는 부조들을 자세히 보면 콘스탄티누스의 모습이 있는

개선문 윗부분에 보이는 콘스탄티누스의 모습. 기존의 하드리아누스와 마르쿠스 아우렐리우스 황제 얼굴 자리에 그의 얼굴을 붙여 넣었다.

데, 그의 얼굴이 조각된 돌 표면을 자세히 보면 다른 조각들과 다소 다르다. 그 이유는 하드리아누스나 마르쿠스 아우렐리우스 황제의 수염을 깎아 콘스탄티누스 대제의 얼굴로 바꾸었기 때문이다. 또 기독교를 공인한 황제의 기념비임에도 불구하고 이교도 신들의 모습도 보이며, 그리스도를 상징하는 조각이나 단어는 전혀 없다. 반면 콘스탄티누스가 기독교를 공인하기 전에 믿었던 태양교의 해신과 달신은 개선문 양쪽 측면에 노골적으로 묘사되어 있다. 한편 콘스탄티누스는 태양교의 전통을 일부 기독교화하기도 했는데, 태양신의 탄신일인 12월 25일을 성탄일로 정한 것과 태양신에게 바쳐진 일요일을 공식적인 국가 공휴일로 정한 것이 그 예이다.

그러고 보면 개선문에 새겨진 문구 중 '신의 영감으로'에서 말하는 '신'은 기독교의 신인지 로마의 전통신인지 분명하지 않다. 이것은 기독교에 대해 거부감을 느끼는 보수파 세력을 자극하지 않으려는 정치적인 의도였을지도 모른

개선행렬이 지나가던 길에서 본 콘스탄티누스 개선문. 원래의 모습 거의 그대로를 간직한 채 개선장군처럼 우뚝 서 있다. 뒤편 오른쪽은 콜로세움이고 왼쪽은 베누스와 로마 신전의 폐허이다.

다. 정치적 계산에 민감한 콘스탄티누스였지만 보수주의자들의 눈총을 사는 것에도 불구하고, 로마제국의 황제 및 최고 제사장으로서 캄피돌리오 언덕에 올라가 유피테르 신전에 제사 지내는 것은 단호하게 거부했다.

이 개선문은 로마의 건축 역사상 다른 건축물을 조직적으로 뜯어내어서 대대적으로 사용한 최초의 예가 된다. 또 다른 관점으로 보면, 이 개선문은 시대가 다른 조각들을 모아 붙였기 때문에 여러 가지 양식의 조각을 한곳에서 볼 수 있는 일종의 '고대 로마 조각 박물관'이기도 하다. 이런 의미로 본다면 나름대로 긍정적인 평가를 받을 만도 하다.

기독교 시대를 여는 개선문

개선문 주변에 있는 유적들을 보면, 웅대한 콜로세움도 무너져서 원래 모습의 1/3 정도밖에 남아 있지 않고 하드리아누스 황제가 세운 '로마와 베누스 신전'은 기둥 일부와 신상을 안치하던 성소 부분의 벽체만 앙상하게 남아 있어 원래의 모습을 전혀 상상해볼 수 없으며, 거대한 막센티우스 바실리카도 앙상한 모습밖에 볼 수 없다. 그러나 콘스탄티누스 개선문은 마치 장구한 세월과의 싸움에서 이긴 듯 원래의 모습을 거의 그대로 간직한 채 개선장군처럼 우뚝 서 있다.

고대 로마의 정치 이념은 '로마와 베누스 신전'에서 보듯이 기존의 전통 종교와 긴밀하게 엮여 있었다. 콘스탄티누스는 이러한 전통을 포기하고 박해하면 할수록 더욱더 교세가 확장되는 새로운 종교와 손을 잡았다. 그것은 거역할 수 없는 역사의 흐름이었다. 이로써 1000년 동안 로마에 깊게 뿌리내렸던 파가니즘(paganism)은 테베레 강물에 씻겨 내려가고, 로마제국은 '기독교 시대'라는 새로운 역사의 흐름을 맞이하게 되었다. 기독교의 입장에서 보면 콘스탄티누스 개선문은 모든 박해와의 싸움에서 승리한 후 '기독교 시대'라는 새로운 시대를 연 문인 셈이다. 그 후 기독교는 로마제국 전역을 그물처럼 엮은 도로망을 통해 전 유럽에 퍼지게 되었고 결국에는 전 세계에 전파되기에 이르렀다.

고대 로마 시가지 모형(기원후 4세기 초반)

참고서적

G. Argan: *Storia dell'arte italiana vol. I*

L. Salimbeni 외 6인: *Lineamenti di storia di architettura*

B. Bandinelli: *ROMA, l'arte nel centro del potere*

A. Chastel: *L'art italien*

J. Rykwert: *The Idea of a Town: the Anthropology of Urban Form in Rome, Italy and the Ancient World*

M. Bussagli: *ROME, art and architecture*

M. Wheeler: *Roman art and architecture*

H. Stierlin: *Achitecture of the Roman Empire*

M. Sanfilippo 외 5인: *Storia di Roma*

F. Luigi 외 3인: *Storia, civilta' e vita ai tempi di Roma Antica*

G. Clemente: *Guida alla storia romana*

S. Mazzarno: *L'impero romano*

A. Spinosa: *Storia di Roma Antica*

I. Montanelli: *Storia di Roma*

H. Scullard: *A history of Roman world*

M. Grant: *The Roman emperors*

Suetonius Le vite dei 12 cesari

정태남, 『콜로세움이 무너지는 날이면(1, 2권)』, 조선일보생활미디어, 2004

정태남, 『매력과 마력의 도시 로마 산책』, 마로니에북스, 2008

정태남, 『로마역사의 길을 걷다』, 마로니에북스, 2009

KI신서 5268

건축으로 만나는 1000년 로마

1판 1쇄 발행 2013년 9월 27일
1판 8쇄 발행 2023년 11월 10일

지은이 정태남
펴낸이 김영곤 **펴낸곳** (주)북이십일 21세기북스
디자인 디박스
출판마케팅영업본부 본부장 한충희
출판영업팀 최명열 김다운 김도연
제작팀 이영민 권경민
출판등록 2000년 5월 6일 제 406-2003-061호
주소 (우10881) 경기도 파주시 회동길 201(문발동)
대표전화 031-955-2100 **팩스** 031-955-2151 **이메일** book21@book21.co.kr

(주)북이십일 경계를 허무는 콘텐츠 리더

21세기북스 채널에서 도서 정보와 다양한 영상자료, 이벤트를 만나세요!
페이스북 facebook.com/jiinpill21 포스트 post.naver.com/21c_editors
인스타그램 instagram.com/jiinpill21 홈페이지 www.book21.com
유튜브 www.youtube.com/book21pub
서울대 **가**지 않아도 들을 수 있는 **명강**의! 〈서가명강〉
유튜브, 네이버, 팟캐스트에서 '서가명강'을 검색해보세요!

ISBN 78-89-509-5210-5 13900
책값은 뒤표지에 있습니다.